浙江省普通高校"十三五"新形态教材
普通高等教育"十三五"规划教材

公 共 关 系

主　编　周朝霞
副主编　赛来西·阿不都拉
　　　　马志强　张玲蓉
参　编　陆季春

机械工业出版社

本书在编写过程中,既突出了公共关系完整的学科体系,又兼顾了公共关系作为应用性学科的实用性的特点。

本书共分九章,内容包括:公共关系的含义与历史演变、组织形象管理、公共关系协调、公共关系传播、公共关系危机管理、公共关系策划、公共关系专题活动策划、公共关系组织机构与人员管理和公共关系礼仪。本书在完整、科学地介绍公共关系的原理和方法的同时,还运用了大量的经典案例以增强读者的感性认识,提高读者公共关系的实务运作能力。本书配有扩展的教学案例,读者通过扫描二维码可以在线学习,提高学习效果。

本书可作为高校公共关系专业、管理类专业及相关专业教材,也可供公共关系行业人士和对公共关系有兴趣的读者参考。

图书在版编目(CIP)数据

公共关系 / 周朝霞主编. —北京:机械工业出版社,2019.8(2022.8 重印)
普通高等教育"十三五"规划教材
ISBN 978-7-111-61673-3

Ⅰ.①公… Ⅱ.①周… Ⅲ.①公共关系学—高等学校—教材 Ⅳ.①C912.3

中国版本图书馆 CIP 数据核字(2018)第 285602 号

机械工业出版社(北京市百万庄大街 22 号 邮政编码 100037)
策划编辑:裴 泱　　责任编辑:裴 泱　孙司宇
责任校对:朱继文　　封面设计:张 静
责任印制:郜 敏
北京富资园科技发展有限公司印刷
2022 年 8 月第 1 版第 2 次印刷
184mm×260mm·16.25 印张·358 千字
标准书号:ISBN 978-7-111-61673-3
定价:44.00 元

电话服务　　　　　　　　　网络服务
客服电话:010-88361066　　机 工 官 网:www.cmpbook.com
　　　　　010-88379833　　机 工 官 博:weibo.com/cmp1952
　　　　　010-68326294　　金 书 网:www.golden-book.com
封底无防伪标均为盗版　　　机工教育服务网:www.cmpedu.com

前 言
PREFACE

自公共关系的创始人艾维·李（Ivy Lee）在1903年开办了第一家宣传顾问事务所，创立公共关系这一新职业以来，公共关系已走过100多年的历程。在这100多年间，公共关系从最初的一种职业逐渐发展成为一门独立的学科，从一种工作方法发展成为现代组织的经营管理哲学。公共关系在20世纪60年代传入中国香港和中国台湾，20世纪80年代传入中国（内地）大陆。随着我国改革开放的不断深入，特别是社会主义市场经济的不断发展，全国掀起了一股学习公共关系、研究公共关系和从事公共关系相关职业的热潮。在短短的30多年间，公共关系作为一种经营管理方法在理论上被认可，在实践中被系统运用。

公共关系对于一个组织的作用和价值表现在：公共关系能帮助组织与公众进行良好的传播与沟通；协调组织与公众的关系；对组织形象进行有效管理；对组织的决策行为提供咨询；对公众行为进行有效引导；帮助组织实现自身目标。形象管理和关系协调在当今全球经济时代尤为重要。组织形象是组织无形资产的重要组成部分，是组织生存发展的精神资源；良好的组织形象有助于组织取得社会各界公众的支持。协调关系的目的是创造和谐环境。和谐是当今中国社会发展的主题，组织内部要和谐、组织外部要和谐、国家发展要和谐、各国发展也要和谐。要在不同利益、不同文化、不同种族、不同国度间开展经济活动，保持和谐、促进和谐是共同发展的基础。公共关系对社会组织来说很重要，对个人来说同样重要。公共关系能够帮助个人塑造良好的个人形象，协调与各方人员的关系，增强个人的形象力和竞争力。这也就是人们所说的"个人公关"。公共关系是青年学生步入社会的"通行证"。所以，公共关系不仅是一门管理课程，而且也是青年学生必修的素质课程，能帮助青年学生提高个人竞争力。

理论型的公共关系书已出版很多，但实务型的公共关系教材却比较少，本书即为一本实务型的公共关系教材。本书由浙江传媒学院周朝霞教授担任主编，浙江大学城市学院赛来西·阿不都拉副教授、浙江传媒学院马志强教授、杭州师范大学张玲蓉副教授和大红鹰职业技术学院陆季春教授参加编写。这五位教师都是一线的公共关系学教师，具有丰富的公共关系教学和科研经验。2006年11月，周朝霞教授主持的"公共关系实务"课程荣获国家精品课程称号，本书就是在建设和完善国家精品课程的基础上编写而成的，也是几位教师在长期的教学生涯中教学经验和科研成果的积累的集中体现。本书具有以下几个特点：①科学性。体现学科特点，注重科学性和严密性。②实用性。结合应用型本科学生专业实际的需要，体现实用、实务和操作性等特点。③前瞻性。体现和反映公共关系学科的最新理论和发展动态。④国际性。体现全球化的特点，与国际接轨。⑤新颖性。内容、体例、形式生动活泼，以增强趣味性和吸引力。⑥创新性。我们把一些拓展资源通过网络形式提供给读者，读者可以通过扫描二维码来轻松学习。本书的具体编写分工为：周朝霞编写第一章、第二章、第三章，马志强编写第四章、第五章，赛来西·阿不都拉编写第六章、第七章，张玲蓉和陆季春编写第八章、第九章。

本书在编写过程中，既突出了公共关系完整的学科体系，又兼顾了公共关系作为应用性学科的实用性特点。本书共分九章，内容包括：公共关系的含义与历史演变、组织形象管理、公共关系协调、公共关系传播、公共关系危机管理、公共关系策划、公共关系专题活动策划、公共关系组织机构与人员管理和公共关系礼仪。

公共关系学是一门操作性、实务性很强的学科，学习公共关系不仅要掌握理论，更要掌握实务技能。本书为增强读者公共关系实战经验，选用了大量经典公共关系案例。很多案例都来自近几年的"金旗奖"[一]获奖案例，特别感谢"金旗奖"主办方为案例编辑所做的沟通和协调工作。本书第一次和企业合作，并选取最新的企业案例作为教学案例。感谢好丽友食品有限公司、迪思传媒集团、王府井集团股份有限公司、雅诗兰黛（上海）商贸有限公司、上海互仁圣清营销策划有限公司、香港李锦记酱料集团、智者同行品牌管理顾问（北京）股份有限公司（WISEWAY）、意次方市场传播（Creation）、蓝色光标数字营销机构、霍尼韦尔（中国）有限公司、恩普勒斯新媒体技术（北京）有限公司（NPLUS Digital）、上海哲基公共关系咨询服务有限公司、北京嘉利智联营销管理股份有限公司上海分公司、北京福莱希乐国际传播咨询有限公司、华晨宝马汽车有限公司、上海爱琴海商业集团股份有限公司北京分公司、北京京港地铁有限公司、中信银行信用卡中心、北京万达传媒有限公司、朗盛化学（中国）有限公司提供精彩案例并与读者分享，让读者可以从中学习最新、最前沿的公共关系实务技巧。

非常感谢浙江省教育厅教育学会把本书列为浙江省普通高校"十三五"新形态教材，使得本书能够顺利出版。感谢浙江外国语学院曹仁清校长、教务处毛振华处长、郑海霞老师对本书出版的大力支持。为使本书能反映前人的成果，我们参考和引用了很多专家、学者的观点和案例，在书中都尽可能一一指出，感谢诸位专家、学者为本学科的发展做出的贡献，请相关专家、学者及时与我们联系酬劳事宜，邮箱为 532569622@qq.com，并在此深表谢意。如果有遗漏的专家和学者，也请与我们联系，对此疏漏我们深表歉意。由于时间和编者水平有限，书中难免存在错误，欢迎广大专家、读者批评指正。

编者于杭州翡翠城

[一] 金旗奖，创办于2010年，遴选引领公共关系创新发展，彰显公共关系在社会政治、商业生活中独特价值的经典案例，通过优秀案例展示公共关系影响力价值，推动商业繁荣和社会进步。

目 录
CONTENTS

前言

第一章 绪论：公共关系——现代组织形象管理艺术 001
第一节 公共关系的含义 001
第二节 公共关系的历史演变 011

第二章 组织形象管理——公共关系的宗旨 030
第一节 组织形象的含义与特征 031
第二节 组织形象的定位 035
第三节 形象的传播、巩固和更新 043

第三章 公共关系协调——公共关系的追求 052
第一节 组织内部公共关系协调 052
第二节 组织外部公共关系协调 059

第四章 公共关系传播——公共关系的手段 078
第一节 公共关系传播的含义 078
第二节 公共关系传播的模式 082
第三节 公共关系传播的技巧 090

第五章 公共关系危机管理——公共关系的最新价值所在 101
第一节 什么是危机公关 102
第二节 危机公关处理程序与技巧 106
第三节 危机公关的预案 112
第四节 公共关系与企业社会责任 116

第六章 公共关系策划——公共关系的核心竞争力 ... 125
第一节 公共关系策划概述 ... 126
第二节 公共关系调研 ... 129
第三节 公共关系方案制定 ... 140
第四节 公共关系方案实施 ... 150
第五节 公共关系评估 ... 163

第七章 公共关系专题活动策划——公共关系的驱动器 ... 174
第一节 对外开放参观 ... 175
第二节 展览展销 ... 179
第三节 新闻发布会 ... 186
第四节 庆典活动 ... 193
第五节 赞助活动 ... 198

第八章 公共关系组织机构与人员管理——公共关系任务的执行者 ... 206
第一节 公共关系组织构成与运作 ... 206
第二节 公共关系人员职业素质与能力 ... 217

第九章 公共关系礼仪——公共关系形象的重要标志 ... 226
第一节 公共关系人员个人形象塑造 ... 227
第二节 公共关系交往礼仪 ... 233
第三节 公共关系仪式礼仪 ... 238

参考文献 ... 250

第一章 绪论：公共关系——现代组织形象管理艺术

■ **内容提要** ■

本章是企业公共关系的原理篇，主要介绍公共关系的含义、特征与界定及公共关系的发展历程。帮助学习者理解公共关系的含义，树立公共关系意识。

引导案例

中国国家形象片亮相纽约时报广场

2011年1月17日，美国纽约时报广场的电子显示屏正在播出《中国国家形象片——人物篇》。该宣传片由中国国务院新闻办筹拍，中国各领域杰出代表和普通百姓在片中逐一亮相，让美国观众了解一个更直观、更立体的中国。该宣传片从17日开始在纽约时报广场首播，每小时播放15次，从每天上午6时播放至次日凌晨2时，共20小时300次，并将一直播放至2月14日，共计播放8400次。同时美国有线电视新闻网也从17日起分时段陆续播放该宣传片。

来源：新华网

公共关系是一门古老而又年轻的学科。说它古老，是因为它萌芽于人类社会发展的最初阶段，随着人类文明的产生和发展而发展；说它年轻，是因为真正意义上的公共关系产生于19世纪末20世纪初的美国，只有100多年的历史。随着社会主义市场经济的迅猛发展和市场经济环境的不断完善，公共关系越来越以它独特的魅力受到社会各界的普遍重视和各类组织的广泛应用。学习公共关系理论、应用公共关系技术、树立良好组织形象、提高经营管理水平和决策能力，已经成为社会组织谋求发展的重要手段，是社会组织处理好各种纷繁复杂公众关系的最有效的方法。它将为社会组织创造和谐的环境，并推动整个社会的文明和进步。

第一节 公共关系的含义

一、公共关系的概念

（一）"公共关系"一词的来源

"公共关系"一词来自英语Public Relations，英文缩写为PR。由于它是由两个英文单词组成，所以包含有两层含义，一层是Public，另一层是Relations。Public以两种词性表现出来,一种是形容词,意为公众的、公共的、公立的、公众事务的,它与"Private"相对应,表明它是非私人的、非秘密性的;另一种是名词,意为公众、大众,表明它不是个体,而是集团、群体。Relations 则为名词,意为关系、交往等。关系被复数所限定,表明它只能是在复杂的交往中体现出来的多种关系。这种关系可能是直接关系,也可能是间接关系,可能是单向关系,也可能是双向乃至多向关系。关系被定语 Public 所限定,表明它只能是组织在复杂的社会交往中与其他各类公众及公众群体之间所建立起来的非个体、非秘密、非私人的关系,这种关系具有公众性、公开性、社会性等特点。

综合两个英语单词的内涵和特点进行分析,将 Public Relations 译为"公众关系"更为确切。因为,它是站在一个固定的角度——组织,来分析其所面临的各种关系。不同的组织,由于其生产、经营及服务的特点不同,拥有不同的公众对象,从而形成不同的公众关系。但因在中国,译为"公共关系"可以使公共关系区别于人们容易混淆的人际关系,而且"公共关系"已约定俗成并广为流传,因此本书将 Public Relations 定为公共关系,以便被更多的读者所接受。

因为公共关系是一门涉及管理学、社会学、心理学、传播学、语言学、经济学等多种学科的边缘交叉学科,应用实践性很强,产生时间又短,中外很多公共关系专家都提出过自己的定义,但迄今为止还没有一个普遍统一的定义。

(二) 国内外代表性公共关系定义介绍

目前,从互联网上可以查询到:仅中国大陆出版的已被中国国家图书馆收藏的公共关系类图书就有 1000 多种。在世界范围,同类出版物有数千种之多。关于公共关系的定义,也是众口不一,十分繁多。我们选择若干有代表性的定义进行简单介绍。

(1) 1976 年,美国公共关系研究和教育基金会资助雷克斯·哈罗博士进行相关研究,他在收集和分析了 472 种定义后对公共关系所下的定义是:"公共关系是一种特殊的管理职能。它帮助一个组织建立并保持与公众之间的交流、理解、认可与合作;它参与处理各种问题与事件;它帮助管理部门了解民意,并对之做出反应;它确定并强调企业为公众利益服务的责任;它作为社会趋势的监测者,帮助企业保持与社会同步;它使用有效的传播技能和研究方法作为基本工具。"

(2) 1981 年出版的《不列颠百科全书》将公共关系定义为:公共关系"旨在传递有关个人、公司、政府机构或其他组织的信息,并改善公众对于其态度的种种政策或行动。"

(3) 国际公共关系协会的定义是:"公共关系是一种管理功能。它具有连续性和计划性。通过公共关系,公立的和私人的组织、机构试图赢得同他们有关的人们的理解、同情和支持——借助对舆论的估价,以尽可能地协调它自己的政策和做法,依靠有计划的、广泛的信息传播,赢得更有效的合作,更好地实现它们的共同利益。"

(4) 美国公共关系协会征询了 2000 多名公共关系专家的意见,从中选出四则定义向社会推荐:"公共关系是企业管理机构经过自我检讨与改进后,将其态度公诸社会,借以获得顾客、员工及社会的好感和了解这样一种经常不断的工作。"

"首先,公共关系是一个人或一个组织为获取大众之信任与好感,借以迎合大众之兴趣而调整其政策与服务方针的一种经常不断的工作；其次，公共关系是对此种已调整的政策与服务方针加以说明，以获取大众了解与欢迎的一项工作。"

"公共关系是一种技术，此种技术在于激发大众对于任何一个人或一个组织的了解并产生信任。"

"公共关系是工商管理机构用以测验大众态度、检查本企业的政策与服务方针是否得到大众的了解与欢迎的一种职能。"

（5）英国公共关系学会所下定义为："公共关系的实施是一种积极的、有计划的以及持久的努力，以建立及维护一个机构与其公众之间的相互了解。"

（6）美国著名公共关系学者詹姆斯·格鲁尼格认为："公共关系是一个组织与它的相关公众之间的传播管理。"

（7）现代公共关系工作的先驱之一、美国著名的公共关系顾问爱德华·伯内斯认为："公共关系是处理一个团体与公众（决定该团体活力的公众）之间关系的职业。"

（8）美国著名的公共关系研究权威卡特利普和森特在《有效公共关系》中下了这样的定义："公共关系是一种管理职能，它确定、建立和维持一个组织与决定其成败的各类公众之间的互利关系。"

（9）英国著名的公共关系学者弗兰克·杰夫金斯指出："公共关系是由为达到相互理解有关的特定目标而进行的各种有计划的沟通联络所组成的，这种沟通联络处于组织与公众之间，既是向内的，也是向外的。"

（10）王乐夫、廖为建等人在《公共关系学》一书中的定义为："公共关系是一种内求团结完善、外求和谐发展的经营管理艺术。即一个社会组织在自身完善的基础上，运用各种信息沟通传播的手段，协调和改善自身的人事环境和舆论气氛，使本组织机构的各项政策、活动和产品符合相关公众的需求，争取公众对自己的理解、信任、好感与合作，在双方互利中共同发展。"

（11）明安香在《塑造形象的艺术——公共关系学概论》中的定义为："所谓公共关系，就是一个企业或组织，为了增进内部及社会公众的信任与支持，为自身事业发展创造最佳的社会环境，在分析和处理自身面临的各种内部外部关系时，采取的一系列政策与行动。"

（12）居延安等人在他们编著的《公共关系学》中的定义为："公共关系是一个社会组织在运行中，为使自己与公众相互了解、相互合作而进行的传播活动和采取的行为规范。"

（13）余明阳在全国通用教材《公共关系学》中的定义为："公共关系是社会组织为了塑造组织形象，通过传播、沟通手段来影响公众的科学和艺术。"

（14）翟向东在《中国公共关系教程》一书中的定义为："如果把中国公共关系的含义做一广义的概括，即中国的公共关系是在建设有中国特色的社会主义理论指导下，社会组织（党的组织、政府、企业和事业单位、社会团体等）通过沟通信息、协调利益、化解矛盾，理顺和改善人际、社际在经济、政治、文化、科技等方面的关系，调动一切积极因素，促进社会主义物质文明和精神文明建设的一门科学。"

（15）祝振华在其著作中指出："五伦以外的人类关系，谓之公共关系。"

以上这些定义，或繁或简，或长或短，分别从不同角度、不同层次描述了公共关系的含义，它们都是人们在研究公共关系概念时形成的成果。其中形成了突出公共关系某一职能的学说（派）主要有管理说、传播说、形象说、协调说、咨询说、关系说等。对这些研究成果进行分析和总结，有助于我们全面地、深刻地认识公共关系。

（三）公共关系的定义归类

根据各专家和组织对公共关系的定义，公共关系大致可以分为以下学说（派），如表1-1所示。

表1-1 公共关系主要学说（派）

学说	核心观点	代表组织或代表人物
管理说	侧重公共关系的管理属性，认为公共关系是对社会组织的一种管理	美国公共关系协会、廖为建等
传播说	侧重公共关系的传播特征，认为公共关系是一种传播活动	弗兰克·杰夫金斯、居延安
形象说	侧重公共关系的形象塑造功能，认为公共关系是塑造形象的艺术	达福特、明安香、余明阳
协调说	侧重公共关系的协调关系功能，认为公共关系是协调组织与公众的关系	李道平
咨询说	侧重公共关系的咨询功能，认为公共关系是咨询决策的理论	祝振华、国际公共关系协会
关系说	侧重公共关系的关系处理功能，认为公共关系是各种关系的统称	英国公共关系协会

各种学说（派）、各位专家都是从各个方面提出对公共关系的认识，综合如此众多的观点、定义，本书认为：公共关系（亦称公关）是组织与公众的关系，是指从事组织与公众的信息传播、关系协调与形象管理的调查、咨询、策划和实施的一种社会管理活动。企业公共关系就是企业与公众的关系，是指从事企业与公众的信息传播、关系协调与形象管理的调查、咨询、策划和实施的一种企业管理活动。

二、公共关系的含义分析

公共关系的内涵是极其丰富的，对以上涉及和未涉及的部分，归纳起来可从以下几个方面来理解公共关系的含义。

（一）公共关系是一种关系状态

任何一个社会组织，都和其他组织及其成员发生着一定性质上（紧密的、松散的、直接的、间接的）的联系。各种社会组织及其成员之间互相影响、互相作用，这种与组织或与组织的成员构成的联系就是公共关系状态。公共关系状态有两种：一种是不自觉的、无意识的公共关系状态；另一种是自觉的、经过积极努力创造的公共关系状态。任何一个企业或组织，只要它存在一天，客观上就处在某种公共关系状态之中，创造良好的公共关系状态，防止公共关系状态的恶化，便成了每个组织的公共关系任务。公共关系状态如图1-1所示。

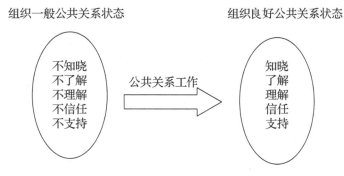

图1-1 公共关系状态

（二）公共关系是一种意识

公共关系意识（亦称公共关系观念、公共关系思想）是一种现代化经营管理和行政管理的思想、观念和原则。公共关系意识作为公共关系实践活动在意识中的反映，不是一种表层的、被动的反映，而是实践为理论所概括且演化为公共关系原理、公共关系规律、公共关系原则的一种深层的能动反映。公共关系意识具有丰富的内涵，代表了一种现代化的新观念，它一旦形成，就具有相对的独立性和能动性，并形成制约人们行为的一种力量，对管理工作具有一定的指导作用。

在当代社会，公共关系意识是建立良好的公共关系状态的前提，是对管理工作者的时代要求，是一种开明的经营观念和管理观念，也是现代公众对社会组织的客观要求。

（三）公共关系是一种技术

公共关系不是一般意义上的一种工作或活动，而是一种以传播为手段的工作或活动，是一种运用传播手段使组织与公众互相适应的活动。公共关系的发展就是和传播技术的发展紧密相连的。因此，有人说公共关系是商品生产高度发展的产物，是科学技术高度发达的产物，是信息爆炸的产物。

（四）公共关系是一种活动

公共关系只有在运动中才能体现出来，组织之间、成员之间也只有在相互交往的活动中才能体现出彼此之间的关系。公共关系作为一种关系形式，也只有在企业或组织与其公众交往的过程中才能体现出来，离开了公共关系活动，公共关系本身也就无从谈起了。

（五）公共关系是一门艺术

公共关系是一门帮助组织建立良好信誉、塑造美好形象的艺术；是一种探索如何通过人的创造性工作去求得组织内外"人和"的艺术。之所以称为艺术，是因为它涉及人的富有创造性的活动。随着社会的发展，无论是人的社会生活还是心理活动都趋向复杂多变，因此，讲求艺术性和技巧性，便是公共关系的生命力所在。

三、公共关系的基本要素

(一) 组织——公共关系的主体

组织是公共关系活动的主体,即公共关系的承担者、实施者、行为者。所称的组织是指有具体类别的工业组织、商业组织、金融组织、服务组织、文化组织、民间组织乃至社会团体、政府机构等。公共关系的一切活动都是由一定组织引起、运用和操作的,因此,社会组织,包括它的公共关系机构和公共关系人员便构成了公共关系的主体。

(二) 公众——公共关系的对象

公众是公共关系传播沟通的对象。公众是由与组织相互联系、相互影响的个人、群体和组织所共同构成的。这些个人、群体和组织构成了组织的公众环境。组织的公共关系工作便是针对这个公众环境进行的。任何一个组织的公众都可分为内部公众和外部公众,因而有内部公共关系和外部公共关系之分。企业公共关系的重要职能就是通过创造性的工作,给自身事业的发展创造一个最佳的社会关系环境,使自己适应于环境,也使环境适用于自己。公共关系的根本目标,就是努力使组织与其各种社会公众达到相互适应的状态,从而相互合作。公众既是一个组织赖以生存的根据,也是组织开展公共关系工作的唯一工作对象,从这个意义上说,公众是公共关系的客体。

(三) 传播媒介——公共关系的手段和方式

传播媒介是公共关系活动的过程和方式。公共关系活动的过程,就是运用各种传播媒介和沟通手段,在企业与公众之间建立有效的双向联系和交流,促成相互间的了解、共识、好感与合作。Communication 一词在中文里既可译作"传播",又可译作"沟通"。其含义是人类社会中信息的传递、接收、交流和分享。即运用一定的符号,通过一定的媒介,将信息传递给对方;对方接收到信息后引起一定的反应,亦以一定的信息形式反馈,通过这种双向的交流,双方逐渐达到分享信息、相互了解、形成共识的目的。企业公共关系的手段和方式包括各种人际传播、组织传播、公众传播、大众传播的形式;包括各种语言沟通、文字沟通、非语言文字沟通的方法;包括各种印刷媒介、电子媒介、实物媒介的技术。运用现代信息社会的各种传播沟通手段去建立和完善组织与公众之间的关系,就是公共关系活动的实质性内容。

组织是公共关系的主体,具有主导性;公众是公共关系的客体,具有权威性;传播媒介是公共关系的手段和方式,具有效能性。公共关系的三大基本要素之间的动态平衡、协调适应是公共关系运行的基本规律,是科学的公共关系的内在要求。企业公共关系三要素的关系如图 1-2 所示。

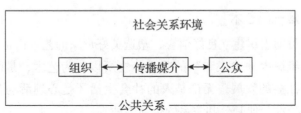

图 1-2　企业公共关系三要素的关系

四、公共关系的特征

（一）客观性

公共关系的客观性是由社会关系所具有的客观性质决定的。人们在共同的物质生产等活动过程中，彼此间结成各种社会关系。这些关系是不以人们意志为转移的客观物质关系。公共关系是由社会群体之间的互动而形成的关系，它同社会上的个人关系、社会制度一起，构成社会关系系统。企业在生存、发展过程中，对环境的依赖也在不断增强，双方处于持续的相互作用之中。企业必须不断地从外界环境中获得信息、物资和能量，以维持自身生存；同时，企业必须通过内部转换过程向外界环境提供其可以接受的输出，以保持动态平衡和良性循环。而要很好地完成这个双向交流的任务，企业就必须建立和维持良好的公共关系。公共关系的产生和发展，有其客观必然性，它是社会上客观存在着的一种社会关系。

（二）公共性

公共关系是社会群体与社会环境发生的联系。社会群体是人们通过一定的社会互动或关系而结合起来进行共同活动的集体。公共关系活动的主体、作用对象都是集体，是公对公的方式，相互沟通的媒介主要是大众传播媒介，活动的目的是为组织和公众谋利益，是公众性和公益性的，因此，公共关系具有明显的公共性特征。

（三）稳定性

企业与公众的关系是长期存在的，企业不仅要谋求眼前利益，而且要考虑长远利益。公共关系的建立、维持，是一种连续的、持久的、有计划的努力。从宏观上看，企业与公众的互动是长久的；从微观上看，企业同某种公众对象建立起关系后，不会很快解除这种关系，而要尽力维持下去。所以，公共关系具有一定的稳定性。

（四）相关性

企业与公众建立关系不是随意的、随机的，而是有明确目的的。公共关系是在企业与相关公众间建立并维系下去的。这里所谓相关，就是指某类社会群体的共同利益被某一企业的政策和行动所影响；反过来，这类社会群体的舆论和行为也制约着这个企业，甚至决定着这个企业的成败、命运。

（五）媒介性

企业与相关公众的联系往往是不能直接地、面对面地进行的，一般要通过一定媒介才能互动。人与物都可以充当这种媒介。一个单位派出人员前往某处游说、洽谈，这是以人为媒介；一位组织发言人通过广播、电视、报纸等向公众发布新闻，这是以物为媒介。通过媒介进行交往是公共关系的特征之一。

（六）互利性

满足各自的精神需要与物质需要是各种社会交往背后的普遍动机。社会群体之间的交往，既以满足自己需求为前提，又以满足对方需要为必要条件。互补是社会关系建立和发展的动力，互利是互相交往的基础。只有在互惠互利的基础上，才能够建立和维持相互间的关系。

（七）可变性

虽然建立起来的关系具有一定的稳定性，但公共关系的性质可以发生变化，原来的合作互助关系可能因为利益冲突等因素影响而变为竞争或敌对关系，反过来，对立性的关系也可能转化为合作性的关系。

五、公共关系的研究对象与研究内容

（一）公共关系的研究对象

公共关系的研究对象是组织与公众相互关系的运动与发展规律，包括公共关系的内部关系和外部关系。内部关系包括员工关系和股东关系；外部关系包括顾客关系、政府关系、媒介关系、社区关系、竞争者关系、名流关系等。另外，还有为协调这些关系而进行的调查，策划，传播的规律、方法和技巧。

（二）公共关系的研究内容

1. 公共关系基本理论

公共关系基本理论除公共关系的基本概念、范畴及规律等以外，还包括对公共关系构成要素、形成条件、历史发展、基本属性、主客体特征等的研究。

2. 公共关系形象塑造

塑造良好的组织形象是公共关系的目标之一，如何设计、塑造、巩固和完善形象是公共关系的重要研究内容。

3. 公共关系协调

协调各方关系是公共关系的基本工作，和谐良好的关系是公共关系的追求。

4. 公共关系传播

传播是公共关系的基本手段，如何达到更好的传播效果是公共关系研究的主要内容。

5. 公共关系工作过程

调查、策划、实施和评估是公共关系工作的四大程序，是决定公共关系效果的重要工作。

6. 公共关系危机

现代社会危机事件频频发生，如何预防和有效化解、处理危机是近几年来公共关系的新课题。

7. 公共关系运营

企业通过自身设置公关部和寻求社会公关公司服务来实现公共关系目标，公共关系机构的设置，公共关系公司的运作，公关人员的培养、培训是公共关系的重要内容。

六、公共关系的多维界定

在公共关系的理论研究和实际操作过程中，由于公共关系与某些传统的具体工作方式、工作内容有相似或交叉之处，公共关系学与某些学科有融合交叉关系，再加上传统观念导致的误解，因而需要澄清公共关系的正确含义，了解它与其他相关领域的区别。

（一）公共关系与广告

广告，是由广告主通过一定的媒体，传播以事实为依据的信息的传播手段。它是为了推销产品或服务，借助报刊、广播、电视等传播媒介，面向消费者开展的宣传活动。

公共关系与广告有紧密联系。公共关系作为一门塑造形象的艺术，要充分利用传播手段，向社会公众展示本企业的产品、服务和员工风貌，公共关系运用广告做企业形象的宣传时就形成了公共关系广告。正因为公共关系与广告在传播工具、传播对象等方面有相似之处，所以有人把公共关系误认为是免费广告，其实，二者的区别是显而易见的。

首先，二者的目标不同。商业广告运用各种媒介通过传播技巧诱发消费者的购买欲望，其目的在于销售产品和推销服务。公共关系的目标则是要通过各种传播媒介在公众心目中树立企业形象，引起公众对本组织的好感和信任，得到公众的理解和支持，使组织有一个良好的生存和发展环境。从这个意义上来讲，公共关系更具有战略性，更能影响公众。

其次，二者的传播手段不同。广告可以利用的媒介是有限的，而公共关系不仅可以利用大众传播媒介，还可以利用人际交往等媒介，其影响和活动范围有着广阔的领域。

有些企业可以不做广告，但任何企业都必然有它的公共关系活动。如治安部门、消防队不需要做广告，因为他们没有产品需要推销，也不推销其劳务。但他们有自己的公众，有自己的公共关系对象。有些企业为了某个特定的目的利用大众传播媒介进行宣传，这种宣传不是为了推销产品或劳务，而是为了寻求理解和支持。

（二）公共关系与宣传

公共关系活动需借助新闻宣传媒介，需印刷大量宣传性刊物、小册子和简报等，因此有人将公共关系等同于宣传，事实上，宣传仅仅是公共关系工作的一个重要工具。宣传是为特定目的而有意识进行的传播活动。从现代汉语的语法角度看，"宣传"是由"宣"和"传"两个词根语素构成的一个合成词，本意就是传播沟通[一]。现代意义上的宣传就是为了某种特定目的而有意识进行的传播活动。宣传的目的可能是为了推销产品，也可能是为了传播某个信息，灌输某种观念。而公共关系宣传的目的则是为了赢得社会公众的广泛理解、信任和支持，是为了建立组织的美好形象；一般宣传只是一种单向的传播、教育和灌输，而公共关系则强调双向的交流、沟通和理解，既有宣传又有征询；一般宣传强调的是如何说，而公共关系更强调怎样做，是以实在的服务、实在的工作、实在的形象来赢得公众的，因此，公共关

[一] 蒲永川. 公关写作艺术 [M]. 成都：四川大学出版社，1992：146.

系宣传是建立在客观事实基础上,以传播媒介和事实本身一起向公众宣传的。可见,公共关系的确需要宣传,但不仅是宣传。

(三) 公共关系与营销

经常与公共关系混淆的一个管理功能是市场营销。公共关系与市场营销是两个不同的管理功能,它们有着与企业的生存和发展不同但却互补的目标。公共关系往往给市场营销铺平道路、创造条件。而市场营销考虑的则是一个企业与顾客之间的交易活动。公共关系处理的是与企业长远利益有关或受企业影响的更大范围内的公众问题,公共关系涉及的不仅仅是营销活动,而且还涉及本企业的整体形象、长远发展、社会环境等问题,如果说公共关系是营销,那么公共关系也是一种"形象"营销。

1. 公共关系与营销相辅相成

营销和公共关系的关系是显而易见的,现代营销已经把公共关系和营销紧密地结合在一起。公共关系作为促进企业与公众之间相互沟通与了解的重要手段,有着广泛的涵盖领域,这包括了主体与受众的广泛性以及传播手段的多样性。当公共关系作为企业的一种营销手段时,也并非仅仅是产品的广告、促销宣传这么简单,同时还包括了企业战略层面各种关系的协调与处理,是一种更高层面上的营销战略。公共关系能够在更高的空间维度上,协调促进企业战略、品牌建设、产品营销等各方面的协同发展。可以这么说,企业越正规、规模越大,其营销和公共关系的结合就越紧密。从这一点来看,公共关系与市场营销是相辅相成的。

2. 公共关系和营销的区别

公共关系与市场营销有大量相同、相似的方面,但是,毕竟它们不是一个学科,存在着很大的区别,公共关系和营销的区别主要有以下几点。

(1) 二者使用范围不同 公共关系的使用范围比市场营销的使用范围广得多。市场营销是企业独有的一种经济活动;而公共关系则适用于包括企业在内的一切社会活动,如可适用于政府、教育、社团等组织。在企业中,市场营销只是企业经营管理的一个方面;而公共关系则贯穿于企业管理的全方位、全过程。市场营销的对象是消费者;而公共关系的公众除消费者之外,还有政府公众、社区公众、媒介等。

(2) 追求目标不同 市场营销以推销产品为目标,是一种纯粹的商业行为,较多考虑的是实现企业的经济利益;而公共关系是关于一个企业与较为广泛的各种公众的相互影响或制约关系,追求的是企业形象,以实现企业的社会整体效益为目标。

(3) 工作内容不同 市场营销工作主要围绕产品、价格、渠道、促销四个方面来展开;而公共关系工作的主要内容则包括搜集信息、调查研究、策动传播、评估分析等,比营销管理更复杂。

(四) 公共关系与交往

交往是人们相互往来、相互联系的一种活动。人际交往具有增进情感沟通、促进信息交流的功能。公共关系要协调企业内外的关系,必然将交往作为一个重要手段。但是,公共关系中的人际交往只是公共关系活动的一部分。公共关系交往主要是企业之间、代表企业的个人之间、企业和有关公众之间的交往，在大多数情况下是"公交"，而不是"私交"，即使是"私交"，其目的也是为整体利益。同时，公共关系中的交往考虑的是长远目标，而一般交往中经常有短期行为出现。公共关系交往要求在合乎社会公德和不损坏其他企业及公众利益的基础上进行正当的、公开的交际和接触，有时甚至可以在公众之间建立很深的友谊。

（五）公共关系学与庸俗关系学

谈到公共关系学，有人就容易把它与庸俗关系学混同，实际上，这二者的性质是完全不同的。

首先，从二者的对象来看。公共关系学的对象是企业同各种社会公众之间，包括国家、政府、其他企业和社会团体之间的公开的、正当的社会关系；而庸俗关系学中，主要是各种偷偷摸摸、躲躲闪闪、见不得人的搞不正之风的私人关系。

其次，从二者所运用的手段来看。公共关系主要运用传播手段，通过各种管理技巧和艺术进行活动。公共关系的主要手段是各种传播工具，如报纸、广播、电视、杂志、内部刊物、各种印刷品等。而庸俗关系学则把各种物质利益作为手段，如行贿受贿、请吃送礼等，这和我国提倡的社会公德是相悖的。

再次，从二者的目的来看。公共关系学通过长期的、有计划的、有效的公共关系工作，以公众利益为出发点，追求本企业利益与社会公众利益的基本一致，以建立企业的良好形象；而庸俗关系学的基本出发点则是个人或小集团的私利，是损人利己，损公肥私，结果往往是个别人中饱私囊，社会利益和公众利益受到损害。

最后，从二者的结果来看。公共关系把企业利益与公众利益有机地结合，谋求双方的共赢，有利于企业也利国利民。庸俗关系是在社会生产力水平低下，商品和服务不充分和不发达的条件下产生的。损公肥私，以权谋私，害人害己，祸国殃民。这种庸俗的关系学败坏了社会风气，给建立正常的公共关系和人际关系造成了困难。

第二节　公共关系的历史演变

公共关系是现代文明的产物，随着民主政治、市场经济和传播技术的发展，公共关系随之产生和发展，因此它是一门非常年轻的学科。但是，公共关系作为一种客观的社会现象，作为人类一种朴素的思想意识观念，作为人类一种不自觉的社会活动，却源远流长，随着人类文明的产生而产生、发展。

一、古代时期——公共关系的萌芽

公共关系的源流可追溯到古代社会。考古学家发现，公元前1800年伊拉克的一种农业公告，很像现代社会某些农业组织公共关系部的宣传资料。它告诉农民如何播种、灌溉，如何对付会危害庄稼的老鼠，如何收获庄稼等。

（一）国外古代公共关系萌芽

古代的埃及、巴比伦和波斯的统治者虽然更多的是用武力、恫吓等手段来控制社会，但舆论手段的运用在处理与民众的关系上也占有相当重要的地位。这些古代的国家、政府都曾动用大量的金钱和人力去建造雕像、寺院、金字塔以及谱写赞美诗等，用精湛的艺术描述他们东征西讨的英雄事迹，树立统治者的声誉，宣扬自己的伟大和神圣的身份。当年君王们制造舆论、控制舆论的意图属于原始公共关系思想的萌动。在恺撒时代，由于手抄小册子的流行，促使恺撒发行了世界上最早的日报——《每日记闻》，来作为自己与臣民沟通的工具。由恺撒写的《高卢战记》，记载了他的业绩和功德，恺撒能登上独裁者的宝座，这本记载着他的功绩的纪实著作起了很大的作用。后来，《高卢战记》作为一部纪实性的经典之作广为流传。这本书被公共关系同业工会主席李利·比诺称为"第一流的公共关系著作"。

在古希腊，社会对沟通技术非常重视，并对从事这门技术的人给予很高的评价和奖酬，有些深谙沟通学问的第一流演说家常常被推为首领。此外，那些参加国家最高统治者竞选的人们，大多是些擅长言辞及在学识上享有较高声望的诡辩学者们，他们善于对自己的功德、业绩和才能大肆吹捧和赞扬，以争取选民。希腊的民主政治导致公众代表会议和陪审团制度的形成，它为公众提供了对话的讲坛，演讲逐步引起人们的重视。公元前4世纪，一批从事法律、道德、宗教、哲学研究与宣传的教师和演说家在社会上十分活跃，他们被史学家们称为诡辩学者。其代表人物有苏格拉底、柏拉图和亚里士多德。其中，亚里士多德利用严谨的思维逻辑和科学的研究方法写出《修辞学》一书，强调语言修辞在人际交往和宣讲中的重要性。他认为，修辞是沟通政治家、艺术家和社会公众相互关系的重要手段与工具，是寻求相互了解与信任的艺术。他还提出在交往沟通中，要用感情的呼唤去获取公众的了解与信任，要从感情入手去增强宣讲和劝服艺术的感召力和真切可靠性。为此，西方的一些公共关系学者视亚里士多德的《修辞学》为人类历史上最古老的公共关系经典之作。

古罗马时代，人们对民意有更深的认识，并提出"公众的声音就是上帝的声音"。古罗马人注重发展各种影响人的传播技术，改进诗歌形式，使它更加精炼，并巧妙地把宣传意图渗透进艺术的表现之中。例如，由于城市的发展，当时大量向往城市生活的农民涌进城市，罗马城一时变得拥挤不堪，人满为患。为了减轻城市的人口压力，同时也为了稳定农业人口，政府曾委托诗人写诗来协助宣传，维吉尔所写的《田园诗》就是其中之一。诗歌通过赞美乡村生活、新鲜的空气、纯净的水流，以及描述处身于大自然之中的乐趣，吸引人们对乡村生活的向往，潜移默化，使人们受到艺术美的熏陶，最终达到宣传的目的。

（二）中国古代公共关系的萌芽

中国古代公共关系的萌芽早于古希腊和古罗马。

（1）中国古代十分强调争取"民心"在政治统治中的重要性　在尧帝时设"喉舌官"传达命令，传递民情。"王官采诗"是统治阶级了解民意的有效方式。中国统治者善于用形象塑造术，把自己塑造成龙的形象，神圣不可侵犯，并且确定龙的标准色为金黄色，这也是所谓天子的标准色，任何人不得侵犯。

（2）中国思想家朴素的公共关系思想　《老子·六六章》说："江海之所以能为百谷王

者，以其善下之，故能为百谷王。是以圣人欲上民，必以言下之；欲先民，必以身后之。是以圣人处上而民不重，处前而民不害。是以天下乐推而不厌。"此即"得民心者得天下，失民心者失天下"。取信于民是中国古代争取民心的一种常用的方法。孔子曾讲过与人交朋友，要"言而有信""人而无信，不知其可也"。国家则"民无信不立"，如果失去了人民的信任，这个国家将无法生存下去。孔子的核心思想是"仁"，即仁爱、爱人。他看重人、宽厚待人、信赖人，主张施民以惠，以教育说服人、感化人。他提倡"和为贵""礼为尚"。他用"己所不欲，勿施于人""君使臣以礼，臣事君以忠""德不孤，必有邻"等信条来处理相互关系。

（3）我国古代的政治活动、外交活动和军事活动中，亦有许多类似于公共关系活动的成功范例　春秋战国时期，中国的思想与言论是较为自由活跃的。那时便出现了百家争鸣、百花齐放的文化盛世。当时产生的士阶层，在社会上举足轻重，深受各诸侯君王们的器重与信赖，形成策士游说成风，舌战宣讲艺术发达的历史局面。《文心雕龙·论说》曾描述道："暨战国争雄，辨士云涌，从横参谋，长短角势；转丸骋其巧辞，飞钳伏其精术。一人之辩，重于九鼎之宝；三寸之舌，强于百万之师。"战国的游说者，足智多谋，口才雄辩。战国的游说，以闻名中外的纵横之争达到最高境界。合纵家苏秦，奔波于山东六国，运用游说手段，来影响公众和社会舆论，以对付秦国的吞并。连横家张仪，四处交游，离间各国，以游说手段来实现自己的政治理想。

案例 1-1

冯谖为孟尝君收买民心并助其重登相位

战国的孟尝君礼贤下士，门下食客三千，其中有一个食客叫冯谖。冯谖投奔孟尝君时，什么事也没做，说自己也没什么本事，却一再要求提高待遇：首先，要求食有鱼；其次，要求出门有车马；再次，要求有钱以养家。这是孟尝君给门客的最高待遇。孟尝君一一答应之后，冯谖才安心地居住下来。

一次，孟尝君打发冯谖去薛城收账，冯谖问孟尝君"顺便买些什么东西回来呢？"孟尝君随口而答："这儿缺什么，就买些什么。"

没多久，冯谖空手而归，他买酒买肉请老百姓吃，还把借条给烧了。孟尝君大怒。冯谖不慌不忙说，"您别生气，我说给您听。"冯谖接着解释，"没有酒肉给他们又吃又喝，他们哪能都来呢？他们不来，我上哪儿去看他们的情况呢？那些实在穷得还不了的，您留着借条又有什么用呢？您要是用势力威逼，或许能收回一些钱，可是民心就没了。您说过，'这儿缺什么，就买些什么。'我觉得这儿缺的，就是对老百姓的情义，于是我就买了情义回来。"孟尝君无可奈何，只得拱拱手说："先生高见，佩服！佩服！"

后来，齐王中了秦王的离间计，罢免了孟尝君的相位。孟尝君只好回到薛城，薛城百姓夹道欢迎，使孟尝君体会到冯谖买情义的意义。冯谖主动向孟尝君说："您要能借给我一辆马车，让我去魏国一趟，我定能叫齐王再次重用您，并增加您的俸禄。"孟尝君说："全凭先生调度！"冯谖到了魏国，劝魏惠王说："如今天下有才之人就数孟尝君了。大王何不趁他怨恨齐王的时候将他请来。要是他能为大王出力,何愁齐国不归附?"

于是魏惠王按照冯谖的要求,派使臣带车马十辆,黄金百斤,用迎接丞相的仪式,去薛城接孟尝君。

冯谖此时立刻去见齐王,说齐魏两国势不两立,可是如今魏国要请孟尝君去做丞相以号令天下……齐王听闻此言嘴上虽然答应要重新起用孟尝君,可心中仍然迟疑不决。但当他得知魏国的大队车马驶向薛城时,齐王连忙吩咐冯谖带节杖接回孟尝君,另外加封有一千户人口的土地。冯谖的计划实现了。

案例讨论: 冯谖的思想中包含了哪些朴素的公共关系思想?

在古代中国的经济生活中,这种例证也是很多的。例如,酒店门前挑出一面旗帜,上书"酒"字以招徕顾客,这类似于今天的广告宣传。有的店铺招牌上写着"百年老店"等字样,目的就是让人们知道这家店牌子老,信誉好。许多商店常用"如假包换""童叟无欺"来说明经营作风正派,公平诚实,以赢得顾客的信任。

无论在中国,还是在外国的历史上,都可以找到大量类似现代公共关系的思想和活动。这里需要强调的是,这仅仅是"类似"而已,公共关系作为一种新的社会思想和活动,其源头并不在古代,而是在近代的美国。

二、公共关系产生的原因和条件

英文"Public Relations"最早出现于1882年美国律师多尔曼·伊顿(D. Eaton)在耶鲁大学法学院对毕业班所做的《公共关系与法律职业的责任》演讲中,但那时该词表示的并非是现代意义上的"公共关系",而是"大众利益"的意思。现代意义上的公共关系这一用语第一次正式使用是在1897年,出现在美国铁路协会的《铁路文献年鉴》上。这个概念真正作为科学用语而流传和普及则要归功于美国著名公共关系专家爱德华·伯内斯(Edward Bernays),1923年他完成了世界上第一部公共关系学专著——《公众舆论之凝结》(Crystallizing Public Opinion),并在纽约大学开设公共关系课程,使公共关系逐渐发展成为一门新的学科。所以,从比较严格的意义上讲,现代公共关系产生于19世纪末20世纪初的美国,这与当时美国的社会政治、经济、文化、科技等情况是分不开的。

(一)民主政治:公共关系产生的政治条件

从人类社会制度发展来看,公共关系的产生是社会民主化发展的必然产物。人类社会在数千年的漫长发展过程中,多数时间实行的是封建主或宗教主的专制统治。在这种制度下,君主拥有无上的权威,君主便是国家,君令便是法律,生杀予夺,全凭君主的喜怒哀乐。从根本上讲,在封建专制制度下不可能、也不允许发展真正的公共关系。文艺复兴和宗教改革,使欧洲从长达数千年愚昧宗教统治的"黑暗时代"中解放出来。随着经济关系的变化,资本主义的民主制度代替了封建专制制度。虽然资本主义的民主制度仍存在着虚伪的一面,但它比起专制的封建制度已大大进步。政党要想执政,就得想办法争取社会舆论和选民的支持,就得靠竞选赢得胜利。即使当政,也需要千方百计与选民保持良好的关系。在这一社会民主化的进程中，公民的参与意识不断提高，对各种社会重大问题，特别是关系到自己切身利益的问题，都要通过各种渠道来表达自己的意见。在这种情况下，公众的意愿第一次成为竞选者和执政者不能不认真考虑的问题。如何才能有效地与民众进行沟通，建立良好的关系，已成为资产阶级政府、政党及各利益集团所面临的新问题。长期以来，公共关系也一直作为各种政治变革、权力斗争的工具存在。

（二）市场经济：公共关系产生的经济条件

在农业社会里，其经济模式是一种自给自足的、封闭的小农生产方式，其生产组织方式以一家一户为单位。人与人之间关系的维系主要是靠血缘、地缘、人缘关系，靠传统的伦理观念和义务。随着时代发展，特别是工业革命之后，经济突飞猛进地发展，工业社会代替了农业社会。大工业的市场经济突破了时空和血亲的局限，形成了以市场为轴心的、极广泛的社会分工协作。任何社会组织均须得到社会广泛承认，获得社会整体的支持，才能生存和发展。所以，市场经济势必需要公共关系。在市场经济的发展过程中，市场形式经历了由"卖方市场"向"买方市场"的逐步转变。在买方市场条件下，消费者具有更多的优势，可以根据销售者的产品质量、价格、服务、品牌以及人情关系等条件，灵活地决定向哪一个"卖家"去购买所需商品。为此，必须通过发展良好的相互感情关系方能更有效地维护交换关系，维持市场发展。这样，构建公共关系，增进相互理解与感情，提升组织形象和声誉就越来越显得迫切与重要。此外，随着市场经济的发展，消费者的消费水平也随着商品的不断丰富而不断提高，从初始的满足温饱、安全等千人一律的"基本需要"，而逐步转向满足消费者的挑选商品的个性、情感等各不相同的"选择需要"。生产者、销售者必须对消费者多样的、多变的选择需要有及时、深入而全面的了解与掌握，以便能提供适销对路的商品，这就需要公共关系工作来促进双边沟通和相互了解。在市场经济的背景下，企业能否与市场对接，能否争取顾客，赢得市场，争取广大社会公众支持，成为企业生死攸关的课题，直接促成了公共关系的兴起。

（三）人性文化：公共关系发展的精神源泉

美国是世界上少有的移民国家，几乎没有历史传统的包袱。美国文化体系中有三个突出特点：个人主义、英雄主义、理性主义。个人主义使美国富于自由浪漫的色彩；英雄主义使美国人崇拜巨头伟业，富于竞争的精神；理性主义使他们注重严密的法规，崇尚教条、数据和实效。科学管理的鼻祖泰勒的思想及其制度，便是理性主义的典型代表。它将人视为机器的一部分，强调严格的操作程序，作业计量定额，颠倒了人与机器的关系，使手段异化为目的。这种机械唯理主义的管理，虽然在短期内取得了显赫的高效率，但同时也使得阶级矛盾与劳资矛盾日趋尖锐激化，孕育着社会危机和动荡不安，也孕育着社会文化意识的嬗变。正是在严峻的现实面前，人们逐渐意识到纯理性文化的局限，人文主义重新抬头，在管理中注重人性、注重个人和群体的文化精神理念迅速地获得人们的认同。20世纪初，哈佛大学教授梅奥（Mayo）在著名的"霍桑实验"中提出的"人群关系理论""行为科学"，便是人性文化逐渐形成的有力体现。此外，大众传播的发展，社会化大生产的发展，也对尊重个人隐秘但又互不相关、过于狭隘的美国传统文化形成冲击，使社会生活、社会交往更趋开明化、开放化。这种尊重人性的、尊重个人感情和尊严的、人文的、开放的、人性化的文化，正是公共关系得以产生的精神源泉。

（四）传播技术：公共关系发展的技术支持

随着经济的发展和政治变革，人们交往的空间不断扩大，人们需要了解的信息量也越来越大。为适应这种需要，信息传播技术，特别是大众传播技术迅速发展起来。印刷技术日益普及与提高，报刊媒介遍及千家万户；电子技术不断进步，更带来广播、电影、电视等电子传播媒介的普及；在计算机、通信卫星全球普及的现代信息社会，具有极高的传播广度、速度与深度及高保真度并且费用低廉的、崭新的传媒迅猛发展，各种信息在瞬间即可传遍世界各地，新的传播体制使整个世界变得越来越像同一个村落。这种"地球村"的发展趋势，使一个多空间、多层次、多元化的传播体制逐渐在全世界形成，使得言论自由、新闻自由的理想进一步地实现，使得社会舆论的力量、公众意见的表达越来越具有影响力。公众对社会组织机构政策、制度和管理实施的实际干预能力大大增强。这种干预力量又不以人们的意志为转移，不断向社会各管理层渗透，政府和企业界不考虑公众意愿的管理方法已行不通。摆在管理阶层面前唯一的出路就是尽快地学会有效地驾驭新的传播手段和传播技术，与自己的公众建立起一种新的有利于相互了解、相互协调的沟通关系。由此可见，传播技术以及与传播有关的信息通信技术、控制技术的出现和发展为现代公共关系的形成与发展提供了重要的物质技术支持。

三、现代公共关系兴起与发展的四个阶段

（一）"公众受愚弄"时期（巴纳姆时期）

公共关系活动发端于19世纪中叶在美国风行一时的"报刊宣传运动"。19世纪30年代左右，新闻报刊业在美国得到了社会各界的关注，开始有了长足的进步，形成了一场较大规模的"报刊宣传运动"。当时的一些政治组织和公司企业发现，利用报刊宣传自己的主张、美化自己的形象有意想不到的效果，于是纷纷雇佣一些能在报刊上发表文章的记者和与新闻界有关的人员为本组织展开宣传，挖空心思"制造新闻"，根本没有职业道德的顾忌。报纸为了扩大发行量，也推波助澜，以"制造"的"新闻"吸引读者，以离奇的故事引起公众的好奇和对自己的注意。在这方面最为突出的人物是报刊宣传员费尼斯·巴纳姆（Phines Barnum）。他的工作信条是"凡宣传皆好事"，完全不把公众放在眼里。其弱点有二，一是这种宣传对公众的利益全然不予考虑，甚至出现了美国铁路大王"让公众见鬼去吧"的谩骂公众的典型案例；二是几乎所有的报刊宣传员都以获得免费的报刊版面为满足，并为此而不择手段地为自己制造神话，欺骗公众，这种做法与公共关系职业的基本要求和道德准则相去甚远。因此，这就使整个巴纳姆时期在公共关系的历史上成了一个不太光彩的时期，有人则称之为"公众受愚弄"的时期。这一时期的报刊宣传活动已带有一定的组织性和较为明确的目的性，其范围已不仅限于政治领域、思想宣传领域，而且扩大到经济领域，与谋求经济利益的愿望紧密结合在一起。

这种或把新闻媒介视为异己，或利用新闻媒介"愚弄公众"的现象，引起了新闻媒介的不满，报纸杂志率先刊载揭露实业界那些"强盗大王"的恶劣丑闻。据统计，1903～

1912年的9年间，有20 000多篇揭丑文章发表，同时还有社论和漫画，形成了美国近代史上著名的"清垃圾运动"（又称为"扒粪运动""揭丑运动"）。

（二）现代公共关系职业化时期（艾维·李时期）

艾维·李（1877—1934），是美国佐治亚州一个牧师的儿子，毕业于普林斯顿大学，曾就读于哈佛大学法学院。他早期受雇于美国报业大王斯特的《纽约世界报》，是一名记者。1903年，他开办了第一家宣传顾问事务所，成为向客户提供劳务而收取费用的第一个职业公共关系人。现代公共关系职业化由此发端。该事务所一成立，就生意兴隆，顾客盈门。其客户包括当时美国许多大型企业，甚至包括纽约市市长塞思·洛。

1906年，艾维·李向新闻界发表了著名的、具有里程碑性质的《原则宣言》，全面阐述了他的事务所的宗旨："我们的宗旨，是代表企业单位及公众组织，对与公众有影响且为公众乐闻的课题，向报界和公众提供迅速而准确的消息。"这就是所谓企业管理的"门户开放原则"。这反映了他的信条："公众必须被告知。"他认为，一家公司，一个组织要获得好的声誉，就必须把事实告诉公众；如果事实的披露对公司、组织不利，那么就应该调整公司或组织的行为；企业与其员工和社会关系的紧张摩擦，主要是由于企业管理人员采取保守秘密的做法，妨碍了意见和消息的充分沟通。另外，他积极协助企业管理人员改革旧的政策和做法，尤其是改善对待员工和公众的态度，使企业的一言一行，迎合公众和新闻媒介的要求。他先后被多家大公司，如美国电话电报公司、洛克菲勒财团、宾夕法尼亚铁路公司、无烟煤公司等聘请，处理劳动纠纷和社会摩擦，取得了令人瞩目的成效。

在艾维·李的推动下，工商企业开始改变对待公众的态度。部分企业家开始意识到，与公众关系的好坏，直接影响企业的兴衰成败，必须采取门户开放的开明经营态度和方式，与员工和社会保持良好的联系。艾维·李作为"公共关系之父"，不仅首创了"公共关系"这一专门职业，而且他提出的"说真话""公众必须被告知"的命题将"公共利益与诚实"带进了公共关系的领域，使公共关系这门学科从对一些简单问题的探讨上升为探求带有某些规律性的原则和方法，大大推动了这门学科的发展。

当然，由于时代的局限，艾维·李的咨询指导主要还是凭经验和直觉而进行的，缺乏对公众舆论严密的、大量的科学调查。因此，有人批评艾维·李的公关咨询只有艺术性而无科学性。但无论如何，艾维·李作为公共关系职业的先驱者的地位是无可争议的。

扩展案例1-1
艾维·李经典公共关系案例

（三）现代公共关系学理论化时期（爱德华·伯尼斯时期）

公共关系职业化的发展，促进了公共关系由简单零碎的活动上升为较为系统完整的专业活动，并逐渐形成了公共关系的原则与方法，使公共关系自立于学科之林、成为一门独立学科的条件已经成熟。

出身维也纳的奥地利裔美国人爱德华·伯尼斯（Edward L. Bernays）是著名心理学泰斗弗洛伊德的外甥。1923年，他以教授的身份首次在纽约大学讲授公共关系课程，同年出版了被称为公共关系理论发展史的"第一个里程碑"的专著——《公众舆论的形成》。在书中，伯尼斯首先详尽阐述了"公共关系咨询"这一概念，而且提出了公共关系的原则、实务方法和职业道德守则等。1928年，他完成《舆论》一书；1952年，他又出版了《公共关系学》教科书。

伯尼斯的主要贡献在于，他把公共关系学理论从新闻传播领域中分离出来，并对公共关系的原理与方法进行较系统的研究，使之系统化、完整化，最终成为一门独立完整的新兴学科。伯尼斯不仅是一位公共关系理论家，同时又是一位公共关系的实践家。他与妻子合作进行公共关系咨询，接受过多位美国总统和实业界巨头的委托，运用公共关系实务成功地帮助他们塑造良好的社会形象。有人评价道："他同公共关系这门学科的发展方向保持一致，并且考虑得更深远、更全面。"伯尼斯在理论上做出的贡献，对于公共关系学科的形成和进一步发展具有划时代的、里程碑式的意义。

伯尼斯公共关系思想的一个重要特点就是他提出的"投公众所好"的主张。他认为，在一定科学理论指导下的劝说活动有着巨大的威力，因而他非常注重运用各门社会科学的研究方法和研究成果。

扩展案例1-2
伯尼斯精彩的公共关系策划

（四）公共关系理论提升时期："双向对称"时期（斯科特·卡特李普新时期）

继伯尼斯之后，1937年，雷克斯·哈罗博士在斯坦福大学开设公共关系课程。1947年，波士顿大学成立了第一所公共关系学院，培养公共关系学士及硕士。许多公共关系论著也相继出版。

1952年，美国的斯科特·卡特李普和阿伦·森特俩人出版了他们的权威性的公共关系专著——《有效的公共关系》，论述了"双向对称"的公共关系模式，在公共关系的目标上将组织和公众的利益置于同等重要的位置，在方法上坚持组织与公众之间的双向传播与沟通。此书不断再版，成为公共关系的畅销书，在美国被誉为"公共关系的圣经"，使该书的作者成为享有声望的理论权威。至此，公共关系正式进入学科化阶段。一门充满时代特征的、具有强大实用性的新兴学科以其崭新的身姿崛起于学科之林。

（五）现代公共关系时期：20世纪90年代至今

20世纪90年代以后，以美国西北大学舒尔茨为代表的整合营销传播学派成为第三个居主导地位的理论典范。21世纪初，以莱丁汉姆和布鲁宁为代表的关系管理学派，逐渐成为一种新兴的主导理论典范。

1998年，美国当代最著名的公关学者詹姆斯·格鲁尼格（James E. Grunig）教授提出了卓越公共关系和传播管理理论。"卓越研究"衡量测定卓越公共关系和传播管理的程序，分布在涉及卓越传播的三个层次里，并有包容性。首先是传播核心层，即传播部门的知识基础；其次是知识核心层，指高级传播人员和高层管理人员对传播功能和作用的共识；再次是文化核心层，即组织文化，一个组织的文化提供了培育或抑制卓越传播的更大背景。格鲁尼格教授研究了卓越公共关系和传播管理理论的全球化问题，提出了一种"普遍原则、特殊运用"的公共关系全球化理论。一方面，这一理论认为，各国的公共关系实践既有相同之处，也有相异之处。卓越公共关系和传播管理的主要原则具有普遍性，它们适用于各种文化、政治和经济体制。但另一方面，这些原则在各个国家的具体运用中应有所不同。这一理论的体现就是"放眼全球，立足本地。"

补充阅读资料 1-1

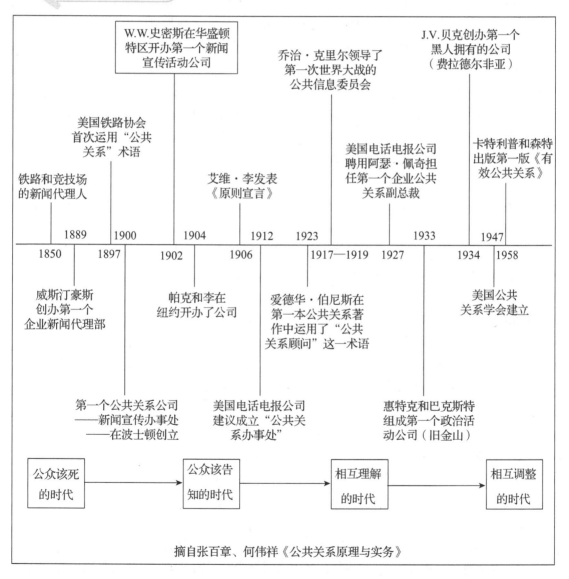

图 1-3　美国公关历史、人物分界线

四、公共关系在西方的发展和传播

1920年至第二次世界大战期间,随着世界科技的进步、商品经济的发展,发达国家"市场中心论"取代"生产中心论","卖方市场"转向"买方市场",以消费者为导向的市场观念日益为企业的经营管理者所重视。在这种情况下,公共关系作为一种现代经营思想迅速传播开来。1924年,美国《芝加哥论坛报》遍地开花论强调:"公共关系已经成为一种专门职业,一种艺术和一门科学。"

美国《企业周刊》1937年第一次编制了特别研究公共关系的报告,统计表明当时共有公共关系专家54人,公共关系顾问公司250家;到了1960年,公共关系从业人员猛增到10万人,公司有1350家,75%的大公司设有公共关系部门;到了1985年,美国劳工部预计公共关系从业人员达到15万人,各类公共关系公司数千家,自设公关机构或外聘公关顾问的企业占美国总企业数的85%以上,公共关系事业得到了蓬勃的发展。日本金融证券界的一位巨子指出:"公共关系的学问,发源于美国。回顾当初的美国,所谓公共关系还只是企业家手上的小玩意儿,后来却发展为企业家所必须采用的政策,乃至变成企业家的重要哲学。"

第二次世界大战以后,公共关系随着商品经济的高度发展、社会分工和专业化的推进,日益成为一种现代管理方法和专门职业。公共关系的活动领域,迅速从工商企业界扩展到政府机构、社会团体、科教文部门,并向全世界扩展。

1948年,美国全国公共关系协会(PRSA)宣告成立,同时制定了作为行为法规的《公共关系人员职业规范守则》。1955年,国际公共关系联合会(IPRA)在英国伦敦正式宣告成立。1978年8月,世界公共关系协会在墨西哥城召开大会,一致同意公共关系的定义为:"公共关系的实施即分析趋势,预测后果,向机构领导提供意见,履行一连串有计划的行动,以服务于本机构和公众共同利益的艺术和社会科学。"

美国是世界公共关系事业最发达的国家之一。在美国文化的影响下,英国、法国、意大利等西欧国家,以及加拿大、墨西哥、秘鲁乃至整个拉丁美洲,都开始开展多方面的公关工作,如设立劳资团体,加强劳资对话;为股东、消费者或一般公众发行年度报告或公司刊物;向社会公众开放工厂,注意加强社会联系等。这些影响使公共关系成为企业经营管理活动的重要环节;成为企业家所必须采用的政策和策略及重要的管理哲学;成为沟通政府、企业、新闻媒介和公众间关系的重要工具。

随着公共关系在社会各界的广泛应用和蓬勃发展,公共关系的理论教育也有了长足进展。1947年波士顿大学开设了第一所公共关系学院,并设立公共关系学硕士和博士学位。1955年全美有28所学校设置了公共关系专业,66所学校开设了公共关系课程。20世纪80年代以来,美国的公共关系教育已开始按不同的行为分门别类地进行,它们各有一套不同的大纲要求,并逐步向更细、更深入的领域健步发展。

公共关系在第二次世界大战后走向国际舞台,是战后国际社会生活中的新鲜事物。美国公关专家罗伯特·巴伯曾写道:"国际公共关系就像十几岁的小孩一样,突然以活泼的脚步前进。"

五、公共关系在中国

(一) 公共关系在中国发展的条件

公共关系作为一种经营管理方法和一门学科步入中国大地,并在理论上被认可、在实践中被加以系统运用,迄今才30多年的历史。公共关系在中国一开始就出现了生机勃勃、旺盛发展的好势头,受到人们的普遍关注和重视。公共关系在中国的传播和迅速发展,具有不以人们意志为转移的客观必然性。

1. 经济体制改革,呼唤与市场经济相统一的公共关系

中国经济体制改革要解决的是经济组织的活力问题,企业作为一个独立的经济实体,一个开放系统,立即面临着一系列前所未有的新问题;企业再也不能仅仅为完成国家计划而生产,而要为满足消费者的需要而生产;企业再也不能单纯地根据上级的批示进行决策,而要根据瞬息万变的市场信息,根据消费者的需求、愿望来进行决策;企业再也不能只是坐等国家计划调拨的原材料,也再不能依赖于国家的所谓统购统销来推销自己的产品,而要靠自己去开拓原材料和产品的供销渠道和市场营销网络;企业再也不能继续摆官商的架子,而要通过营销、广告、宣传以及各种社会活动来与公众保持广泛的联系,所有这一切都需要公共关系。值得特别提出的是,随着社会主义市场经济的建立,"卖方市场"开始朝着"买方市场"转变,给公共关系带来了无限生机与活力。

2. 政治体制改革,呼唤重视沟通协调的公共关系

经济体制的改革要求政治体制作相应的改革。政治体制改革的目标是建立高度的社会主义民主政治制度,而建立高度民主政治制度的一条重要途径,就是要在政府和人民群众之间建立起一座信息沟通与交流的桥梁,以增加政府的透明度、公开性以及增强人民群众的参政议政意识。政府与民众的信息交流,实际上就是公共关系的一种表现。在公共关系学看来,政府亦是社会组织,政府的公众就是人民群众,政府如何通过传播活动来达到与人民群众相互了解和相互合作的目标,就是政府公共关系的活动内容。从政府的角度讲,新的经济、政治体制仍然要求"从群众中来,到群众中去",要求把基层的群众当作公众("公众是上帝""领导者是人民的公仆"),而不是当作一群只能服从、听命的生物个体。公众是有自身独特利益的。他们的利益与政府的利益休戚相关,不尊重公众的利益,就是不尊重政府自身。目前,中国政府公共关系正稳步发展,政府形象工程、城市形象建设、勤政廉政建设、精神文明工程等,逐渐深入人心。可以推测,随着政治体制改革的深入和民主化进程的加快,公共关系将会发挥越来越重要的作用。

3. 文化变革,呼唤体现开明开放的公共关系

当今世界,任何一个国家都已不能以封闭的状态孤立存在。中国实行改革开放以来,国际交往、交流、合作日渐增多。市场经济的进一步发展及与国际市场的接轨,更增加了这种交往、交流与合作。改革开放使我国与国外的文化、思想、科技、学术交流与日俱增,国人大开眼界。人们真正看到,在这个"地球村"生存的不同文化的人越来越分不开了。因此,

只有在相互尊重、相互接触中才能求生存、求发展。于是，人们不仅研究国家内部的组织与公众怎样和谐相处，而且开始研究不同的文化之间如何实现跨文化沟通（Cross-culture Communication）。同时，需要研究如何从乡土关系推进到市场关系，再推进到跨文化关系（Cross-culture Relationship）；由以礼维持的人际关系推进到以法维持的公共关系。文化变革与文化融合对公共关系发展提出了更高的要求，同时把"内求团结，外求发展"的公共关系理论推向了新的境界。

（二）公共关系在中国的传播和发展历程

现代公共关系思想和公共关系实践进入中国，应以20世纪60年代中国香港、中国台湾的公共关系的引进为发端，20世纪80年代初，中国大陆实行对外开放政策，公共关系作为一种新的经营管理思想和技术传入中国，并呈现出由南向北、由东向西，由服务行业向工业企业，由外资企业向国有企业，由企业组织向政府组织逐步发展的格局。

当代中国公共关系的发展，大致经历了四个发展阶段。

1. 第一阶段：导入时期——20世纪80年代初期及中期

随着改革开放的发展，在深圳、广州等地的一些中外合资企业和外商独资企业按照海外的管理模式，出现了公共关系活动，并最早设立了公共关系部。在这些公共关系部中，多数是在海外受过公共关系训练的人担任经理。1980年深圳蛇口华森建筑设计顾问公司率先成立，这是我国第一家公共关系性质的专业公司，它主要是适应特区建设的需要，提供经验与技术。1982年深圳竹园宾馆成立公共关系部，开展以招徕顾客为目标的扩大影响的服务性公共关系活动。1983年中外合资的北京长城饭店成立公共关系部。1984年广州中国大酒店等宾馆、酒家和服务部门设立公共关系部。后来，广东电视台以这批宾馆酒楼的公共关系活动为背景拍摄了第一部反映公共关系理论与实践的电视连续剧《公关小姐》。该剧在全国放映后，影响千家万户，使公共关系为亿万中国人所知晓。1984年9月，我国国有企业第一家公共关系部——广州白云山制药厂公共关系部正式成立。1984年年底，《经济日报》发表长篇通讯《如虎添翼——记广州白云山制药厂的公共关系工作》，并配发重要社论《认真研究社会主义公共关系》，对公共关系的引进和发展阐述了原则性的看法和指导性的意见。这标志着现代公共关系在中国已得到确立。

2. 第二阶段：迅速发展时期——20世纪80年代中后期

这期间，中国呈现第一个"公共关系潮"。其标志是专业公共关系公司、公共关系协会、公共关系教育培训以及公共关系理论研究迅速发展起来。

1985年，两家世界上最有影响的公共关系公司——伟达公司和博雅公司先后进入我国。其中，博雅公司与中国新闻发展公司达成协议，成立了中国第一家公共关系公司——中国环球公共关系公司。

1986年12月，上海成立全国第一家省级公共关系协会。1987年5月，全国权威性的公共关系社团组织——中国公共关系协会在北京正式成立。此后，全国各省、直辖市、自治区以及若干大中城市相继成立地方性公共关系协会或学会。许多企业内部的公共关系部开始运作，并取得了较大的实践成果。健力宝集团等企业的公共关系活动在全国范围内产生轰动效应。

1985年1月，深圳市总工会举办全国第一个公共关系培训班。在此前后，深圳大学、中山大学、北京大学研究生院、首都师范大学、复旦大学、清华大学、中国人民大学等相继讲授公共关系课或开设公共关系专业。

1986年11月，中国社会科学院编著的《塑造形象的艺术——公共关系学概论》正式出版。同年12月，王乐夫、廖为建等人的公共关系专著问世。从1988年起，全国公共关系组织联席会议相继在杭州、西安、广州等地召开。1989年，全国高校第一届公共关系教学研讨会召开。弗兰克·杰弗金斯所著的《公共关系学》和斯科特·卡特李普等著的《有效公共关系》等国外公共关系著作在中国翻译出版。1988年1月，中国第一家公共关系专业报纸——《公共关系报》在杭州创刊，向全国发行。1989年1月，中国第一份国内外公开发行的公共关系杂志——《公共关系》在西安创刊。公共关系的理论研究十分活跃，理论成果十分丰富。据不完全统计，在发展时期，公共关系专著、译著、教材公开出版发行近100部。在第一次"公共关系潮"时期，虽然仍有机械模仿、层次较低、良莠不齐、鱼龙混珠等情况，但理论上和实践上的"百家争鸣，百花齐放"的局面却为下一时期的公共关系发展打下了较好的基础。

3. 第三阶段：成熟稳定发展时期——20世纪90年代初至2009年

此阶段的公共关系表现出如下的发展特征。

第一，中国的公共关系得到党和国家领导人的关注。1991年5月，中国公共关系协会在北京召开全国公共关系工作会议，对公共关系事业的发展进行总结并交流经验。党和国家领导人李瑞环等同志在给会议的贺词中充分肯定了中国公共关系事业取得的成绩，明确指出了公共关系事业的发展方向和根本任务，在全国产生了重要影响。

第二，公共关系的教育和理论研究日趋成熟。1994年4月，中国国际公共关系协会成立，促进了中国公共关系理论研究与社会实践的国际化，推动了公共关系事业的进一步发展。1994年，中山大学被教育部批准开办部属院校第一个公共关系本科专业，随后一些高校开始尝试招收公共关系方向的硕士生、博士生。至今，绝大多数本科院校开设了公共关系学课程，约有20多所学校开设了公共关系大专专业。全国公开出版的公共关系专著、教材、译著、工具书等已超过1000种。其中具有代表性的有：全国通用教材《公共关系学》（获"全国优秀畅销书奖"）、《中国公共关系教程》《中国公共关系大辞典》等。1990年，中国公共关系协会学术委员会在河北高碑店召开全国第一届公共关系理论研讨会。之后在上海、福州、杭州、石家庄、大连等地召开了第二～六届全国公共关系理论研讨会，极大地推进了中国公共关系的理论研究进程。在这一时期，学术研究较为活跃，一些学术流派开始产生，例如形象学派、协调学派、传播学派、管理学派等，细化和深化了对公共关系的研究。

第三，公共关系的实践活动从自发走向自为、从盲目走向自觉、从照搬走向自主创造，全国有一大批公共关系专家、学者分别主持、策划、操作企业公共关系、企业CIS①、政府

---

① CIS：企业形象识别系统（Corporate Identity System）。

公共关系或城市 CIS 和城市形象建设。

第四，1998 年，经国家劳动和社会保障部批准，公关员列入《中华人民共和国职业分类大典》，公共关系职业纳入国家正式职业行列。1999 年，国家职业资格工作委员会专门设立公关专业委员会，这标志着我国公共关系职业化迈出关键一步。

4. 第四阶段：品牌化、网络化、全球化的新时代时期——2009 年至今

此阶段的公共关系表现出如下的发展特征。

第一，公共关系活动范围全球化。纵观当今世界，经济利益在各国对外关系中的地位日益突出；政治经济一体化趋势更加明显；改革政府的管理体制已经成为潮流，各国政府正试图从原来的统治者、控制者的角色向团体协调者、服务者的角色转换。正是基于这样的态势，掀起了全球化政府公共关系的大潮，各国政府首脑及主要官员的外交活动都开始以扩大对外贸易、推销本国产品、寻求合作伙伴、拓展投资领域、签订经贸合同作为重点内容。随着全球化的信息交流，跨国公司在持续发展，公共关系范围在逐渐扩大，公共关系领域在逐步拓展，实施"大公共关系"的宏观条件已经具备，开展全球化公共关系的趋势也在逐渐形成气候。

第二，公共关系实施主体职业化、品牌化。据资料显示，21 世纪公共关系职业仍然是 20 种热门职业之一。复杂的竞争态势，势必对公共关系从业者提出了更高的要求。分散的、个人的智慧与技能已不能满足大社会、大市场的需要。公共关系的人员素质要提高，操作手段与技术要现代化，思想观念要符合新潮流，具体工作要富有创造性。所以，公共关系以职业化为基础，在竞争中形成品牌化服务，已成为历史的必然。如此，公共关系实施主体便走向规模化，继而走向品牌化。中国已出现了一批为中国企业和世界企业服务的知名公共关系公司。

第三，公共关系传播渠道网络化。随着信息时代的到来，作为数字信息化的必然结果，世界正以极快的速度、极短的时间实现全球的网络化。世界网络化的结果将是社会组织的分子化、组织成员的分子化。分子化的信息社会，组织及其个体显示出前所未有的主动进取精神。网络化时代的这种互为补充、互为依托，建立在主动进取之上的合作，它的公共关系事务活动将成为推动整个世界加速运转的不可或缺的技术力量。互联网的迅速发展，为公共关系提供了新的传播渠道，网络化公共关系与传统的公共关系（这里指通过报纸、杂志、广播、电视等大众媒体进行的公共关系传播）相比有较多优势。

补充资料

2017 年，随着中国公共关系市场不断规范化、专业化发展，整个行业呈良性竞争的发展趋势，增长率基本趋于稳定。据调查估算，整个市场的年营业规模达到 560 亿元人民币，年增长率约为 12.3%。2017 年中国公共关系行业呈现以下特点和趋势：①大战略为公共关系带来新机遇。随着"一带一路"倡议的持续和深入推进，全球化背景下的国家公关意识和策略不断地增强，中国公共关系行业迎来了更大机遇，服务领域更广，从业人员的视野更开阔，中国的公共关系行业将在不远的将来，步入一个千亿级市场。②公共关系行业的兼

并、重组已经成为常态。资本正加速进入公共关系行业,而公共关系行业也正在借助资本的力量做大、做强。2017年春节刚过,国内著名公关公司宣亚国际正式在中国A股上市,这意味着,在蓝色光标上市7年之后,又一家老牌公关公司正式登陆创业板。③跨界融合进入新阶段。行业的跨界融合与合作已成为新常态。2017年,公共关系与广告、营销行业的跨界融合开始提速,目前已形成行业之间优势互补、相互渗透的竞争格局。④内容营销已经成为企业传播的核心要素之一。直播、人工智能、区块链等移动互联技术在内容营销方面的应用已成为热门话题。IP正越来越多地成为现象级的内容营销概念。⑤公共关系行业正面临着从传统公共关系到新媒体时代公共关系的转型。互联网营销、大数据、数字化、信息化的不断涌现,倒逼从业人员结合自身业务,学习新技术、研究新问题。转型发展带来的资金、技术,尤其是互联网思维,成为公共关系行业最为关注的问题。⑥政府机构购买公共关系服务的趋势开始显现,为行业增长开辟了新的领域。近年来,政府部门对公共关系越来越重视,相关机构购买公共关系服务的趋势开始显现。

【扩展资料】

《中国公共关系业2017年度调查报告》

http://www.cipra.org.cn/templates/T-Second/index.aspx?nodeid=5&page=ContentPage&contentid=1408

2017年金旗奖案例:2017 BMW中国文化之旅

1. 项目概述

"BMW中国文化之旅"发起于2007年,至今已持续开展11年,项目先后探访了中国6大国家级文化生态保护实验区以及22个省及直辖市的317项非物质文化遗产,并对沿途90项亟待保护的非遗项目和研究课题给予了总计1600多万元的捐助,在促进传统文化传承与发展的同时,唤起公众对非物质文化遗产的关注和保护意识。

作为BMW战略型企业社会责任的标志性项目,"BMW中国文化之旅"旨在探访和保护中国传统文化,促进非物质文化遗产的传承与发展,是企业参与非遗保护的典范。

2. 项目背景

2016年项目10周年之际,"BMW中国文化之旅"宣布了面向未来的创新举措:以"授人以鱼不如授人以渔"为指导原则,对传承人从资金资助转变为平台支持,探索非遗保护的创新模式。在上述原则的指导下,2016年,BMW与清华大学美术学院强强联手,建立"清华美院BMW非遗保护创新基地",对传承人的支持从"捐助"转向"赋能"。具体实施方式为搭建两个公益平台:一个是发现的平台,用来探访和发现有创新需求和潜力的非遗传承人;另一个是创新的平台,通过每年的非遗探访活动,推选10位具有创新潜力和学习需求的传承人,资助他们进入创新基地研修研习。

3. 项目调研

BMW企业社会责任始终以解决实际的社会问题为导向。在针对"BMW中国文化之旅"

所关注的非物质文化遗产领域的项目调研中,我们拜访了文化主管部门官员、传统文化和非遗等领域的专家学者,以及文创等相关领域的商界精英和意见领袖。

在调研中,我们对中国非物质文化遗产传承和保护所面临的问题进行了甄别,发现在现阶段,中国的非物质文化遗产面临着"活化"和"传承"两大问题:①"活化"的问题。随着社会的快速发展,不少非物质文化遗产已经丧失了原本的社会属性,渐渐退出人们的日常生活,从而导致其行业发展越来越狭窄和困难,部分传承人甚至无法以其一技之长作为生计之本。②"传承"的问题。非物质文化遗产的传承依赖于师徒传承,而非遗传承人的老龄化和断代导致不少非物质文化遗产濒临失传。在调研中,我们进一步发现了非遗传承和保护的问题根本:即非遗难以"活化"、难以融入现代生活,只有疏通了"活化"的问题,让非遗重新进入消费市场并融入现代生活,才能实现其行业和产业的良性发展,传承的问题也自然会迎刃而解。因此,我们将项目目标设置为:让非遗走进现代生活。

为了实现该目标,我们在2017年项目策划之初,针对项目受众和策略进行了广泛调研,发现以下规律:①目前社会舆论和市场消费的主体人群是80后和90后;②80后和90后最感兴趣的话题和消费领域为音乐、时装、手作和美食这四大领域,而传统文化和非遗相关的话题则很难直接引起年轻人的关注。基于上述发现,我们得出以下结论:让非遗走进现代生活、给非遗重新注入活力,需要首先让80后和90后关注非遗并对非遗产生兴趣,而将非遗与音乐、时装、手作和美食这四大领域进行跨界将对80后和90后最具吸引力。

上述调研结论对2017"BMW中国文化之旅"的项目策划起到了主要指导作用。

4. 项目策划

目标

发挥BMW的影响力和优势资源,用创新的方式支持中国非物质文化遗产的传承和保护,助力非物质文化遗产走进现代生活。

(1) **策略** 在非物质文化遗产与年轻人喜爱的领域之间搭建起桥梁,通过互动的形式和多元化的渠道呈现和传播非物质文化遗产,吸引年轻人关注并热爱非物质文化遗产。

聚合BMW利益相关方的资源和各方社会力量,共同助力非物质文化遗产走进现代生活。

创新性地探索非遗保护模式:①以创新的方式推广非遗领域的文化传播;②以创新的方式促成非遗手作产品的使用和消费。

(2) **具体模式** 2017年,"BMW中国文化之旅"在项目2016年以来搭建起的"发现"和"创新"两大平台基础上,做了如下创新。

1) 拓展"创新的平台"。"BMW中国文化之旅"于2017年首创性地启动非遗跨界孵化项目,邀请不同领域的"非遗跨界创意大使"加入"BMW中国文化之旅"非遗探访活动,探索非遗与音乐、时装、手作、美食等领域的跨界创新,与有跨界潜力的非遗传承人共同设计和开发不同类别的、具有非遗核心工艺或元素的文化创意作品和产品，为非遗注入新的活力。

2）创建"共享的平台"。"BMW 中国文化之旅"持续性举办公益性、互动性的非遗展演和体验等活动，展示创新和跨界成果，使公众有机会近距离接触和体验非遗的魅力，同时促进非遗产品的使用和消费。

受众：以 80 后和 90 后为主的社会公众、BMW 经销商和车主等利益相关方。

（3）**传播内容**　传播非遗走进现代生活的理念和创新举措。

传播非遗传承人的创新尝试和作品。

（4）**传播形式**　除平面媒体和电视等传统媒体外，广泛应用新的传播手段和渠道，包括社交媒体平台互动招募、视频及新媒体网红直播、定制马蜂窝旅行攻略等。

邀请名人以"非遗跨界创意大使"的身份加入跨界孵化项目，并借其个人社交平台传播项目核心信息，以加大项目的影响力。

5. 项目执行

2017"BMW 中国文化之旅"系列创新活动包括下述活动。

（1）"BMW 中国文化之旅"湖南非遗探访活动（2017 年 7 月 26 日—8 月 4 日）。

1）邀请全国知名媒体代表、专家学者、社会知名人士、设计师等 200 多人，共同前往湖南省探访丰富的非物质文化遗产项目，历时 10 天，行程 2300 多公里，足迹遍布湖南 11 个市、州，探访了 47 项非遗项目。

2）成功遴选出 10 位具有创新潜力和学习需求的非遗传承人，进入"清华大学美术学院 BMW 非物质文化遗产保护创新基地"研修研习。

（2）传承人在"清华大学美术学院 BMW 非物质文化遗产保护创新基地"学习和交流活动（2017 年 10 月起）。"BMW 中国文化之旅"从湖南推选的 10 位非遗传承人将于 10 月进入创新基地进行研修研习，提升文化自觉与自信，并将与创新基地的 100 余位非遗传承人及设计师学习、交流和合作。

（3）"BMW 中国文化之旅"非遗跨界孵化计划（2017 年 8—11 月）。首创性地启动"非遗跨界孵化项目"，邀请音乐、时装、手作、美食等领域的"非遗跨界创意大使"与传承人共同创作具有非遗核心工艺或元素的跨界创意作品和产品。

1）非遗音乐。邀请流行音乐人吉克隽逸与湖南传统音乐类非遗项目的传承人，共同打造首支以非遗为主题的公益性音乐。

2）非遗时装。邀请时装设计师 SaraYun 与湖南传统美术类、传统技艺类等非遗项目的传承人，共同打造一系列极具中国传统文化底蕴又不失时尚元素的服饰。

3）非遗手作。邀请以设计师高一强为代表的 BMW 车主志愿者，与 10 余位湖南非遗传承人共同设计和创作兼具非遗核心工艺与实用性的创意中式生活用品。

4）非遗美食。邀请创意美食家黑麦将湖南传统美食与现代创意菜元素相融合，打造"舌尖上的非遗"。

（4）"BMW 中国文化之旅"非遗嘉年华（2017 年 11 月中旬）。"清华大学美术学院

BMW 非物质文化遗产保护创新基地"和"非遗跨界孵化项目"的创新成果，将于 2017 年 11 月在北京举办的 2017"BMW 中国文化之旅"非遗嘉年华上向公众展示，助力非遗融入现代生活。

（5）BMW 上海体验中心非遗手工体验课（2017 年 3 月—12 月）。2017 年 3 月起，"BMW 中国文化之旅"邀请非遗传承人在 BMW 上海体验中心举办非遗讲座与手工体验课，以公益的性质向公众展示非遗魅力。目前，已举办了 8 场活动，共吸引 160 多名公众参与其中。

6. 项目评估

（1）非遗探访活动预热阶段。

通过马蜂窝招募成功制造社会热点，招募稿达 3 万阅读量。

（2）非遗探访活动过程中。

1）参与探访活动的专家、媒体代表、BMW 相关方等嘉宾对 2017"BMW 中国文化之旅"的创新举措表示认可和支持，并纷纷表示将通过个人力量和资源进一步支持非遗走进现代生活。

2）探访活动期间进行全程 KOL[一]直播，共吸引了超过 1000 万人次的浏览量，并进行实时网友互动，引起社会广泛关注和讨论；KOL 还通过微博直播，获得超过 8000 条转发以及近 1 万条评论。

（3）非遗探访活动后。

1）探访活动结束后三周之内，共收录超过 2100 条报道，其中原创报道近 500 条，媒体从不同角度对探访中的非遗项目亮点和创新举措进行了深度报道。

2）受邀作为"非遗跨界创意大使"的明星在其官方及个人社交平台上进行传播，引发微信和微博圈大量关注和转发。

3）将于 2017 年年底推出的《"BMW 中国文化之旅"湖南非遗旅行攻略》预计浏览量将超 30 万人次。

7. 项目亮点

"BMW 中国文化之旅"借助 BMW 的品牌影响力和资源为非遗保护做出贡献，通过 11 年持续创新产生了深远的社会影响，2017 年的创新亮点具体体现在以下几方面。

（1）首次启动"BMW 中国文化之旅"非遗跨界孵化项目，探索非遗在音乐、时装、手作、美食等领域的跨界创新，并将以更加互动、年轻化的形式向公众呈现，促进非遗融入现代生活。

（2）在 BMW 上海体验中心开展公益性的非遗体验课，从"走出去"到"拉回城市"，让都市家庭有机会体验和学习非遗。

（3）采用网红直播进行全程直播非遗探访活动，并与广大网友进行实时互动，向公众传播非遗知识。

[一] KOL：关键意见领袖（Key Opinion Leader）。

（4）联合知名旅游网站"马蜂窝"制作《"BMW 中国文化之旅"湖南非遗旅行攻略》，助力湖南非遗推广的同时，让更多年轻人有机会近距离了解和体验非遗的魅力。

企业名称：华晨宝马汽车有限公司

代理公司：凯维营销策划咨询（上海）有限公司

北京达毅思创公关顾问有限公司

案例分析："BMW 中国文化之旅"公共关系活动对提升宝马企业形象的作用？

复习思考题

一、概念题

公共关系　　公众　　传播

二、问答题

1. 简述公共关系产生的历史条件。
2. 简述公共关系的发展历程。
3. 简述公共关系在中国产生的基础条件。

组织形象管理
——公共关系的宗旨

■ 内容提要 ■

本章主要介绍组织形象的含义与特征；形象定位的策略和方法；形象传播、巩固和更新的方法和技巧。帮助学习者树立公共关系形象意识，培养形象定位、传播、巩固和更新的技能。

引导案例

纵观世界级顶尖品牌，可以说，可口可乐走进了"品牌崇拜"的最高境界。可口可乐不仅仅是一种软性饮料，更是一种信仰，一种人造的"宗教"。其前任总裁古斯坦曾这样形容："可口可乐是魔法，无论我去哪儿，人们只要知道我是可口可乐的人，就对我十分敬仰，好像我是教皇派出来的使者。"可口可乐就像宗教一样，已经完全用一套象征性的符号和东西——如响遍全球的嘶嘶的泡沫声、红遍全球的流线型的字母符号等——不断地激发消费者的情绪和内在动力，让人着迷、让人眷恋、让人忠诚、让人崇拜。这就是一种超出品牌抽象概念而演绎出的生机盎然的品牌意象。可口可乐品牌的核心价值用十个字概括比较贴切，即"激情、活力、开放、平等、博爱"。而且，可口可乐公司持续一贯地进行品牌演绎、品牌体验、品牌传播，它的核心价值甚至代表了美国文明和文化的价值取向。美国社会学家西德尼·敏茨在其《甜蜜和权力》一书中总结道："可口可乐把我们变成了消费狂。我们喝什么，并不是来自自身的选择，而是被动地接受可口可乐品牌的影响。"可口可乐品牌的独特性在于它博大的包容心，显示出无所不包的世界观，以及和平、博爱的品牌价值理念。可口可乐正是靠着这种难以抗拒的理念引诱，不断地在全球范围内发挥着宗教的作用，并诱发消费者的品牌崇拜之心。○

21世纪，社会组织在市场中的竞争正从局部的数量竞争、产品竞争、价格竞争、质量竞争、资源竞争、资金竞争、人才竞争、技术竞争、信息竞争发展到组织的整体形象竞争，形象是组织经营资源中最为重要的无形财富。当代市场竞争激烈、残酷。我们不仅要在市场竞争中塑造组织美好形象，并且还要对形象进行有效的管理，不断提升形象。树立优秀的组织形象，实施组织形象管理不仅是现代市场经济发展的必然趋势，也是组织在日趋激烈的市

○ 参考中国公关网 http://www.chinapr.com.cn

场竞争中成功与制胜的一大法宝。

第一节 组织形象的含义与特征

"形象"一词源远流长，其内涵与外延一直在不断丰富和发展。随着市场经济的发展，公司的成败往往取决于公司组织形象的好坏。

一、组织形象的含义

(一) 组织形象的定义

组织形象是指社会公众心目中对一个组织综合认识后形成的全部认知、看法和综合评价。在现代社会中，一个组织的形象如何，会直接影响到组织的生存和发展。因此，树立良好的组织形象，是组织至关重要的任务。

(二) 组织形象的构成要素

组织的总体形象的建立是受众多具体要素影响的。以企业为例，其构成组织总体形象的要素有以下几项。

（1）产品形象　它是组织形象最基本的形象构成，是公众对组织形象最基本的认识来源。包括产品的质量、特征、风格、包装、价格、坚固性、完美性、耐久性、依赖性、可修性等。

（2）服务形象　它是指公众对组织形象的感受性体验。包括服务的时间、方式、方法、安装、维修质量、零配件可用性等。

（3）外观形象　它是指组织形象的物质外壳。包括地理位置、建筑风格、内部装饰、环境等。

（4）员工形象　它是指公众心目中对员工的看法和评价。包括员工的内在形象，如素质、精神风貌、职业道德，外在形象，如仪表、仪容、仪态等。员工是社会组织的形象大使，特别是服务行业，公众是通过员工来感知社会组织的，在某种程度上，员工形象决定了组织形象。

（5）实力形象　它是组织形象存在的物质性基础。富有强大的经济实力，便使形象的其他因素均有了落脚点。实力形象主要包括组织的固定资产、总资产、流动资金、产品生产与销售发展规模、员工人数、装备先进性等。

（6）人才形象　它是指组织现有人才的状况对组织形象的影响。一个人才济济、阵容整齐的组织，会使组织的形象倍增光彩。人才形象主要包括人才阵容、科技水平、管理水平等。

（7）营销形象　组织的销售力包括销售数量、销售能力、销售渠道、营销推广（包括广告、促销等）。

（8）社会形象　它是指组织在社会中发挥的作用。包括组织社会行为，即对社区的居民、环境及生活质量的责任和关注，组织捐献行为，即对社会公益事业的支持行为等。

（9）文化形象　它是组织形象的精髓所在。它以组织的价值观为基础，以组织系统和物质系统为依托，以组织员工的群体意识和行为为表现，形成具有特色的生产经营管理的思想作风和风格。文化形象主要包括组织使命、组织精神、组织价值观和组织目标等。

（10）品牌形象　它是指组织的产品质量和服务、组织的标志等留给公众的总体印象。品牌形象是组织形象的生命线。如果说其他要素上存在的缺陷仅仅会影响其他形象的话，那么品牌形象的低劣则会使组织形象毁坏殆尽，从而直接威胁到组织的生存。

总之，一个组织形象的状况不是由一两个因素所决定的。组织形象是一个有机整体，它的每一个要素都会对组织形象产生效应。因此，要树立一个良好的组织形象，必须使这个形象系统中的每一个要素都发挥作用。如果忽视了其中一个或几个要素，则有可能使整个组织形象毁于一旦。

二、组织形象的特征

1. 主观性和客观性

组织形象的定义表明，形象源于社会组织的表现，具有客观性，但评价者是公众，因而形象又具有主观性。主客观相统一的形象是真实形象；虚构、想象、误解的形象是虚假形象；组织领导及其他成员所追求的形象是理想形象。形象的两重性要求组织既要做得好，又要说得好。由于不同公众的价值观、利益取向、审美取向以及获取的组织信息往往不同，因此同一组织在不同公众心目中会产生有差异的形象。

2. 整体性与多维性

组织的形象是指组织的整体形象。组织自身构成具有多维性。整体形象取决于各子形象或形象要素，组织在哪一方面出现失误都可能使组织形象受损。更为重要的是，整体形象与各子形象都有各自的作用，其功能不能相互替代。塑造组织的整体形象不仅是为了发挥整体形象的功能，更是为了在这一过程中促使组织把各项工作做好，以处理好各类公众关系。因此，多维性不仅指影响组织整体形象的因素的多维性，还指组织的各子形象的功能也是多维的、各不相同的。

3. 相对稳定性与可变性

组织形象无论处在何种状态，主观的认识一般都落后于实际的变化，从而表现为组织形象的相对稳定性。形象的主客观性一旦趋于统一，相对稳定性就更为明显，组织稍有疏漏一般不会危及形象。但当较大的失误持续发生，公众就会改变对组织的评价，形象的主客观性又趋于统一。如果组织此时才醒悟并做出多种补救措施，就可能为时已晚，形象改善的滞后效应又会发生。一个组织如果不能很好地处理发生的危机事件，则可能导致千辛万苦建立起来的形象发生巨变，美好形象将不复存在。美国的安然公司、南京的冠生园都是前车之鉴。

三、组织形象的功能

（一）规范与导向功能

组织形象是把组织的价值观念和行为规范加以确立，为组织自身的生存和发展树立了一面旗帜，向全体员工发出了一种号召。这种号召一经广大员工的认可、接受和拥护，就会产生巨大的规范与导向作用。像 IBM 公司提出的"IBM 意味着最佳服务"，日产公司强调的"品不良在于心不正"，德美航空倡导的"亲和一家"等，都是在教育、引导、规范着员工的言行、态度，让他们在工作中注意把自己的形象与组织的形象联系起来，使本组织成为世界一流的组织。

（二）资产增值效能

有形资产和无形资产共同构成了现代组织的资产。有形资产就是组织所具有的实体形态的资产，包括固定资产（如机器设备、房屋、建筑物等）、对外投资和自然资源等。无形资产是指组织经过多年经营取得的没有物质实体而以某种特殊权利、技术知识、公众评价等信息形态存在，具有襁褓性作用的资产，如专利权、组织形象等。组织形象是组织的无形资产，它具有实实在在的资产增值效能，使组织在无限开拓市场过程中，获得丰厚的利益回报。良好的组织形象有助于扩大组织的销售量，使组织在与竞争者相同的条件下，获得超额利润，从而形成了直接的实益性价值，组织形象自身因此也就具有了价值。组织形象的良好与否可以从商标中看出，它具体体现为商标的价值。

（三）关系构建功能

因为在组织中不同的人从事不同的工作，人的性格、爱好、追求又不一样，所以如果没有一种精神力量把他们"黏合"起来，组织就会成为一盘散沙。组织形象确立的共同价值观和信念，就像一种高强度的理性黏合剂，将组织全体员工紧紧地凝聚在一起，形成"命运共同体"，从而产生"集体安全感"，使组织内部上下左右各方面"心往一处想，劲往一处使"，成为一个协调和谐、配合默契的高效率集体。

（四）激励功能

在组织内部，组织形象可以有效地强化员工的归属意识，充分调动员工的积极性与创造性，从而增强组织的向心力和凝聚力。一般而言，组织具有良好的形象，会使组织员工产生荣誉感、成功感和前途感，觉得能够在组织里工作，是一种值得骄傲的事情，由此就会形成强烈的归属意识和奉献意识。组织形象的建立，不仅对内有着极大的凝聚、规范、号召、激励作用，而且能对外辐射、扩散，在一定范围内对其他的组织乃至整个社会产生重大影响。

（五）促销功能

组织形象最终确立是以达到公众信赖为目的。只有在公众信赖的基础上，公众才有可能进一步购买组织的商品或服务。这一机制是组织形象能够产生市场促销的根源。组织形象的改善，可能直接影响市场销售的局势。

组织形象具有特殊的促销功能。在相同的质量水平下，好的组织形象，可以使组织的产品成为公众选购的首选商品。组织形象的促销功能，是通过商标得以实现的。

(六) 扩张功能

良好的组织形象可以为组织赢得良好的市场信誉，使组织能够在很短时间内实现扩张，赢得大批经营资金，吸引更多的合作者，从而扩大自己的市场影响力。组织形象具有特殊效用，所以现在组织都必须十分重视品牌形象战略。对于组织来说，塑造组织形象的过程，其实就是品牌成长曲线的修正与调控过程。

四、组织形象的价值

(一) 组织形象是无形资产的重要组成部分

无形资产是组织资产的重要经济资源。可口可乐公司的老板曾说过：如果可口可乐公司在一夜间被大火烧成灰烬，那么第二天各大银行就会主动上门来为公司提供贷款。因为公司还有价值600多亿美元的无形资产。可见，无形资产的作用、价值可以远远超过有形资产。自然灾害可以损毁有形资产，但对无形资产却无可奈何。

(二) 组织形象是生存发展的精神资源

组织形象能以精神资源作用于组织的生存发展，良好的组织形象有助于组织人才优势的发挥。组织的竞争归根到底是人才的竞争，因此组织竞争力的根本源泉在于组织有高素质的员工。良好的组织形象对内形成良好的、有助于人才一展身手的组织内部环境；对外形成良好的组织外部经营环境，展现出长远的发展前景，从而对人才产生极大的吸引。良好的组织形象有助于组织人才优势的发挥。

(三) 组织形象是外在扩张的市场铺垫

在现代社会中，公众对商品的购买，不仅是对产品功能和价格的选择，同时也是对组织精神、经营管理作风、服务水准的全面选择。组织形象的优良与否，是公众选择的重要依据。良好的组织形象，会使公众对产品产生"信得过"的购买心理与勇气，使公众能够在纷乱繁杂、令人眼花缭乱的商品世界中培养起对组织、对产品的忠诚度，从而达到组织争夺更大的市场份额、进行组织扩张的目的。

案例 2-1

新加坡东方大酒店就是利用其"顾客至上、以人为本"的组织形象，为顾客在力所能及的范围内提供"超级服务"。有一次，4位来东方大酒店咖啡厅的客人，因人多嘈杂，随口说了声："吵死了，说话都听不清。"这话让一位服务小姐听到了，她马上为他们联系了一间免费客房供他们讨论问题。对此，4位客人十分吃惊、感动。两天后，4位客人给酒店送来了感谢信："感谢贵酒店前天提供的服务，我们受宠若惊，并体会到什么是世界上最好的服务。我们4人是贵酒店的常客，从此，我们除了永远成为您的忠实顾客外，我们所属的公司以及海外来宾，亦将永远为您广为宣传。"

可见，良好的组织形象可以赢得社会舆论，铺垫潜在市场。社会各界的了解、信任、好感和合作，有利于改善组织的生存发展环境，便于组织的对外扩张。

（四）良好的组织形象有助于组织取得社会各界公众的支持

组织作为一类社会组织，是生存在社会体系之中的，不可避免地要与环境进行密切的接触，与各种人和组织发生多方面的联系。例如，组织要从上游组织采购原材料，要从资本市场和金融机构等筹措资金，要有经销商推销其产品，还要有一定的自然生态环境、良好的社会治安……也就是说，组织的生存和发展，与社会有着千丝万缕的联系，单靠组织本身是无法做到的，而是需要社会各界公众的支持和帮助才能保证组织有稳定的发展空间。良好的组织形象可以为组织获得这些支持和帮助。

第二节 组织形象的定位

组织形象定位是指组织根据环境变化的要求、组织的实力和竞争对手的实力对比，来选择自己的经营目标、经营领域和经营理念，为自己设计出一个理想的、独具个性的形象位置。

定位理论最早出现于20世纪60年代末美国广告界的一些文章里，到1972年，该理论在美国《广告年代》杂志上正式出现。当时强调的是能通过广告攻心，将产品定位在顾客的心中潜移默化，而不改变产品的本身。到20世纪80年代，美国著名营销专家菲利普·科特勒开始把定位理论系统化、规范化。他指出：定位就是树立组织形象，设计有价值的产品和行为，以便使细分市场的顾客了解和理解组织与竞争者的差异。可见，要想使组织在公众心目中留下清晰、深刻的印象，就必须有准确的形象定位。

一、组织形象定位的原因

在现代社会中，多数组织为了塑造自身的形象，大都采用了公共关系、广告等宣传手段。可由于广告及公共关系活动数量的暴增，导致了对公众的影响力相对减弱。加上繁多的形象宣传方法而造成的沟通"过度"，使公众更难在眼花缭乱的市场中确认某一组织。此时，最有效的辨识办法就是明确独特的组织形象定位。只有这样，才能使组织形象的信息深入人心，让他们在消费者心目中扎下根，否则组织形象根本不可能产生。

案例 2-2

海澜之家——男人的衣柜

海澜之家服饰有限公司成立于2002年，位于美丽富饶的长三角地区，是一家品牌强势、管理精良、技术领先、引领时尚的大型现代化服饰供应链销售管理平台企业。服装产业是海澜集团的支柱产业，秉承"不断否定自己，永远追求卓越"的企业精神，经过10多年的发展，海澜集团已成为中国服装行业的龙头企业。

"海澜之家"品牌定位为快速消费品、生活必需品，并以平价策略占领市场，以优质的产品、丰富的款式、大众的价格、贴心的服务为顾客送上超值的消费体验,"海澜之家——男人的衣柜",已经被大众消费群体所追捧。

海澜之家的形象定位是:产品形象,面向成功男士,所以海澜之家的服装会偏向于商务风格;文化形象,包容、创新、共赢,创新是海澜之家的灵魂之所在;人才形象,海澜集团积极打造"移民文化",以"海纳百川"的心态广揽各地英才,企业员工中,来自外省市的员工要占到70%~80%;社会形象,多年来,海澜集团在支援救灾、扶贫和文教等公益事业方面贡献卓著,并且发起了"多一克温暖"的公益活动,为企业赢得了广泛的美誉。

二、组织形象定位的三要素

1. 组织形象定位要素之一:主体个性

主体是指组织主体;个性,包括品质个性、价值个性两个方面。主体个性,是组织在其品质和价值方式方面的独特风格。唯物主义强调物质决定意识,所以,组织形象定位必须以主体的存在特征作为基础,否则定位就是假的、虚的。当然主体有些共性,例如都要有良好的质量,都需要售前、售中、售后服务优良,都要生产适销对路的产品等,这些都是共同的。但更值得思考的是个性特点,像组织目标定位、组织精神定位、组织风格定位等。

日本的五大电器公司都是以各自的个性来表现其组织形象定位的。

索尼:将冒险、创新的精神作为其形象定位。

东芝:将尽量满足公众的各种需求而生产包罗万象的产品作为其形象定位。

松下:将在为生产像自来水一样廉价的家电用品而努力作为其形象定位。

日立:将以不断改革自身技术来发展作为其形象定位。

三洋:将薄利多销作为其形象定位。

这些定位都从不同程度上体现了组织目标、组织精神和组织风格。

2. 组织形象定位要素之二:传达方式

传达方式是指把主体个性信息有效准确地传递到公众的渠道和措施。主体个性信息如果不能有效传达,公众根本无法去了解和把握。因为信息时代,"酒香也怕巷子深"。

传达方式主要指营销方式和广告与公关等宣传方式。组织形象不见得在主体个性上有过多的优势,但其传达到位是不容怀疑的。

案例 2-3

IBM 并不是计算机的发明人,计算机是由兰德公司(Sperry-Rand)发明的,从这一点讲,IBM 在计算机方面的主体个性肯定不是优势。但是,IBM 确实运用有效的传达方式使人们将计算机与 IBM 联系起来,并以优良的服务,建立起"IBM 意味着最佳服务"的形象定位。从营销角度讲,IBM 在售前、售中和售后服务上确立了自己的特色:快捷、便利、放心使用、保证维修。所有这一切,使其确立了组织形象的地位。

广告与公关宣传也要把定位宣传到位，IBM 的广告和公关无时无刻不在宣传着服务的理念，这样的配合，使 IBM 大获成功，成为蓝色巨人。

3. 组织形象定位要素之三：公众认识

在确定主体个性，使用有效的传达方式之后，真正达到形象定位完成的标志，应该是公众认知。

以烟草公司形象定位为例：从烟草质量的角度来说，烟草质量的差距远没有目前烟草业名牌公司与非名牌公司的销量差距大，其口味、口感的差距更小，但公众对于名牌公司与非名牌公司的认知差距却相当大。

案例 2-4

万宝路香烟，最初是一种女士香烟，公司曾为获得女士的青睐煞费苦心，万宝路的含义即为：男人不能忘记女人的爱。为使抽烟的女士不因为唇印沾染白色烟纸而有损形象，万宝路香烟把烟纸全部改为红色，但并没有获得女士的认可。由于市场销售不畅，公司决定改为生产男士香烟，以新的西部牛仔的粗犷形象定位，最终成功获得公众认可。公众在吸万宝路香烟时，油然而生的是一种冒险、创造、粗犷的感受，这种被公众接受、认可的形象，使组织大获成功。

同样，555 香烟以高贵不凡为其形象定位；健牌（KENT）香烟以浪漫、休闲为其形象定位；沙龙（SALEM）香烟以清新和淡雅为其形象定位。这些都是公众认知成功的表现。

公众对组织形象的认识是在获得组织提供的物质、服务的同时，也要能获得精神上、感受上的满足，才能使组织形象更容易、更深入地被公众认识、接受。

上述三要素，分别从主体、通道、客体三个方面构成了完整的组织形象定位，使得组织形象的功能和效应得以发挥。

三、组织形象定位策略

（一）行业、组织导向下的定位策略

在行业、组织导向下，着重要考虑组织现实状况的发展需要、有利因素与限制条件，也即考虑"是什么""想做什么"和"能做什么"。具体有挖掘型策略、素描型策略和发展型策略等。

（1）挖掘型策略　挖掘型策略是指在组织的表面形态和现有形象缺乏优势和特色的情况下，通过挖掘组织的潜在优势和特色来塑造组织形象的策略。这一策略的难点就是要对组织进行深入细致的调查，并要有高度的观察力和敏感性，善于提炼与升华。

（2）素描型策略　素描型策略是指当组织现有表现较好，公众对它有较好评价但形象仍不太清晰之时，通过对组织表现与公众评价的重新认识来勾勒一个更明确的组织形象的策略。组织形象不错但又难以言传之时，说明组织形象并不清晰，若再勾勒一下，画龙点睛，一个栩栩如生的良好形象就会展现在众人面前。这一策略适用于大量有良好表现的社会

组织。

（3）发展型策略　发展型策略是指组织在缺乏优势、实际表现一般或不满足于现状时，通过对组织实力与发展轨迹的认真评估来重新确立一个需要经过艰苦努力才能最终实现形象目标的定位策略。大部分组织在进行形象设计时总会发现现有形象与理想形象存在差距，很少能采用素描策略。组织在要求不断发展的内在冲动下，更多地会采取源于现实又高于现实的发展型定位策略。

（二）公众需求导向下的定位策略

顾客在购买、使用产品或服务时往往由多种需要所推动，要追求多方面的品牌利益，同时还要对这些品牌利益是否重要、是否确实存在进行判断，在这一过程中，顾客还会存在复杂的消费心理。组织的市场形象定位，主要是品牌定位，可根据目标顾客的利益追求、判断方式和有关消费心理来进行，具体有利益定位策略、用途/场合定位策略和使用者定位策略等等，也即通过"我能提供什么利益"、"我派什么用场"和"我给谁用"来树立某种形象。

1. 利益定位策略

根据目标顾客追求利益的侧重点不同，大致可把利益定位策略分为理性利益定位策略和感性利益定位策略两大类。

（1）理性利益定位策略　如果目标顾客在购买某种品牌产品时，可能将更多地追求理性利益，如功效、质量、价格、服务等，那么可着重塑造出有某种理性利益的品牌形象来。奔驰、丰田和沃尔沃轿车是分别以豪华舒适、经济可靠和安全著称于世的。现在许多组织注重"概念营销"，即提出能给顾客带来某种利益的笼统的新概念，以此利益新概念来定位往往是经不起推敲的。由于品牌质量取决于原材料、零部件、加工工艺等多种因素，因而也可以以它们为基础塑造良好、别具一格的品牌形象，例如："文王贡酒，自家酿造"，以此表明它不是勾兑酒，品质不会差；乐百氏纯净水强调"27层净化"，肯定非常纯净。这实际是利用顾客的判断依据加以定位的。

（2）感性利益定位策略　当众多品牌之间在理性利益较为同质、难以进一步别具一格时，或当目标顾客在购买特定产品时对心理、精神需要有更高要求时，那么组织就要着重塑造品牌感性形象。虽然品牌的感性内涵总要以某些实质性内涵为基础，顾客的心理感受或品牌的感性形象是品牌理性内涵的一种升华，但这种升华一般要加以引导和提示。奔驰轿车在品质超群、价格昂贵的基础上逐步树立起了能体现成就和富裕感的轿车形象；到麦当劳、肯德基快餐店就餐的中国青少年能感受到轻快感、现代感和文明感；马爹利酒则强调能体现一种优雅的生活方式。

2. 用途/场合定位策略

几乎任何一种产品的用途和使用场合都不是唯一的，在多样化及动态的用途与场合中，如果某种品牌强调它主要用于某一方面且比较独特，也能据此塑造出来相应独特的形象来，而且能启发和引导消费。当人们为了某种用途或要在某种场合消费某类产品时，会更多地选择强调有该用途及使用场合的品牌，因为人们会受心理定势的影响信任这种品牌。在夏利车尚未开始淘汰的城市，人们几乎是把它与出租车等同的；脑白金在广告宣传中一开始就强调它们是送礼佳品，产品功能反而不多宣传；宴会酱油的品名，就是在提示这种产品主要用于宴席场合。

3. 使用者定位策略

为某类人士"度身定做"的广告语经常见诸报纸电视。按使用者定位的策略的优点是：可以让目标顾客产生一种归属感、协调感、信任感和尊重感。在房地产界，为"成功人士""高级专家""白领、金领阶层""SOHO一族"专门设计开发的楼盘品牌塑造方式比比皆是，有的也的确取得了成功。在某城市有一家"司机餐馆"，因其明确的使用者定位策略使餐馆拥有一大批稳定的司机顾客。其实，"司机餐馆"未必能为司机们提供什么独特的菜肴或服务，但却能让司机们获得一种归属感。

案例 2-5

2016 金旗奖案例：卡地亚"钉义自己"项目

卡地亚 Juste un Clou 系列最早诞生于 20 世纪 70 年代，一直是各个年代潮流人士钟爱的单品（包括手镯、戒指和项链），被诸多明星名人钟爱，是卡地亚一个具有代表性的作品系列。

2016 年在选择品牌合作伙伴之前，卡地亚对年轻的新生代偶像进行了调研，鹿晗的个人影响力、口碑，以及他自身与卡地亚作品的气质契合度，都符合品牌的调性。卡地亚品牌于 2016 年 6 月开始启动 Juste un Clou 系列鹿晗线上营销项目。主要通过拍摄符合品牌作品调性的短片，在微博、微信、视频网站、社交类媒体上进行推广，在短时间内形成公众热点话题，并通过明星影响力带动销售。项目传播内容：①传播主题"钉义自己"（微博话题#与鹿晗一起钉义自己#）；②鹿晗视频短片（卡地亚官方微博、微信、优酷、腾讯作为第一传播平台）；③鹿晗采访内容、鹿晗公关照片、新闻稿及官方照片（向全国媒体传送）；④Juste un Clou 作品图，自诞生至今的明星照片、作品故事（通过社交类营销账号推送）。

在 2016 年 7 月 5 日—7 月 7 日三天集中引爆两则视频（预热视频、正式短片和幕后花絮），在新浪微博上实现持续话题热搜榜 TOP10 的成绩，视频点击量 24 小时内破亿，卡地亚官方社交平台粉丝 1 月内真实增长 7 万，7 月卡地亚销售数据创历年当月最高。

（三）竞争导向的定位策略

无论一个组织是否有意，它与其他同类组织总会存在某种竞争协作关系和对比关系。如果组织有意识地塑造一个与竞争者有某种合适对比关系的形象，对组织参与竞争是十分有利的。组织可以从多方面寻找与竞争者的差别和对比，包括前述的利益差别（如原材料、工艺等）。但在竞争导向下，组织一般会更多地塑造出某种品牌地位形象，或在某些方面寻找组织或品牌的位次，主要是为了塑造出行业领导者地位形象、挑战者地位形象、新兴组织形象、利基地位形象等。

四、组织形象定位方法

组织因其形象定位的不同,采取的方法也是不一样的。但各种方法归纳起来目的都只有一个:在公众心目中留下深刻、清晰的组织形象。组织形象定位的方法有很多,这里主要介绍以下几种。

(一) 个性张扬的定位方法

个性张扬的定位方法主要指充分表现组织独特的信仰、精神、目标与价值观等。它不易被人模仿,是自我个性的具体表现。这既是组织形象区别于他人的根本点,又是公众认知的辨识点。因此,组织形象定位时一定要注意把这种具有个性特征的组织哲学思想表现出来。太阳神集团就以"健康、向上、进取、开拓,以人为中心"的经营管理理念为个性特点;IBM公司也是以"科学、进取、卓越"的独特定位表现组织哲学的。这种个性形象可以是整体性的,也可以是局部性的,如组织的人员个性、产品个性、外观个性、规范个性等。像丰田汽车的"车到山前必有路,有路必有丰田车",就是其局部性——产品个性的表现。当然,这一个性也应是组织整体个性的代表性、集中性的表现。

案例 2—6

创造科学奇迹——杜邦组织形象新定位

杜邦公司由法裔移民 E. I. 杜邦于 1802 年在美国特拉华州创立。近 200 年不断的科技飞跃,使杜邦从创业初期的只拥有一种产品——黑色火药及 36 000 美元资产的组织发展成为如今世界上历史最悠久、业务最多元化的跨国科技组织之一,总营业额达 400 多亿美元,在《财富》全球 500 强组织中名列前茅,并位居化工行业榜首。如今,杜邦及其附属机构在全球拥有 92 000 名员工,180 余家生产设施遍布近 70 个国家和地区,服务于全球市场的食物与营养、健康保健、农业、服装和服饰、家居及建筑、电子和运输等领域,为提高人类的生活品质而提供科学的解决之道。在近 200 年的发展进程中,杜邦一直领先于所处的时代,所创造的科技飞跃成为人类科技进步的里程碑,印证了人们对科学真谛的不懈追求,对人类的生产和生活均产生了革命性的影响。如掀起现代材料革命的尼龙,20 世纪 20 年代氯丁橡胶的首次合成以及 20 世纪 60 年代莱卡弹性纤维、NOMEX 和凯芙拉高熔点芳香族聚酰胺纤维的发明,1980 年环保农药磺酰脲类的推出,1998 年日服一次的艾滋病药 SUSTIVA 的上市。杜邦人用科技的成就及技术的飞跃不断给世界带来科学奇迹。

杜邦公司已经持续了近两个世纪的辉煌。在这一迈向第三世纪的重要时刻,杜邦公司为自己设定了新的目标,那就是要成为一家以科学为基础的可持续发展的公司。调查显示,杜邦目前在人们心中仍是一家以发明伟大的原材料、生产传统化学品的"化学公司"。而从 1935 年使用至今的组织口号"生产优质产品,开创美好生活"专注的是杜邦的产品。为了更好地反映杜邦公司今后发展的方向,杜邦公司决定对其组织的定位进行调整,使其能反映出组织发展策略的转移以及组织形象的改变。杜邦意识到,一个能独特地表述公司精髓的新组织定位,对于加快公司发展进程极为重要。

因此,杜邦公司特别邀请了四家代理公司为杜邦的新定位进行设计。各相关公司为此做了大量的市场调查,并提出了相应的建议。最后"创造科学奇迹"脱颖而出。

杜邦公司在世界各地的员工参加了选择"创造科学奇迹"为公司新定位的决策过程。在"创造科学奇迹"被选定为公司的新口号之前,杜邦在各主要国家,其中包括中国进行了调查,结果显示它为各个地区的员工所喜爱。许多员工说:"它反映了公司的发明与创新及我们的未来,令我们为成为杜邦一员而感到自豪。"

为了推出组织的新定位,杜邦公司采取了一系列的宣传步骤来配合新定位的实施。最为突出的是,在所有的对外宣传活动开始之前,公司首先与员工进行沟通,使每一位员工理解公司的新定位及新的发展方向。除了召开员工会议外,员工通信、公司内网都刊登了有关的内容。下述有关推广新定位的具体时间的安排就能说明公司员工在这个活动中的作用。

1999年3月:在公司上一年度年报上推出(内部)。

1999年4月、5月:在杜邦杂志,各国或地区的员工通讯中推出(内部)。

1999年4月底:在美国、亚洲和欧洲推出印刷广告(外部)。

4月28日,杜邦公司董事长、首席执行官贺利得先生向董事会解释新的组织定位。

4月29日起,一个8页的预告式平面广告在美国及亚洲华尔街时报、欧洲金融时报上刊登。

5月初,公司开始了与客户的沟通,客户收到的资料包括告客户书、预告式平面广告的重印件及有关新定位内容的新一期的杜邦杂志。

1999年9月:在美国、亚洲和欧洲推出电视广告(外部)。

9月2日,杜邦公司全球副总裁凯瑟琳·福特女士专程来到北京召开新闻发布会,向中国媒介介绍了杜邦的新组织定位。

9月20日,杜邦公司召开全球员工电视会议,在会上首次播映了新的组织形象电视广告。

9月22日,杜邦公司董事长、首席执行官在美国纽约召开新闻发布会,向各国媒介介绍杜邦的组织定位及新的组织形象电视广告。

9月底,杜邦公司的组织形象广告"为地球做的事"的平面和电视广告在全球范围内正式投放。

在中国,杜邦公司还展开了一系列的活动来更好地配合组织新定位在中国的实施。

10月8日,由杜邦公司协办的99上海科技节主题报告会在新落成的上海国际会议中心举行。杜邦公司副总裁,全球非织造物业务总经理彭定中博士在会上概述了杜邦为成为一家全球领先的科学公司所做的努力,其中包括在生物科技及材料科学方面的研究与发展。

12月21日,杜邦公司与国家科学技术部举行新闻发布会,杜邦公司全球副总裁彭定中博士在北京宣布,杜邦公司将向国家科学技术部捐资三百万元设立"杜邦科技创新奖",用于奖励在推动科技事业发展中做出突出贡献的本地科技人员。

1999年，杜邦公司还参与筹建中国科技馆二期工程的高科技材料展示区，宣传科普知识，展示杜邦高科技材料为人类生活带来的奇迹。

杜邦公司推出"创造科学奇迹"的新定位已有半年，整个活动引起了较大反响，媒介的反应相当踊跃，各地的报纸、电台和电视台都做了报道。（数十家媒体做了相应的报道，其中包括CCTV和北京人民广播电台等。）

案例思考：杜邦公司采用何种方法成功定位？

（二）优势表现的定位方法

在这个"酒香也怕巷子深"的年代，组织要想在激烈的市场竞争中立于不败之地，除了利用人性的张扬之外，还必须扬其所长避其所短，重视表现组织的优势。公众对组织形象的认识实质上是对其优势性的个性形象的认识。组织给予公众这种优势性形象的定位，才能赢得公众的好感与信赖。因为公众都会不同程度地得益于这种形象定位。当然，组织同样因这种定位而获得更高的经济效益与社会效益。不同特色的组织都有不同特色的优势，只要抓住其优势特色进行定位，就可以很好地发挥作用。如法国轩尼诗公司的XO白兰地，在1991年6月6日，历经38个月的海上航行，到达上海客运码头时，不仅动用了中国传统舞狮和鼓乐开道，还举行了有爵士乐和时装模特献技的宣传活动，充分表现了法国轩尼诗"高贵气派"的形象定位，给中国老百姓留下了深刻的印象。

（三）公众引导的定位方法

公众引导的定位方法是指组织通过对公众感性、理性、感性与理性相结合的引导来树立组织形象的定位方法。

（1）**感性引导定位法** 感性引导定位法主要是指组织对其公众采取情感性的引导方法，向公众诉之以情，以求消费者能够和组织在情感上产生共鸣，进而获得理性上的共识。例如"百事可乐，新一代的选择"，就是针对新崛起的年轻一代而定的；海尔集团的"真诚到永远"则以打动人心的感情形象扎根于公众心目中。

（2）**理性引导定位法** 理性引导定位法主要指对消费者采取理性说服方式，用客观、真实的组织优点或长处，让顾客自我作出判断进而获得理性的共识。例如艾维斯出租车公司的"我们仅是第二，我们更为卖力"，就表现出公司对公众的真诚、坦率。这种理性的引导公众的定位更有利于培养起公众对组织的信任。

案例 2-7

2016金旗奖案例：sloggi "做舒服的自己"

通过调研，sloggi发现女性消费者对内衣的根本需求不是性感，而是舒服。所以sloggi以"做舒服的自己"为主题，通过舒服的代言、舒服的话题、舒服的互动、舒服的体验四部分内容，多渠道与消费者进行互动，微博、微信平台联动，创意性采用直播、H5小游戏等形式，并通过代言人唐嫣参加的线下的"舒适睡衣派对"把活动推向高潮。同时利用

KOL①传播扩大活动影响，在投入 140 万预算的情况下，在长达 3 个月的传播周期里保证传播节奏与热度，影响消费者近 1 亿人次，最大化传递品牌"做舒服的自己"理念。

执行时间：2015 年 7 月 10 日—2015 年 9 月 30 日
企业名称：盐城国际妇女时装有限公司上海分公司
代理公司：上海互仁圣清营销策划有限公司

案例思考： sloggi 独特定位的意义是什么？

（3）感性与理性相结合的引导定位法　该方法综合了感性与理性的双重优势，可以做到"情"与"理"的有机结合，在对公众"晓之以理""动之以情"的过程中完成形象定位。麦当劳以其干净、快捷、热情、优质而组成的"开心无价，麦当劳"为其组织形象定位，充分表现了公司愿让每一位顾客都享受到"高兴而来，满意而归"的宗旨。

这种既表现出组织的价值观又带有人情味的形象定位，能适应不同消费者心理的多方面需求，更能赢得公众的青睐。

（四）形象层次的定位方法

形象层次定位法是根据组织形象表现为表层形象与深层形象来进行定位的。

表层形象定位是指构成组织形象外部直观部分的定位，例如厂房、设备、环境、厂徽、厂服、厂名、吉祥物、色彩、产品造型等的直接定位。例如"可口可乐"那鲜红底上潇洒动感的白色标准字就体现出了"世界第一可乐饮料"的大家风范。

深层形象定位主要是根据组织内部的信仰、精神、价值观等组织哲学的本质来进行定位的。例如美国通用公司的"以提供高品质的产品与服务为目标，满足顾客需要，成果共享，利益均沾"的定位即为深层形象定位。

（五）对象分类的定位方法

对象分类定位方法主要是针对内部形象定位和外部形象定位而言。

内部形象定位主要指企业家、管理人员、科技人员以及全体员工的管理水平、管理风格的定位。如喜来登酒店的"在喜来登小事不小"，昆仑饭店的"深疼、厚爱、严抓、狠管"，都是其管理风格的真实写照。

外部形象定位是指组织外部的经营决策、经营战略策略、经营方式与方法等方面的特点与风格的定位。例如今日集团"一切为了国人的健康"，长安汽车的"点燃强国动力，承载富民希望"等，都是属于外部形象定位的方式。

第三节　形象的传播、巩固和更新

组织确立正确的定位和设计之后，不能束之高阁或只是张贴于墙上作为一种摆设或装

---

① KOL：关键意见领袖（Key Opinion Leader）。

饰，而是要通过形象传播真正被内部公众理解，切实落实在内部员工的行动中；同时也要被外部公众知晓和理解，提升组织在外部公众心目中的形象。随着时代的发展、同行组织日新月异的进步、公众需求的日益变化，每个组织都需要随着这些变化而不断地改进和更新形象，以适应环境的变化和要求，永远保持自己的形象地位并不断地进步。所以组织要不断地巩固和更新形象。

一、形象传播策略

形象传播策略是指将形象传播到组织内外公众中的一系列方法和手段。形象传播是很重要的公共关系工作，好形象设计出来，没有充分、有效的传播，还是一纸空文，不能产生形象的巨大效应，发挥应有的价值。组织形象传播分为内部传播和外部传播。

（一）形象内部传播策略

组织形象内部传播的目的是要让全体员工充分理解和认同组织所设计的组织形象，切实落实到员工的行动中。组织内部传播方式有内部刊物、员工通信、内网、会议、讲座、学习、讨论等。从前面所述的杜邦公司的案例中我们看到，杜邦不仅花巨资进行形象定位，而且在形象的传播中更是不遗余力，通过员工会议、刊物、内网、通信等传播方式向员工充分传达新定位。

（二）形象外部传播策略

组织形象外部传播的目的是要让更多的外部公众知晓和了解组织的形象定位，从而产生对组织的好感、认同感和信心，支持组织。组织形象外部传播方式有广告、刊物、会议、新闻发布会、沟通、公共关系活动等。相对于内部传播，外部传播不论是在空间上还是在方式上，都使公共关系有了更大的运作空间。

在以上案例中同样看到，杜邦公司通过印刷品、电视广告、新闻发布会和大型活动等传播方式很好地让外部公众了解了杜邦公司的新定位，对公司有了更好的形象认识。

二、形象巩固

组织形象在对内的宣传得到了员工的理解和支持，对外的推行得到了公众的认同和拥护之后，其组织形象就可以说得到了很好的建立和推行。但是要使组织在公众心目中一直保持良好的形象，就需要对其不断地加以强化和修正，才能确保形象永葆青春。古人云："打江山易，守江山难"，由此看来，巩固形象并不是一件容易的事。

（一）进行形象巩固的必要性

（1）组织之间的形象竞争非常激烈，每一个组织都必须不断地巩固和加强自身的形象，才能保持原有的形象地位，否则就将落后。组织形象建设也如逆水行舟，不进则退。从世界著名组织发展的历史可以看到，曾有多少红极一时的名牌纷纷衰落了。才领风骚没几年，最后被人们淡忘。即使目前排位在全世界前50位的名牌组织，也无不几经风雨，不断地进行形象的巩固和更新，最后方才巩固形象成功。

（2）公众接受组织的信息为非选择性，组织如果一段时期没有信息送达到公众那里，公众就会渐渐地淡忘组织，并会发出疑问：好久没有听到组织的声音，这家组织是不是不行了？

（二）巩固形象的策略

1. 不断改进和提升产品和服务的品质

组织形象的巩固以组织产品不断推陈出新、不断进步为基本前提和必要保障。如果产品质量上不去，技术不更新，组织形象的巩固也就是一句空话。所以，组织形象的巩固必须包括产品质量的提高与创新。

组织形象以质量为依托，如果质量难以提高，其形象迟早会落伍。今天的质量优势，有可能成为明天的质量劣势。所有组织都在进行质量水准提升的竞赛。组织要抓住目前质量优秀、技术领先、人才济济、资金实力雄厚等优势，把质量优势提升到他人无法与之抗衡的水准，使名牌形象不断加强。

案例 2-8

海尔集团董事局主席张瑞敏先生有句名言："我们的组织、我们的产品是干出来的，而不是检查出来的，公共关系就是告诉人怎样去干！""宁可损失上万元，也不给用户添麻烦。"这是青岛海尔为实现"质量是组织永恒的主题"这一目标而提出的口号。1985年，由于部分职工忽视产品质量，造成了76台冰箱不合格的严重后果。青岛海尔以此为突破口，举办了废品展览会。张瑞敏命令直接责任者自己用铁锤当众砸毁这76台冰箱。这一举措，使在场的千余名职工目瞪口呆。铁锤不仅砸毁了冰箱，而且彻底砸毁了青岛海尔的产品低劣意识，砸在了每个员工的心头，在员工中引起了强烈的震撼，使青岛海尔从此走上了质量管理之路。

强烈的质量意识和优秀的质量管理取得了巨大的效果。在1989年12月轻工部主办的全国最优最劣售后服务单位评选活动中，青岛海尔以总投诉率0.046‰、全国同行业第一的优异成绩获"双龙杯"奖。1990年，海尔集团又荣获"国家质量管理奖"和"全国十佳组织优秀管理金马奖"。如今，海尔集团已经在国际、国内获得各方面的肯定和公认。海尔集团是中国家电最先获得国际认证的企业，并获得美国、德国、加拿大等国的各种权威认证。

2. 利用一切时机，进行形象传播

巩固时期的形象传播活动有两种方式：低姿态传播方式和高姿态传播方式。

（1）低姿态传播方式是通过各种媒介，以较低的姿态，持续不断地向社会公众传送组织的信息，使组织形象潜移默化在公众的长期记忆系统中，一旦需要，公众就可能首先想到你，接受你。例如：节假日的宣传推广活动；大型建筑物上的霓虹灯形象宣传牌；参与社会活动等。

（2）高姿态传播方式是通过各种媒介，以较高的姿态传播方式，以求在公众心目中强化原有的形象。如举行盛大的周年庆典活动。

三、形象更新

组织形象是以组织理念为内涵而建立的。组织理念要随着组织的发展、进步而不断地加以调整、修正,以创造出最能体现组织精神、组织价值观、组织目标的组织观念,最能征服公众的组织形象。虽然对组织理念的丰富、补充过程是十分艰辛的,但组织理念的更新带来的形象升级,就像人们刚刚发现原子弹的威力一样,是不可估量的。因此,组织理念的丰富是组织形象更新的基础。康佳集团也是因其不断更新的组织理念使组织不断有新的活力产生,使组织不停地向前发展。

(一) 领导者观念的更新

约翰·奈斯比特在他所著的《亚洲大趋势》中指出:"当代亚洲的强大与崛起,将造就一代组织巨人。他们将重塑现代人的灵魂,在唤醒个性意识,树立坚定信念和倡导苦干与献身精神方面,他们将以先驱者的姿态出现。"这些"巨人"就是现代组织朝气蓬勃,不断奋进,具有新思想、新观念的领导者。他们就是组织形象更新的核心主宰,他们决定着组织形象更新的方向和前途。因此,他们是否具有新的观念,是否从旧文化中脱胎换骨都直接影响着组织形象的更新。

案例 2-9

日本川崎钢铁公司就是在其领导者的不断改革下发展了组织形象。西山弥太郎作为川崎钢铁公司首任总经理,"长期执政"达 16 年之久,他的积极进取精神,冲破阻力不断开拓的组织作风,曾给当时的日本经济界留下深刻的印象。然而,随着公司规模的不断扩大,川崎钢铁公司对组织形象及组织文化反倒越来越淡漠了。公司在一次对子公司内 7000 多名员工进行公司形象的民意测验中发现,子公司中大多数员工对川崎钢铁公司没有太深印象。这一结果让公司的领导八木靖浩十分惊讶,他决心对原有组织文化进行更新,重塑公司形象。他以原组织文化中的那种开路先锋为基础精神,以力求创新、加强团结、尊重信赖、自由开放、不断上进为主要内涵,形成组织的新名牌文化。八木靖浩不仅亲自通过卫星通信网向分布在全国各地的子公司员工宣布了川崎钢铁公司的新的组织文化体系,而且还以开放的形式向社会介绍了"谋求不断发展、与时代同步、革新经营"的新的组织文化理念。在更新后的名牌文化的支撑下,组织员工心往一处想,劲往一处使,不但重塑了组织良好的社会形象,而且也大大提高了组织的认知度和美誉度。

(二) 员工素质的提高

被世界组织界誉为"经营大王""组织家之圣"的松下幸之助在总结其经营文化精华时说:"事业的成败取决于人""没有人就没有组织"。日本顾客在评价松下幸之助时提出:"别的公司输给松下电器公司,就输在人才运用上。"可见,组织的人才——高素质的员工是组织发展、组织形象更新的主要推动力。因为一个人的能力是有限的,如果只靠领导者一个人的智慧,即使一时取得了惊人的发展,也肯定有行不通的一天。所以,发挥全体员工的智慧，运用全体员工的力量才是组织形象永葆青春的根本。

（三）提高产品质量水准

产品都有特定的生命周期。如果一味死抱原产品不放，最终必定被市场淘汰。上海名牌奶糖"大白兔"，很早就进入美日市场，然而渐渐地，"大白兔"不受欢迎了，在琳琅满目的糖果市场上消失了。因为10年来一成不变的老配方、老味道、老形象、老包装根本无法跟上市场的变化和产品换代的需要。中国消费者是能感受到日本名牌电器的换代速度的，像索尼、东芝、日立、松下、夏普等，每年都会推出几款新品和几种新型号，令消费者时时感到其形象的更新。

（四）产品的外观更新

组织形象外观的更新也就是从包装到品位上的更新。一味地墨守成规、数年如一，只能让消费者对其形象产生厌倦感，这是组织形象更新中的大忌。因此，更新形象是组织得以持久发展的关键，而形象更新就需要创意的更新。一个形象创意的更新是否成功，主要取决于消费者的认同度，即公众对形象的心态。包装是组织形象最直接的外在形态。随着组织形象的更新，与公众的要求逐渐相适应。包装要精心设计，精心制作，使包装文化、使用质量和消费效益达到"尽善尽美"。

案例 2-10

2015 金旗奖案例：新媒体让百年老铺焕发青春，新技术将同仁堂带到消费者身边

拥有300多年品牌历史的同仁堂，在全国拥有40多家医馆，2000多家直营门店，并拥有上百万会员用户。同仁堂自身在医疗方面的专业形象拥有极高的知名度和美誉度，而其作为现代健康产业综合运营服务商的形象则极少有人知晓，但实际上，健康养生产品营收目前占据同仁堂健康营收的绝大部分，若不能在其品牌方面有好的提升，势必在未来限制其业务的发展速度。

作为百年老字号品牌，其品牌形象与普通用户之间有一定的距离感，目前同仁堂的核心消费群体年龄均偏大，随着消费群体的年轻化，如何拉近用户与品牌之间的距离，重新焕发品牌活力，赢得更多年轻客户群体也是同仁堂面临的一个挑战和机遇。

同仁堂首先通过微信服务号构建自身客户服务与营销平台，通过微信服务号实现同仁堂健康品牌展示、老会员的服务和沟通，并通过一系列营销活动将同仁堂老会员进一步导入官方微信服务号，实现原始粉丝积累和忠实粉丝的培育。逐步推进用户的导入，同时通过微信平台创新服务功能，依托LBS①技术将同仁堂全国上千家门店进行数据整合和渠道整合，从2014年5月份开始，分别在端午节、世界杯、中秋节策划多次线上线下整合营销活动，将线下门店精准客户导入线上微信平台，同时依托线上互动创意活动将用户导入门店，并通过LBS创新功能方便用户便捷地找到身边的同仁堂，让用户意识到同仁堂就在其身边，同时上

---

① LBS：移动位置服务（Location Based Service）。

线医馆预约功能，通过服务升级实现营销创新，让用户在服务体验过程中加强与品牌的沟通，实现口碑传播，打破同仁堂老品牌的僵化形象。

在服务号拥有一定用户基础的情况下，开通微信订阅号进行健康养生信息的传播，吸引更多关注健康养生的潜在用户，将同仁堂健康领域的专业信息进行品牌和价值输出，在重大营销活动中整合服务号和订阅号，实现双账号营销配合模式，并在拥有一定内容积累后进一步开辟同仁堂健康数字APP杂志，满足同仁堂用户养生信息获取，购买导流及服务升级的多方位需求。

在整个项目推进过程中，从起初市场中心和会员中心的充分配合，到一系列内部数字营销研讨会的知识分享及跨部门沟通，逐步赢得了同仁堂健康企业自身多部门的共识，并共同开启了企业内部的全员社会化营销的尝试，通过微信服务平台，构建员工个人中心，让每一个员工都变成同仁堂健康的代言人及营销触手，鼓励员工传播同仁堂健康理念，并将每一次的内容传播和用户导入都进行积分统计，最终变为内部激励措施，并对重大营销流动的实施过程实现有效的助力。

随着营销平台系统的建设和完善和一系列营销活动的实施，同仁堂健康初步建立了线上线下整合营销模式，加之内部全员社会化营销体系的推进，让同仁堂健康更加便捷和有效地与客户进行了连接和互动，极大地提升了品牌关注度及口碑。传播人数和关注人数逐步增加，品牌认知度和传播范围不断增大。

2013金旗奖案例：荣威950"新公车时代"传播案例

一、项目背景

自中国共产党第十八次全国代表大会召开以来，掀起了一股强烈的社会新风。由"轻车简从"到"改进工作作风、密切联系群众的八项规定"，由"三公经费"到遏制"舌尖上的浪费"，"反腐、务实、亲民、低调"已然成为2013年的主旋律。同时，在2012年年底，习近平总书记发表内部讲话表示逐渐要坐自主品牌车后，上至"仅接受政府订单"的红旗H7，下至吉利、奇瑞、传祺等自主品牌纷纷摩拳擦掌力推中高端车型。由此可见，国家及社会舆论对自主品牌公车采购的倾斜，是一个不可或缺的重大机会。

作为"能够代表中国目前最高端科技实力造车技术，能够满足领导对于高端公务用车功能性的要求，能够体现国家意志，扬我国威，树立低调务实的政府形象的中高端自主品牌"，上汽荣威当仁不让地成为公务用车的首选品牌之一。上汽公关部亦携手哲基公关欲趁势而上，以荣威950"深藏若虚"的为人、用车之道，深化荣威品牌"低调务实公务用车"的形象，率先完成第一批公务车市场的大范围宣传。

众多专业权威媒体在亲身试驾体验之后，纷纷对"首席行政座驾"荣威950交口称赞，表示对民族自主品牌感到自豪。荣威950增添了他们对自主品牌的信心，这种信心已经从产品自信、品牌自信，上升至文化自信。这种文化自信，言简意赅，是在新公车时代下，"公车"应注重"公"字而不是"官"字。中国汽车文化必须要从"崇尚奢靡"向"务实低调"转变，从"官本位"向"去标签化"转变，公平公正对待自主品牌，支持中国品牌发展。

二、项目调研

现有的高端公务车市场中，第一阵营由奥迪 A6 为主导的豪华及进口品牌车型雄霸，第二阵营由别克、君越、帕萨特等为代表的合资品牌抢占。但自主品牌也遇到了新契机——《2012 年度党政机关公务用车选用车型目录（征求意见稿）》里的"公务用车"并不包括省部级领导干部用车，引发外界不断质疑，体现了市场对高端公务车采购自主化的期待，自主品牌破冰在即。

挑战：在"两会"期间民众以及媒体势必会更加关注公车奢靡浪费问题，自主品牌需要在这一风潮之下打破惯常思维，塑造崭新的自主公车形象。

机遇：中央所颁布的批文中的"省部级领导干部用车"这一空白地带给自主品牌荣威 950 带来了机遇。

三、项目策划

1. 传播目标和公众

"我们逐渐要坐自主品牌的车，现在也有了这个设计和生产，老坐外国车观感也不好。很多外国领导人都坐自己国家生产的车，除非没有生产。"2012 年年底，习近平总书记发表了以上内部讲话，奠定了"公车亟须自主化"的大方向，将搁置已久的党政机关公务车采购标准再度拉回舆论的风口浪尖。

十八大前的公务用车标准为"高档、体面的豪华车形象背书；可靠耐用的实际用车品质；充裕空间、主动安全、高效静音的高性能满足"。

十八大后，明确了 2013 年领导干部用车方向——"自主当道，务实用车"。同时，各地两会代表期待加快公车改革，倡导自主品牌，各地政府对"改进工作作风第八项规定"纷纷响应，表态将逐步换乘国产自主品牌汽车。"新公车时代"重在"公"字，不在"官"字，"去标签化""去官车化"成为"新公车时代"的公务用车特征。

作为上汽全新第二代产品的旗舰车型，"首席行政座驾"荣威 950 顺势而上，紧抓两会契机，营造三大舆论方向："最适合省部级领导用车""最能与合资品牌相抗衡的公务用车""最能代表中国自主品牌最先进科技和最高端实力"，树立"低调、务实、担当"的文化自信。

2. 传播策略

议题设置、贯穿全程。于"两会"前后，拟定"新公车时代"社会性话题，并划分为三大阶段，从理性用车标准和感性文化诉求出发，步步为营、深入剖析，形成持续性焦点关注。

抛出话题、阶段造势。呼吁"公车亟须自主化"，抛出"公车如何自主化"话题，同时强调荣威品牌是最符合当下中国汽车文化自信需求的自主品牌，从产品自信上升至文化自信。

图文并茂、二次传播。通过"百辆荣威 950 进京两会"为事件营销，使两会报道媒体深度体验荣威 950 的同时，有感而发进行微博二次传播，使传播效益最大化。

四、项目执行

从 2013 年 2 月 22 日开始，积极响应舆论，推出"新公车时代"阶段话题，与媒体进行深度合作，探讨支持公车自主化的重要性和必要性。在"新公车时代"舆论引导优势已显现，全民疾呼"公车自主化"后，将两会期间"新公车时代"的话题聚焦在荣威950上。

1. 预热期（春节后至两会前夕）

针对"两会""公务用车"提前进行阶段话题预热。

（1）话题设置　"公车亟须自主化"。

（2）核心信息　自上而下、率先垂范坐自主品牌车是新公车时代的主旋律。"公车须自主化"是不可逆转的趋势。从"崇尚奢靡"向"务实低调"转变，从"官本位"向"去标签化"转变，自主公车的坚冰正在消融。

公车自主化的践行，需要"能够体现国家意志，扬我国威，树立低调务实的政府形象，能够体现中国目前最高端科技实力及造车技术，能够体现中国汽车文化自觉"的中高端自主品牌汽车。

（3）媒体选择　选择华东三省市党政类媒体，在媒体重镇进行充分铺垫和话题预热。

2. 造势期（两会期间）

以"百辆荣威950两会进京"事件作为整个传播的高潮，借助受众对两会现场报道的关注，对荣威950作为"全国两会媒体专用车"的意义进行剖析和解读，开创了全新的传播形式。

（1）主题设置　"百辆荣威950进京两会"。

（2）核心信息　提供荣威950作为部分权威媒体的2013年全国两会新闻采访用车，进一步强调"新公车时代"的传播主题，提升荣威汽车在消费者心目中的品牌感召力。

媒体两会采访车身将涂装有"两会新闻采访用车"字样的荣威950，停放在两会采访记者的专用停车场，并在两会期间亮相天安门广场。荣威950车队开入人民大会堂的照片，纷纷被各大媒体用作头版新闻主图及新闻配图。

邀请两会代表试乘试驾荣威950，通过微博阵地进行传播两会代表的实际体验感受和乘坐照片，树立荣威950的"新公车"代表和"低调务实"的口碑。

（3）媒体选择　选择进驻"两会"现场报道的媒体，如《北京青年报》《法制晚报》《参考消息》《华夏时报》《北京晨报》《青年参考》等辐射全国，实现广泛传播，同时借助党政类媒体，如《新华日报》《解放日报》等影响公务人群。

3. 延续期（两会过后至4月初）

启动第三阶段传播话题，凸显荣威是最符合当下中国汽车文化自信需求的自主品牌。并以二次传播强化传播效果，汽车、财经类媒体，落实到荣威950产品，体现自主造车实力。同时，进行媒体体验"宅捷修"服务，传播上汽"宅捷修"服务产品方便地解决了用户车辆的保养和维修问题。

（1）话题设置　"为何在'两会'期间，政府着手加速推动公车自主化的进程？"

（2）核心信息　自主品牌的发展是中国汽车业最大的红利。是否具有"核心竞争力"将是考量自主品牌是否强大的重要指标。目前国内自主品牌已经具备产品自信、文化自信，拥有了成就自主品牌良好形象口碑的基础。而上汽荣威950所传递的"低调、务实、担当"的形象，不仅体现了当下中国汽车最需要的文化自信，更与"实干兴邦"、托举"中国梦"的精神一脉相承。荣威是最符合当下中国汽车文化自信需求的自主品牌。

同时,在整体传播期间,通过高端媒体试驾,在高端媒体层面,进行媒体口碑传播落地,在宣扬产品的同时,树立媒体消费者对自主品牌、对荣威的信心,通过与奥迪A6的全方位对比,令对比稿件集中爆发,多角度呈现荣威950三大核心信息。

(3) 媒体选择　南北联动,全媒体应用,运用平面媒体、博客、微博等新媒体,以两会主阵地北京为主,联合上海打出媒体组合拳。运用北京媒体意见领袖,奠定行业舆论高度。通过北京消费类媒体、上海消费类媒体,影响目标人群。通过北京财经类媒体、上海业内媒体,树立行业格局。

五、项目评估

自启动"新公车时代"舆论引导以来,"新公车时代"已成为当下公务用车市场热议话题,引发媒体大量关注讨论。据不完全统计,百度上关于"新公车时代"的新闻报道及转载约1090篇;新浪微博上关于"新公车时代"的相关话题达144条。

传统媒体,从汽车媒体到财经媒体,全民疾呼"公车自主化",荣威950民心所向;媒体官方微博极力呼吁"公车自主化",并结合两会代表亲自体验,力推荣威950;核心媒体及媒体人的个人微博在强调"新公车时代"之余,还将荣威950与奥迪进行对比,认为荣威950是新公车的不二之选。

"百辆荣威950进京两会"活动,使用荣威950作为采访车的媒体18家,共计42台车。其中,北京媒体22台,外地媒体20台;媒体自发传播率95%,媒体落地率87%。

媒体记者们在用车过后,纷纷对荣威交口称赞,表示对民族自主品牌感到自豪。荣威950增添了他们对自主品牌的信心,这种信心已经从产品自信上升至文化自信。

企业名称:上海汽车

案例讨论:荣威950"新公车时代"定位的成功之处?

复习思考题

一、概念题

组织形象定位　　　组织理念　　　组织形象设计

二、问答题

1. 简述组织形象定位的策略。
2. 如何提炼组织理念?
3. 如何传播组织形象?
4. 组织形象巩固的策略有哪些?

三、实务题:

1. 比较分析联想新旧标识。
2. 联想如何进行新标识的传播活动,取得了怎样的效果?
3. 联想是如何通过标识的更新塑造品牌形象的?

第三章 公共关系协调
——公共关系的追求

■ 内容提要 ■

本章主要介绍公共关系的工作对象——内部公众和外部公众的特点、构成；内部公共关系协调的基本理论和方法；外部公众关系——顾客关系、社区关系、媒介关系、政府关系的重要性以及协调的基本方法和策略。通过本章的学习，掌握公共关系协调的技能。

顾客错？我的错？

一天，一个老太太带着一个轮胎，来到了诺兹特劳姆连锁店要求退货，她坚持说这只轮胎是在这里买的。其实，这家店从来就没有销售过这种轮胎。售货员很有礼貌地向她解释说店里从来就没有销售过这种轮胎，肯定是搞错了。"不，"老太太坚持说，"我肯定是在这里买的，只要我不满意就要退货。"最后，销售人员和主管商量后，他们决定接受"自己的轮胎"，并且态度相当好地把钱如数退还给了客户，老太太很满意地离开了。从那以后，她就一而再再而三地在这家店里买东西，这位老太太成了诺兹特劳姆连锁店忠实的客户。诺兹特劳姆连锁店的服务宗旨是"客户永远是对的，我们要为客户做一切可能做到的事情"。在这个令人回味的故事中，事件的价值在于当顾客的确是错的时候，诺兹特劳姆还是用一种新的方式解决了客户的问题。但是，公司还是将这个事件认定是老太太错了，只是对老太太再也没有提起这件事。

"和谐"是公共关系追求的境界，公共关系也是追求和谐的艺术。孟子说："天时不如地利，地利不如人和。"公共关系就是要为组织创造人和的环境，达到组织的内部和谐与外部和谐，以为组织创造最佳生存和发展的环境。

第一节 组织内部公共关系协调

每一位员工的工作态度、敬业精神、工作质量、职业道德、个人修养等，无一不是组织形象最生动、最具体的表现。正确认识组织内部公众是组织开展内部公共关系工作的前提。组织内部公共关系工作的目的是通过管理活动和传播沟通活动的开展，提高组织内部凝聚力，求得内部公众的和谐团结，取得内部所有工作者的理解、信任和支持。

一、组织内部公众分析

（一）员工公众

员工公众包括一线操作人员、技术人员、业务人员、行政后勤人员、管理人员等。组织的一切工作均需依靠内部员工的合作努力才能完成。因此，员工公众是内部公共关系最重要的公众。

（二）股东公众

股东是股份有限公司股票的持有者，他们是组织的投资者，依法享有一定的权利和义务。从持有公司股份这一特点来看，股东是组织的"准自家人"，股东公众应算是组织的内部公众。但是，从行政隶属关系来看，绝大部分股东并不属于组织内部成员，因此，也可将股东公众看作是组织外部公众。在股份制组织里，董事会是公司的常设权力机构和最高决策机构。公司总经理是由董事会任命的，全权负责组织的生产经营。总经理掌握除战略决策以外的经营权。董事关系是股份有限公司与公司董事会之间的关系，它是股东关系的重要组成部分。

二、员工关系的重要性

员工关系是组织公共关系工作的起点，是组织内部最重要的公共关系。

（1）良好的员工关系是实现企业目标的前提企业的生产、服务、管理等工作都是需要员工来完成的。员工就是生产力，是企业形象和品牌的塑造者。

（2）良好的员工关系能增强企业的凝聚力良好的员工关系会形成强大的凝聚力和吸引力，把员工、优秀的人才紧紧吸引住，留住人才，吸引人才。

（3）良好的员工关系能形成健康、团结、合作的整体氛围这个良好的氛围就像空气一样，造就美好的环境，让员工舒心生活、开心工作。

内部员工是否团结、合作，形成健康的整体气氛，是衡量一个组织素质的重要标志，也是一个组织能否获得成功的首要因素。一位日本经理说过这样一句话："一群人在一起工作，其效果并不像数学公式一加一等于二那样简单。两个人协力的结果，可能三倍，甚至五倍于一个人的力量。相反，如果不互相协力，效果可能是零。"由此可见，组织职工的团结、合作精神的重要性。员工关系的作用，就在于把组织每一个成员都纳入组织整体中，在团结、协作的气氛中，充分激发每一个人的潜在能力。

三、员工关系协调

内部公共关系工作的目的在于沟通组织与员工、组织与股东之间的联系，增进双方的了解和信任，创造良好的合作环境、激发内部公众的积极性和创造性。

（一）协调好员工关系的原理

1. 泰勒的科学管理理论——用物质利益手段，激发人们的劳动积极性

泰勒认为科学管理的根本目的是谋求最高劳动生产率，最高的工作效率是雇主和雇员达

到共同富裕的基础，达到最高的工作效率的重要手段是用科学化的、标准化的管理方法代替经验管理。泰勒认为，最佳的管理方法是任务管理法，他在书中这样写道："广义地讲，对通常所采用的最佳管理模式可以这样下定义：在这种管理体制下，工人们发挥最大程度的积极性；作为回报，则从他们的雇主那里取得某些特殊的刺激。"这种管理模式被称为"积极性加刺激性"的管理，或称任务管理。1895年，科学管理大师泰勒（见图3-1）发表了《计件工资》。泰勒的科学管理理论的运用大大提高了劳动生产率，但是科学研究表明，物质利益的激励仅能发挥人60%的劳动积极性。

图3-1　管理大师泰勒

2. 马斯洛的行为科学理论（需求层次理论）——不仅用物质更用精神激励法来激发人们的劳动潜能

行为科学是管理学中的一个重要分支，它通过对人的心理活动的研究，掌握人们行为的规律，从中寻找对待员工的新方法和提高劳动效率的途径。行为科学的产生年代大致与泰勒等人的科学管理相同，但正式形成以至被命名则是在1949年美国芝加哥大学的学术会议上。这个学说的发展初期被称为"人际关系"学说，后期才被称作"行为科学"。

美国著名心理学家马斯洛（见图3-2）对人的需求进行了系统的、独到的研究，对心理学和行为科学产生了巨大的影响。他把人的需求描述成具有五个层次的"金字塔"，已满足的需求达到了什么层次，与人的心理健康程度是有关联的。人的基本需求按优势或力量的强弱排成等级，优势需求一得到满足，原来相对弱势的需求就要变成优势需求从而主宰机体，以便尽可能达到最高效率。这一理论被学术界称为"需求层次理论"。

图3-2　心理学家马斯洛

（二）协调好员工关系的方法

1. 关心、保护职工的物质利益

良好的员工关系的重要标志就是员工具有较强的忠诚于本组织的精神，愿意为本组织努力工作，而要做到这一点，组织就必须关心员工的物质利益，这是处理领导与员工的关系基础。员工在组织的领导下，从事一定的劳动，相应得到一定的报酬。组织领导和公关人员必须懂得，要调节好组织领导和员工的关系，必须以保护员工的利益、改善员工的物质条件为出发点。员工的物质利益，总体来说有工资收入和福利待遇两大类。

（1）工资收入是员工维持正常生活的主要经济来源，所以工资的问题是员工最为敏感的一个问题。

（2）员工的福利待遇是物质利益的重要组成部分，组织改善员工的福利待遇，不仅可以免除员工的后顾之忧，培养员工以厂为家的观念，同时，也是改善领导与员工关系的重要措施。现代企业十分重视用提高员工福利待遇和关心员工生活等办法来激励员工的工作热情。如在一些日本组织中，福利待遇涉及员工生活的各方面。员工的衣、食、住、行、生、老、病、死，甚至连结婚纪念日，公司都要以经理的名义送上一份礼品。这样，无疑极大地激励了员工的劳动积极性。

2. 满足员工的精神要求

组织除了以物质鼓励的方法改善与员工的关系外，同时也不能忽视精神鼓励。精神鼓励的方法具体包括让员工参加管理，合理安排员工的工作，及时给员工升迁晋级等。据国外的一些研究资料表明，依靠物质利益的严格管理制度，只能发挥出员工工作能力的60%，而剩下的40%，是潜在的工作能力，只能依靠精神鼓励的方法才能充分激发出来。精神鼓励的目的在于引导员工通过工作本身寻求生活的乐趣和意义。培养员工对工作和组织的责任心、自信心和自豪感，使员工直接从工作中得到精神满足。

案例 3-1

惠普公司不但以其卓越的业绩跨入全球百家大公司行列，更以其对人的重视、尊重与信任的组织精神闻名于世。

作为大公司，惠普公司对员工有着极强的凝聚力。到惠普公司的任何机构，你都能感觉到惠普人对他们的工作是如何满足。这是一种友善、随和而很少压力的气氛。在挤满各阶层员工的自助餐厅中，用不了3美元，你就可以享受丰盛的午餐。餐厅中笑声洋溢，仿佛置身在大学校园的餐厅中。惠普公司的成功，靠的正是"重视人"的宗旨，惠普公司重视人的宗旨源远流长，目前还在不断自我更新。公司的目标总是一再重新修订，又重新印发给每位职工。每次都重申公司的宗旨："组织之成就乃系每位同仁共同努力之结果。"然后，就要强调惠普公司对有创新精神的人所承担的责任，这一直是驱使公司获得成功的动力。正如公司目标的引言部分所说："惠普不应采用严密之军事组织方式，而应赋予全体员工以充分的自由，使每个人按其本人认为最有利于完成本职工作的方式，使之为公司的目标做出各自的贡献。"

因此，惠普公司的创建人比尔·休利特说："惠普公司的这些政策和措施都是来自于一种信念，就是相信惠普公司的员工想把工作干好，有所创造。只要给他们提供适当的环境，他们就能做得更好。"这就是惠普之道。惠普之道就是尊重每个人和承认他们每个人的成就，个人的尊严和价值是惠普之道的一个重要因素。

惠普公司对职工的信任的一个突出表现是实验室备品库的开放政策。实验室备品库就是存放电气和机械零件的地方，开放政策就是说工程师们不但在工作中可以随意取用，而且实际上还鼓励他们拿回自己家里去供个人使用！这是因为惠普公司认为，不管工程师用这些设备所做的事是不是跟他们手头从事的工作项目有关，反正他们无论是在工作岗位上还是在家摆弄这些玩意儿都能学到一些东西。它是一种精神，一种理念，让员工感到自己是整个集体中的一部分，而这个集体就是惠普公司。

公司采用的雇佣制是日本大组织的典型做法，在欧美组织中形成鲜明的对照：重视个人，关心员工利益，与员工们同甘共苦。惠普公司的用人政策是：给你提供永久的工作，只要员工表现良好，公司就永远雇佣你。早在20世纪40年代，惠普公司的总裁就决定，惠普公司不能办成"要用人时就雇，不用时就辞"的组织。在那个时候，这可是一项颇具胆识的决策，因为当时电子业几乎是全靠政府订货的。后来，惠普公司的勇气又在1970年的经济衰退中经受到了一次严峻考验。他们一个人没裁，而是将全体人员，包括公司领导在内，一律都减薪20%，每人的工作时数也减少了20%。结果，惠普公司保持了全员就业，顺利地熬过了衰退期。

[课堂活动] 讨论惠普公司的成功之道。

3. 培养员工共享的、一致的组织价值观

实践证明，在组织中培育共享的价值观，对于提高组织凝聚力、增强组织成员对于组织的认同感和归宿感，具有决定性的意义。而组织价值观的形成，是一个对员工不断启发、教育、熏陶的潜移默化的过程。在这个过程中，组织需要开展大量系统性的工作。

我国家电行业中率先通过 ISO 9001 国际认证的海尔集团，形成了一整套的经营管理的观念。

价值观：创海尔最佳信誉，挑战国际名牌。

组织精神：不干则已，要干就要争第一。

人才观：人人是人才。

组织作风：精细化、零缺陷。

用户观：用户永远是对的。

组织口号：一流产品、一流管理、一流员工。

正是在这种对"最佳""一流"境界的锲而不舍的追求中，海尔集团始终保持着较强的竞争力。

案例 3-2

世界著名的松下精神

松下电器是全世界有名的电器公司，松下幸之助是该公司的创办人和领导人。松下电器是日本第一家用文字明确表达企业精神或精神价值观的企业。松下精神，是松下电器获得成功的重要因素。

松下幸之助认为，人在思想意志方面，有容易动摇的弱点。为了使松下人为公司的使命和目标而奋斗的热情与干劲能持续下去，应制定一些戒条，以时时提醒和警诫自己。于是，松下电器首先于1933年7月，制定并颁布了"五条精神"，其后在1937年又议定附加了两条，形成了松下电器七条精神：产业报国的精神、光明正大的精神、团结一致的精神、奋斗向上的精神、礼仪谦让的精神、适应形势的精神、感恩报德的精神。

4. 营造良好的工作氛围和融洽的人际关系

良好的工作氛围和融洽的人际关系，是良好的内部公共关系状态的两个重要标志。良好的工作氛围就是使员工的才能、积极性、创造性能够得以充分发挥，具有希望和激励的工作环境；融洽的人际关系就是组织员工之间充满相互信任、尊重、理解、支持和友爱。为此，组织可以围绕以下几方面来开展工作。

（1）尊重、信任员工　领导对下属的尊重和信任是激发员工工作积极性的有效途径。首先，要尊重员工的人格，对他们平等相待；其次，要尊重员工的合法权利，虚心听取员工的要求和呼声。信任就是要改进管理制度和管理方法，使职工之间、部门之间、上下级之间保持相互信任。尊重是信任的前提。作为组织领导，要在尊重员工的基础上，充分信任员工，做到用人不疑、疑人不用、知人善任、人尽其才，使每个人的工作热情和创造力都能够充分发挥出来。

（2）完善员工建议制度　建立和完善员工建议制度，一方面，可以集思广益，挖掘蕴藏在组织员工中的聪明才智和创造力，促进、改善组织的生产和经营管理；另一方面，员工的建议被采纳，更能使员工感到自己在组织中受到重视，可以增强员工的责任感和主动参与意识，进一步调动他们的积极性。

（3）重视员工培训　组织的成功靠人才，而"人才"不仅指少数的"尖子"。在激烈的市场竞争中，只有提高组织员工的整体素质，才能从根本上增强组织的竞争力。因此，必须重视员工培训工作。此外，从组织的责任和员工需要的满足来看，重视员工培训，提高他们的业务素质、文化道德修养，更能促进其个人能力的发挥和自我实现感的满足，从而更加强化组织的向心力与凝聚力。

（4）营造融洽的"大家庭"气氛　营造融洽的"大家庭"气氛，是建立良好的内部公共关系工作的重要方面。组织员工都有经济的、社会的、心理的、精神的不同方面、不同层次的内在需求，他们不仅希望自己从事的工作富有价值和意义，在事业上有希望有奔头，而且希望所处的环境本身是一个充满人情味的"大家庭"，他们希望在这里获得认同感、归属感、自豪感和幸福感等情感需求的满足。如果顺应员工的这种情感上的需求，努力营造一个温馨和谐的"大家庭"的工作氛围，势必会激发广大员工的工作热情和献身精神，促进组织成为团结一致、万众一心的整体。

案例 3-3

IBM 公司的金环庆典

IBM 公司每年都要举行一次规模隆重的庆功会，对那些在过去一年中做出过突出贡献的销售人员进行表彰。这种活动常常是在风光旖旎的地方，如百慕大或马霍卡岛等地。对3%的做出突出贡献的人所进行的表彰，被称作"金环庆典"。在庆典中，IBM 公司的最高层管理人员始终在场，并主持盛大、庄重的颁奖酒宴，然后放映由公司自己制作的表现那些做出突出贡献的销售人员工作情况、家庭生活，乃至业务爱好的影片。在被邀请参加庆典的人中，不仅有股东代表、工人代表、社会名流，还有那些做出突出贡献的销售人员的家属和亲友。整个庆典活动，自始至终都被录制成电视（或电影）片，然后被拿到IBM公司的每一个单位去放映。

IBM公司每年一度的"金环庆典"活动，一方面是为了表彰有功人员，另一方面也是同组织员工联络感情，增进友情的一种手段。在这种庆典活动中，公司的主管同那些常年忙碌、难得一见的销售人员聚集在一起，彼此毫无拘束地谈天说地，在交流中，无形地加深了心灵的沟通，尤其是公司主管表示关心的语言，常常能使在第一线工作的销售人员"受宠若惊"。正是在这个过程中，销售人员更加增强了对组织的亲密感和责任感。

案例思考：IBM公司的金环庆典的独特之处和功效是什么？

5. 重视意见领袖，处理好与非正式群体的关系

行为科学研究表明，社会组织中存在着两种组织形式：一种是以正式组织的结构、权力、任务、职能组成的关系，称为"正式组织"或"正式团体"；另一种则是以感情、观念或利益关系的统一而构成的关系，称为"非正式组织"或"非正式团体"。这种非正式团体往往是出于自愿自发的人际关系，团体意识较强，与正式沟通相比，其内部沟通效果更好，沟通程度更深，沟通内容更广。在公关工作中，它们既有积极作用，也有消极作用。利用得好，往往能起到正式组织所无法起到的作用，利用得不好，则很可能成为组织决策者的"心病""定时炸弹"。因此，公关人员要学会以下几点：第一，要重视意见领袖的作用，利用他们在非正式团体中的威信，引导这些团体与组织行为保持协调一致；第二，要加强与非正式团体的感情联系，多参与非正式团体的活动；第三，要防止小道消息和流言蜚语的蔓延，将员工情绪导向正确健康的方向上来。

四、协调好组织与股东的关系

1. 股东关系是指组织与其投资者之间的关系

随着我国改革的不断深入，不少组织试行股份制，通过发行股票的办法来筹集社会上集体和个人的资金，股票持有者也就是股东，是本组织的投资者，他们享有法律规定的权利，同时也承担着一定的义务。股份制组织妥善处理好与投资者的关系是稳定资金来源、增加新的资金来源的重要方面。

2. 建立良好的股东关系，主要表现在以下几个方面

（1）适时向股东通报组织的信息　股东既然购买了组织的股票，就与组织联系在了一起，当然要关心组织的生产经营情况。为尊重股东的这种"特权意识"，公关人员应定期或在特定的时期内向股东通报组织的信息，如组织特定时期的战略决策、发展目标和计划、经营情况、资金流动情况、利润分配情况、面临的困难和承担的风险等的预测和对策。在通报这些信息时，要坚持实事求是的原则，不能报喜不报忧。对于股东提出的质询，要充分重视，配合有关部门给予圆满的答复，消除股东的误解。组织有了新情况，如对社会的重大贡献、新技术的开发、新产品的问世、管理人员的变更等，应以最快的速度首先向本组织的股东通报。

（2）收集来自股东的信息　组织的股东分散在不同的社会组织之中，可以了解到社会公众对本组织及其产品的反映，同时，出于自身利益的考虑，也愿意向组织传达这些反映，并提出自己的意见。因此，公共关系人员要重视收集来自股东的信息，如股东本人情况，他对组织的意见和建议，他对产品或服务的意见，他们所了解的社会公众对本组织的各种反映等等。对这些意见要请有关部门认真处理，并将处理结果告诉股东。

（3）促进股东关心组织的发展，关心组织的产品和服务　组织不能将股东只看作投资者和分利者，将股东关系仅作为财务关系来处理，还应将股东视为重要的顾客和义务推销员。这是因为股东与组织有着切身的利害关系，因而一般愿意购买持股组织的产品，并愿意做本组织的产品宣传员。如果我们经常将组织的产品性能、品种、市场占有率等情况通报给股东，或不断提供样品给股东，就可以促使股东关心本组织的产品或服务，促进产品销售额的扩大。

（4）定期召开股东大会　按照《中华人民共和国公司法》的规定，向股东大会汇报组织的有关重大问题，让每一个股东充分享受他应有的权利。

第二节　组织外部公共关系协调

组织外部公共关系工作的目的就是要妥善处理组织与外部公众之间的关系，加强组织与社会各界的交往与联系，谋求支持与合作。良好的、宽松的外部环境是组织生存和发展的重要保证。组织的外部公众是指与组织发生往来关系的所有外部公众，具体包括：顾客公众、社区公众、媒介公众、政府公众、竞争者公众、国际公众、名流公众等。

一、顾客公众

顾客公众也称消费者公众或用户公众，是组织生产的产品或服务的使用者。顾客公众是组织经营活动中最重要的公众之一。

（一）顾客关系的重要性

在商业中有这样一句话："顾客就是上帝。"说明顾客对于企业的重要性就如同上帝对于信徒的重要性。随着市场经济的发展，组织间竞争的加剧，对每一个现代组织来讲，"好好留住每一位顾客"，其重要意义比过去任何时候都显得更为突出。

（1）顾客是一切活动的中心和出发点　企业所有的工作都是围绕为满足顾客需求而设置的。一家企业在招聘员工时，有一道考题会是：办公室里最重要的人是谁？答案是不言而喻的。

（2）顾客是组织生存和发展的生命线　组织与顾客之间存在着相互依存的关系。组织为顾客提供所需的物质产品、精神产品或服务，而组织的生存和发展离不开顾客的信赖和支持，良好的顾客关系是组织发展的原动力。顾客公众是组织公共关系对象中利益关系最直接、明显的外部公众。顾客关系是组织市场经营的生命线。

（3）顾客是最有权威的公众　金杯银杯不如老百姓的口碑。公众的认可才是最重要、最权威的。

（4）顾客是员工的衣食父母　员工的工资来自哪里？看似来自企业财务来自老板，其实来自顾客对企业的价值回报，来自顾客的现金流。所以沃尔玛超市的老板告诫员工：我不是老板，顾客才是你们的老板。

案例 3-4

"我与好丽友"主题公关活动

1997年，一句"好丽友，好朋友"传遍大街小巷，20年来，好丽友有幸参与中国经济的发展，与消费者一起成长、壮大，并见证了中国消费者购买力乃至生活习惯的变化。同时，消费者对好丽友的支持和信赖，也促进企业成长为中国快速消费品行业的主力军。

2017年好丽友官方微博发起"我与好丽友"主题品牌活动，通过精准的受众定位，多渠道精准营销，形成以"点"到"面"的快速扩散，覆盖人群7691万，首日即登上微博情感类热搜榜前10名，总曝光量达1581万，共收集UGC故事1320个。内容涵盖了消费者的亲情、友情、爱情，以及日常发生的有趣、感人，或神转折的"回忆杀"。好丽友为消费者提供了一个分享成长历程和心得体会的平台，在众口相传中品牌印记不断加深，提升了品牌的影响力与美誉度。

案例 3-5

"客户，您是总裁"——创维集团经营新观念

正当一些企业还在把"客户是上帝"流于口头禅、宣传口号，以至于客户和舆论对这类企业失去信任之时，另有一些企业正在进行着真诚的、艰难的、有益的探索，提出了符合新形势要求的新理念，逐步形成了新的管理模式，创维集团正是其中之一。

2000年5月，创维集团隆重推出了"客户，您是总裁"的全新理念，提出了大服务的概念，即"不仅售前、售中、售后，而且把企业的研发、生产、销售、维修看作一个整合起来的大服务链条，而客户就是这一大服务链条的连接对象和价值实现的终极目标"。企业在持续满足客户需要的同时获得长远发展，达到与客户双赢的目的。

为进一步贯彻"客户是总裁"的理念，创维集团通过各种内部定期例会、信箱，保证与客户的顺利沟通，通过一定的反馈机制、定期造访，形成与外部客户的沟通，从而构建了一个畅通的信息支撑平台。由《服务员工手册》的推广和考核，以及5大系统、12个子系统的运作和协调，实现管理的规范化和系统化。通过培训和后备人才库的设立，完成了职业服务人的角色转换和人力资源的全面整合。而创维集团用户产品设计与管理委员会在深圳的成立，则标志着创维集团已经将服务放在整个集团发展战略的重要地位，为"客户是总裁"的服务理念提供了坚实的战略支撑。

（二）处理顾客关系的原则

在商业上还有一句行话：顾客永远是对的。这句话的本身并不是正确的，顾客也有过分

的时候，顾客也有犯错误的时候。其实，这句话是告诉企业工作者，处理顾客关系的原则和方向。首先，这句话反映了一个事实：没有顾客，就没有组织。因此，上述概括应当成为组织的宗旨。组织与顾客，实际上不是顾客依赖组织，而是组织依赖顾客。组织全心全意地为顾客服务，是组织的天职和义务。既然顾客这么重要，那么我们就要把顾客的想法都当作对的来看待，千方百计、想方设法满足顾客的要求。其次，这句话必须落实在具体的服务工作上。要结合组织的职能类型和工作特点，创造深受消费者欢迎的服务制度和措施，如各种形式的"承诺制度""绿色通道"服务措施等，不断改进服务工作，不断提高服务水平。再次，还必须重视对员工的培训。搞好服务，要靠组织的全体成员共同努力，实行"全员公共关系"。只有不断结合新的形势和新的任务，加强对组织员工的培训，人人增强服务意识，人人落实服务行动，才能真正把"顾客第一"的宗旨变为组织全体员工身体力行的自觉行动。

（三）协调组织与顾客的关系

具体来说要做到以下几个方面。

（1）进行顾客研究，把握消费需求，充分了解顾客　对企业组织来说，顾客关系的主要目的在于建立他们对组织及组织产品信息的了解，促使他们产生购买的意愿。因此，必须对顾客有详细的了解，包括他们的数量、学历结构、年龄结构、家庭结构，他们获取信息的渠道有哪些，他们最喜欢的新闻种类是什么等。作为公关人员，完全可以用数字图表来说明这些问题，表3-1是为南京3C产品的核心顾客建立的一张简单的图表（所有数据均为虚构）。

表3-1　南京3C产品核心顾客情况表

顾客数量	100万，其中40万为高频率顾客
平均学历	高中二年级，高频率顾客学历更高
平均家庭结构	30%已婚，但婚龄不足一年，50%未婚
平均年龄结构	35岁，高频率顾客平均年龄为29岁
平均年收入	55 000元
信息渠道排序	朋友介绍、报纸宣传、网站交流
获取信息媒体排序	电视、报纸、网站
关注的新闻栏目排序	社会新闻、体育新闻、科技新闻
平面媒体购买排序	《现代快报》《上海一周》《扬子晚报》
网络媒体排序	新浪、搜狐、网易
电视频道收看排序	南京电视台影视频道、中央电视台3套、江苏电视台

资料来源：马成．公关经理第一课［M］．北京：北京大学出版社，2006．

这些数据的意义在于指导你应该选择哪些媒体作为你真正需要关注的媒体，以及想办法策划什么样的新闻来最终影响你的顾客。

（2）尊重顾客权益　顾客在消费的过程中有他们的合法权益，受到法律的保护，应当予以尊重。包括顾客的知情权、陈述权、选择权和安全权。所以在服务过程中，对顾客要百问不厌、百挑不烦，这才是满足顾客权益的做法。

（3）提供主动、热情、周到的服务　服务要做到主动、热情、周到。这三点正对着服务的三个阶段：售前、售中和售后。售前要主动；售中要热情；售后要有周到的服务保障。

案例 3-6

黄女士购车记

黄女士决定买一辆车，而且还想买一辆好车，最初，她定下的目标是一辆日产车，因为她听朋友说日产车质量较好。

在跑了大半个北京城，看了很多售车点并进行反复的比较之后，她却走进了她家附近的一个4S店。接待她的是一名姓段的客户服务员。一声亲切的"你好"，接着是规范地请坐、递茶，让黄女士感觉相当舒服。

仔细听完黄女士的想法和要求后，段先生陪她参观展厅并仔细地介绍了不同型号别克轿车的性能，有时还上车进行示范，请黄女士体验。对黄女士提出的各种各样的问题，段先生都耐心、形象、深入浅出地给予回答，并根据黄女士的情况与她商讨最佳购车方案。黄女士特别注意到，在去停车场看车、试车的路上，正下着雨，段先生熟练地撑起雨伞为黄女士挡雨，却把自己淋在雨里。在这一看车、试车的过程中，黄女士不仅加深了对别克轿车的了解，还知道了别克轿车的服务理念及单层次直接销售的好处，她很快就改变了想法，决定买一辆"别克"。

约定提车的那一天，正好是中秋节。黄女士按时前来，但她又提出了新的问题：她自己开车从来没有上过马路，况且是新车，不知如何是好。段先生想了想，说："我给您开回去。"由于是中秋节，又已经接近下班时间，大家都赶着回家，路上特别堵。短短的一段路，竟走了近两个小时，到黄女士家时已经是晚上六点半了。在车上，黄女士问："这也是你们别克销售服务中规定的吗？"段先生说："我们的销售服务没有规定必须这么做，但是我们的宗旨是要让客户满意。"黄女士在聊天当中得知，段先生还要赶往颐和园的女朋友家吃饭，所以到家后塞给他一点钱，让他赶紧打车走。段先生怎么也不肯收，嘴里说着，"没事，没事"，一会就不见踪影了。一段时间后，黄女士发现汽车的油耗远大于段先生的介绍，每百公里超过了15升。他又找到了段先生询问原因，段先生再一次仔细讲解了别克车的驾驶要领，并告诉她节油的"窍门"，还亲自坐在黄女士旁边，耐心地指导她如何操作。驾驶了一段路之后，油量表指示，百公里油耗才11升。

就这样，黄女士和其他别克车主一样，与段先生成了熟悉的朋友。她经常会接到段先生打来询问车辆的状况和提供咨询的电话。所以每逢提到车，黄女士总会说：别克车好，销售服务更好！

案例讨论：服务人员是如何做好售前、售中和售后服务的？

（4）加强与服务对象的信息沟通　在组织与顾客的市场供求关系之中，存在着大量的信息交流关系和情感沟通关系。没有充分的信息传播和融洽的感情沟通，市场的商品交换关系就难以建立，更难以稳定和持久。在争取顾客的注意力、影响顾客的消费选择和消费行为的市场信息传播竞争中，公共关系日益成为组织青睐的市场传播手段。它运用多元化的传播沟通方法，去疏通渠道、理顺关系、清楚障碍、联络感情、吸引公众、争取人心，为产品的销售营造一个良好的气氛与和谐的环境。

（5）正确处理与顾客之间的矛盾　积极主动地妥善处理与顾客的矛盾冲突，切忌使矛盾加深升级，遵循大事化小、小事化了的原则。

案例3-7

"世界第一差"

一天，某家宾馆来了几位特别挑剔的美国客人，他们无论是对宾馆的客房设备，还是对宾馆的饭菜质量，都加以抱怨。他们在宾馆居住的几天里，几乎每天都要打电话给宾馆的公关部，反映各种各样的问题。开始，宾馆公关部的接待人员，还能够对他们反映的问题做出回答和解释，并如实汇报。可是，客人接二连三的电话，以及几近毫不客气的指责，终于使这位公关部的接待员耐不住性子了。当这几位美国客人就要离开酒店回国时，他们又打了一个电话给公关部："我们这几天要求您解决的问题，您一件都没能解决，真是太遗憾了！"听了这句话，那位公关部的接待员也反唇相讥："倘若你们以后再来中国，就请到别的宾馆去体验一下吧！"于是，一场争吵在电话里爆发了。

当那些美国客人离开酒店时，客房服务员在房间里发现了一张纸条，上面用英语写着："世界第一差。"

案例讨论：这家宾馆为什么会收到"世界第一差"的评价？

扩展案例3-1
无微不至贯穿所有服务环节——"最佳饭店"泰国东方饭店

（6）制订各种营销计划，提高顾客的忠诚度　这些计划包括老主顾营销计划、数据库营销计划、俱乐部营销计划等。老主顾营销计划，指的是对那些频繁购买以及按稳定数量进行购买的顾客给予财务奖励的营销计划；数据库营销计划就是指建立、维持和使用顾客数据库以进行交流和交易过程的计划，这种方法具有极强的针对性，能够提供更个性化和人性化的服务，可以有效提高顾客的忠诚度；俱乐部营销计划指建立顾客俱乐部，吸收购买一定数量产品或支付会费的顾客成为成员。会员不仅可以享受购物折扣，而且可以参加俱乐部所举办的各种活动，满足顾客的社交功能、娱乐功能和归属需求。

二、社区公众

社区公众指组织所在地的区域关系对象，指的是聚集在某一地域中的社会群体、社会组织所形成的一种在生活上相互关联的社会实体。社区关系亦称区域关系、地方关系、睦邻关系，主要指一个组织与周围相邻工厂、机关、学校、商店、旅馆、医院、居民等的相互关系。社区是一个组织赖以生存和发展的基本环境，是组织的根基，与组织在空间上紧密地联系在一起，难以分离。共同的生存背景使社区公众具有"准自家人"的特点。俗话说：远亲不如近邻，说的正是社区是社会组织生存和发展的根基。组织能否"永续经营"，"睦邻"工作扮演着相当重要的角色。

（一）社区公众关系的重要性

（1）社区是劳动力的主要来源地　组织大部分的员工来自社区，不仅可以节约由外地招工所带来的大量的吃、住、行成本，而且可以帮助消化本地的待业人员，提高就业率，促进社区安定，加深同社区居民的感情联系。

（2）社区是组织最可靠的后勤保障系统　组织的正常运转，除了人才之外，还需要各种社会支持系统和保障系统。例如：电力、给排水、交通、邮政通信等。在这些后勤保障系统中，有相当一部分来自于所在的社区。

（3）社区公众是组织较稳定的顾客，社区公众又是组织最接近的服务对象　在这个意义上，社区公众又是组织顾客的延伸。良好的社区关系，可以同时获得良好的顾客关系，使组织的产品和服务在社区享有盛誉。

（4）社区关系直接影响着组织的生存环境　社区如同组织扎根的土壤，没有良好的社区关系，组织就会失去立足之地。社区公众是由特定的活动空间所确定的，区域性、空间性很强。地方性组织的活动直接受社区公众的制约，社区关系便直接影响着组织与其他各方面的关系，如员工家属关系、本地顾客关系、地方政府关系和媒介关系等等。

（5）社区关系直接影响着组织的公众形象　社区公众涉及当地社会政治、经济、文化、教育等各个方面和阶层，类型繁多，涉及面广，对组织客观上存在着各种不同的感受、要求和评价；由于处在同一社区，对组织的某一种评价和看法又极容易相互传播，形成区域性的影响，从而形成组织的某一种公众形象。组织的社区关系好坏，直接影响着组织的社会公众形象。

（二）协调与社区关系的常见策略

（1）加强与社区公众的沟通，构建良好社区关系的基础　加强与社区公众的沟通包括两个方面的内容。一方面，社会组织应将本组织的政策宗旨、工作业务、员工人数、工资与福利待遇、产品用途、治理"三废"的情况、对社会的各种支持等信息及时有效地传递出去，以增加透明度、提高知名度；另一方面，要增进组织对社区环境的充分了解，以提高社区公共关系工作的针对性。

（2）组织应当自律，尽可能避免或减少自身活动对社区其他公众正常活动的影响　例如做好"三废"（废水、废渣、废气）的控制与治理、减少噪声、安全生产等，为社区成为一个良好的活动区域负起应负之责。企业三废的排放是引起社区关系纠纷的最大祸害，企业一定要重视和避免。

（3）举办各种社区活动，是构建良好社区关系的重要途径　社区活动是社区成员相互认识、相互交流、相互影响的重要途径。正是在丰富多彩而又有自己特色的社区活动中，人们的社交、受尊重的需要才能得到相当程度的满足。社区活动既可以促进社区成员价值观的趋同，也使社区生活方式更加特色化和定型化。因此，社会组织应鼓励组织中各级人员参加社区的各种活动。例如，参加社区大会、庆祝会、联谊会，参加植树活动、社区文化活动和社区互助活动等。

案例 3-8

当污染发生

2016年10月3日，上海染化一厂像往常一样，各车间正在紧张而有秩序地进行生产。晚上7时许，该厂第四车间要求原料库发送1吨盐酸。原料库接到通知后，立即把盐酸送入第四车间的氯磺酸贮槽。就在这时，意外发生了，贮槽顶端出现了氯磺酸外溢现象，外溢氯磺酸与水接触发生剧烈反应。操作工人马上切断电源，用纯碱中和。但事故还是发生了，仅仅几分钟时间，氯化氢气体已飘散出去，造成东北面的厂区以及与工厂毗邻的居民住宅较大面积的污染。不一会，近百名激动而又愤怒的居民冲进了工厂，他们受到了有毒气体的侵害，有的人中毒症状明显，指责工厂的事故影响和破坏了他们的正常生活。少数冲动的人，向工厂办公室内扔牛奶瓶，砸破窗户玻璃，办公室的办公用具也受到损坏，一时厂里的生产秩序乱了套。这时厂领导不是采取拖延或不管的态度，而是高度重视，妥善处理由事故带来的严重后果，运用公关手段平息了居民的情绪。

首先，他们表示承担这次事故的全部责任而且理解居民的过激行为，并迅速地把受毒气侵害比较明显的工人和居民送到医院治疗。同时，积极调查事故原因，针对设备结构不合理这一主要原因，决定投资检修全部设备并改造老设备，以杜绝隐患，保证今后不再发生这样的事故。此外，对全厂职工进行安全教育和轮训，并把10月3日这天定为全厂的安全纪念日。厂方不仅这样做，而且还及时地把这些情况通报给周围的居民。例如，他们将工厂对事故采取的措施编写成简报及各种宣传资料，送到居民手中。设备维修后，请居民到工厂参观，送给居民一本关于如何处理突发事故的安全手册。工厂为挽救这次事故损失所做出的种种努力以及及时的沟通平息了社区居民的愤怒情绪和不安心理。但工厂并未到此为止，为了进一步融洽工厂与社区的关系，为工厂的正常生产创造良好的外部环境，他们利用工厂的一些条件，积极为社区居民改善生活环境，如为居民安装自来水管道，方便居民用水，把工厂浴室向居民开放，帮助居民解决了"沐浴难"的问题；恰逢夏季，向居民供应冷饮等，从而有效地消除了社区居民的不满情绪，感情上与社区公众近一步贴近。

案例讨论：上海染化一厂如何处理好因为污染而产生的社区关系矛盾？

（4）积极为社区做贡献，组织的一切经济、文化、科研等活动一般都应先立足本社区，然后再扩及外地。组织应该视当地公众为最基本、最及时、最直接的顾客、旅客、观众、读者，了解其动向与需求变化，尽可能及时予以满足。尽可能将组织内部非生产性、专业性的文化、福利设施向社区开放，使社区公众都能分享。适当安排社区内公众参观本组织，以使他们对组织的性质、活动有更深了解，便于维护长期和谐的关系，得到公众的理解与支持。

（5）积极承担社区内的公共事务或公益活动，为社区繁荣做贡献。组织应积极捐助或修建公共设施（如公园、道路、风雨亭、图书馆等）、维护社区治安、出资组织或赞助文艺表演或体育竞赛、提供义务性的专业服务、兴办第三产业等。这不但有惠于当地，而且更有助于提高本组织的形象。

三、媒介公众

媒介公众又称新闻界公众。媒介关系是指组织与报社、杂志社、出版社、广播电台、电视台门户网站、新媒体等新闻和传播机构以及新闻界人士（记者、编辑等）间的关系。媒介公众是公共关系工作对象中最敏感、最重要的一部分。这种关系具有明显的两重性：一方面，新闻媒介是组织与广大公众沟通的重要中介；另一方面，新闻界人士又是需要特别争取的公众对象。媒介与对象的合一，决定了新闻媒介关系是一种传播性质最强、公共关系操作意义最大的关系。从对公共关系实务工作层次来看，新闻媒介关系往往被置于最显著的位置，甚至被称为对外传播的首要公众。

传播是公共关系开展工作的最重要的手段。通过各种新闻媒介，组织可以实现与外部环境的双向信息沟通；同时，新闻媒介在社会中发挥着舆论先导的作用，对广大公众的态度起着不可忽视的导向作用，因此，它是组织必须特别重视并应努力争取的公众。与新闻媒介建立良好关系的目的是争取新闻传播界对本组织的了解、理解和支持，以便形成对本组织有利的舆论气氛，并通过新闻媒介实现与大众的广泛沟通，增强组织对整个社会的影响力。

（一）协调组织与媒介关系的意义

1. 良好的媒介关系有利于形成良好的公众舆论

新闻传播机构及新闻传播人士是社会信息流通过程中的"把关人"（Gatekeeper，传播学中亦称为"守门人"），他们决定着各种社会信息的取舍、流量和流向，确定着公众舆论的中心议题，能够赋予被传播者特殊的、重要的社会地位，即具有"确定议程"和"授予地位"的功能。某个组织、人物、产品或时间如果成为媒介报道的热点，便会成为具有公众影响力的舆论话题，获得较高的社会知名度；而且，一个信息通过媒介做客观的报道，容易获得公众的信任，有利于美誉度的提高。公共关系的一项重要任务，就是为组织创造良好的公众舆论，争取舆论的理解和支持。因此，与"把关人"建立良好的关系，有助于争取媒介报道的机会，使组织的有关信息比较顺利地通过传播过程中的层层关口，形成良好的公众舆论环境。

2. 良好的媒介关系是运用大众传播手段的前提

组织要实现大范围、远距离的沟通，就必须借助于各种现代大众传播媒介。大众传播借助于网络等技术，跨越时间和空间的限制，实现大范围、远距离的传播。这是现代公共关系的主要手段之一。但是，大众传播媒介一般不是由组织内的公共关系人员直接掌握和控制的。有关的信息能否被大众媒介所报道，以及报道的时机、频率、角度等等，要取决于专业的传播机构和人士。除花钱做广告之外，公共关系对大众媒介的使用必须通过媒介人士才可能实现。因此，与媒介人士建立广泛、良好的关系，是运用大众媒介、争取媒介宣传机会的必要前提。与媒介关系越多，组织有关信息的报道数量就越多；与媒介关系越好，组织有关信息的报道质量就越好。媒介关系的这种公关传播性之强，是其他公众对象难以比拟的。

（二）协调媒介关系的方法

组织与媒介的关系，应该是一种相互合作的关系。因为在实际工作中，公关人员和新闻记者总是互为中介的。一方面，公关人员需要通过新闻记者，把组织的信息及时准确地传达出去；另一方面，新闻记者需要通过公关人员提供具有新闻价值的素材，丰富新闻报道的内容和品种。因此，公关人员应该加强与媒介公众的合作与联系，建立良好的伙伴关系。

1. 尊重媒介公众，是构建良好的新闻媒介关系的基本要求

组织对媒介公众的尊重可以概括为 16 个字：以礼相待、以诚相待、平等相待、严阵以待。

以礼相待，指应以主动热情的态度对待各新闻媒体，积极配合，为采访和报道工作提供方便，如主动撰写新闻稿，主动与记者沟通本组织的近期活动计划等。

以诚相待，指组织要讲真话，严格遵守公共关系基本准则，将事实真相告诉公众，向媒介提供真实可靠的材料和数据。既不夸大组织的业绩，也不掩盖事实，更不能制造假新闻。确实有难言之隐也要向媒介做出说明，求得对方谅解。

平等相待，这主要包含两层含义：一是对不同级别、不同层次的媒体应一视同仁，不能厚此薄彼；二是对传媒人员，不管是资深记者还是见习通讯员都要平等对待。

严阵以待，指当组织发生危机事件时，组织应当严阵以待。严正以待并不是想方设法掩盖"家丑"，也不是对新闻媒体横加指责，而是应本着虚心接受批评、认真查明真相、积极承担责任的态度，与媒介公众进行合作，以期化险为夷。

2. 加强与新闻媒介的沟通，是构建良好的新闻媒介关系的基本方法

首先应当建立媒体数据库。媒体数据库是对媒体关系进行管理的基础，媒体数据库的建立有以下几个要点。

（1）对媒体进行全面梳理　各种新闻媒介，受众不同，定位和方针不同，运作特点和方式也不同，必须重视对各种新闻媒介进行研究，记录媒介的编辑方针、关注热点、记者的需求和偏好，以便有针对性地进行新闻投放，保证报道的落地率。

（2）及时更新媒体数据库　媒体数据库建立起来后，不要以为大功告成了，媒体人事变动是很平常的事。一般来讲，专业的公关人员，至少每月都要跟核心媒体圈的编辑、记者见一次面，通一次电话，通过这种高密度的沟通方式，有针对性地核实资料库中的内容。

（3）主动向新闻媒介提供组织信息　要通过提供新闻稿件、传记资料、案例说明、邀

请记者采访、举办新闻发布会、"制造新闻事件"、与新闻媒体联合搞活动等方式,主动向新闻媒介提供必要的信息,增进新闻媒体对组织的了解、兴趣和关注。

四、政府公众

政府公众对象指政府各行政机构及其官员和工作人员,即组织与政府沟通的具体对象。任何社会组织都必须接受政府的管理和制约,因此需要与政府的有关职能机构和管理部门打交道,包括工商、人事、财政、税务、市政、治安、法院、海关、环保、卫生等政府职能部门及其工作人员。它是所有传播沟通对象中最具有社会权威性的对象。组织必须与政府各职能部门建立和保持良好的沟通,这是组织生存、发展的重要保障和条件。与政府保持良好沟通的目的,是争取政府及各职能部门对本组织的了解、信任和支持,从而为组织的生存和发展争取良好的政策环境、法律保障、行政支持和社会政治条件。

(一) 政府公共关系的重要性

1. 政府的认可和支持是最具高度权威性和影响力的认可和支持

政府掌握着制定政策、执行法律、管理社会的权力职能,具有强大的宏观调控力量,代表公众的意志来协调各种社会关系。一个组织的政策、行为和产品如果能够得到政府官方的认可和支持,无疑将对社会各个方面产生重大影响,甚至使组织的各种渠道畅通无阻。

2. 与政府建立良好关系能够帮助组织形成有利的政策环境

政策、法律、管理条例是一个组织决策与活动的依据和基本规范,组织的一切行为都必须保持在政策法令许可的范围之内。通过良好的政府关系,组织能够及时了解到有关政策的变动,能够较方便地争取到政策性的优惠或支持,能够对有关本组织的问题在进入法律程序或管理程序之前参与意见,使之对组织的发展更有利。

(二) 协调组织与政府关系工作的常见策略

(1) 自觉接受政府的管理和指导,遵守政府有关政策、法律、法规。组织在具体的运行过程中,应妥善处理国家利益与组织利益的关系,切实按有关规定上缴利税。

(2) 及时、全面、准确地掌握与研究政府所颁发的有关政策、法律、法规内容,注意按照其内容变化相应地调整本组织的决策方向及实施计划。

(3) 主动给政府部门提供信息。政府根据所掌握的基层情况制定政策,若组织能在提供信息方面主动做好沟通工作,充实政府的信息资料库,那么就能促使政府制定的政策法规更加客观、合理。同时,也会求得政府相应的指导和帮助。

案例 3-9

微软改变形象

近十年来,微软的公众形象除了"巨无霸"之外就是太张扬,舍我其谁的强势文化在微软的身上也深深地打上了烙印。人们在为微软的先进技术所折服的同时,也被它的过分张扬和霸道所激怒。2001年12月28日，在有史以来中国政府软件采购的最大采购会上，六家国产软件厂商产品全部中标，而微软却未能分到一份，这对微软来说不啻为一记闷拳。

称霸世界软件业市场20多年、一贯骄横傲慢的微软为了提升企业形象，改善政府关系，进行了形象的大改变。微软内部到处可以听见"成为顾客信任的企业"的口号。在中国市场，打开微软公司的网页，有几行谦恭的话语令人耳目一新："微软公司深知自己的成功离不开政府部门的支持、业界伙伴的信任和广大用户的厚爱。翘首未来，微软愿与中国信息产业携手，继续努力，共同迈向更多灿烂的21世纪"。微软新任总裁一到任，就以三个著名论断代替新官上任三把火。一是中国方式论："既然我们已在这里安家，当然要做一个优秀的企业公民。我们要用中国的方式跟政府打交道，政府是我们的领导，我们要服从于领导。"二是合资友好论："合资是一种友好，一种形象。"三是想做雷锋论："要通过加大对中国社会的回报来改变微软形象，学习雷锋做好事。"

五、竞争者公众

竞争者公众主要是指与本组织生产、经营同类产品或服务的组织。竞争是市场经济的特有现象，它的基本功能就是优胜劣汰，推动社会经济向更高层次发展。随着社会的进步、经济的发展、市场竞争规则的不断完善，在现代社会里，竞争关系不仅仅只是一种利益对立、此消彼长、弱肉强食、你死我活的关系，更多地将表现为相互促进、相互支持、取长补短、共同发展的文明竞争态势。因此，组织公共关系工作应该从积极的意义上去正确认识竞争者关系，彻底摒弃小生产狭隘、自私的经营观念和竞争行为，树立现代组织光明正大、勇于竞争、善于竞争的新形象。故同行间首先应看作是伙伴关系，其次才是对手关系。组织在协调同行竞争关系时应遵循以下原则。

1. 应切实把握正确的竞争目的

同行间竞争的最终目的应该是你追我赶，友谊竞赛，以谋求相互促进、共同发展。尽管彼此间竞争都是为了提高各自的经济效益，但他们的基本目的仍是为社会多做贡献。因此，应在竞争中牢牢把握正确的目的，而不能单从本位主义或小集团的利益出发，倾轧对手，搞垮同行。

2. 竞争的手段应光明正大

同行组织间的竞争决不能违背社会公德，采取尔虞我诈、互挖墙脚、损人利己的伎俩，这种竞争即使取胜也是不光彩的。应该提倡以科学经营管理、改进技术设备、提高产品或服务质量等正当方式展开竞争，从而能使胜者心地坦然而成为表率，败者心悦诚服而奋起直追。

3. 竞争不忘协作交流

同行间虽是竞争对手，但由于彼此根本利益一致、最终目的一致，因此，竞争对手同时又是伙伴关系。双方完全可以在共同目的的基础上，既竞争、又合作。具体如相互交流技术成果与经验，支援人力与物力、共同研究解决专业难点等。这一点表面看起来与竞争不相干，其实这是另一种意义上的竞争，或者可以说是提高了竞争的层次，因为能主动协作交流的一方最起码在形象、精神竞争上占了上风。

六、国际公众

国际公众指组织所面对的不同国家、地区的公众对象，包括别国的政府、媒介、顾客等等。国际公众对象具有与本组织完全不同的社会和文化背景，因此协调沟通活动具有显著的跨文化特征。随着我国加入WTO，组织将越来越多地参与到国际市场竞争中去。为了在国际商战中立于不败之地，组织必须妥善处理、协调各类国际公众关系，通过双向沟通为组织创造有利的国际营销环境，在国际市场上树立良好的产品形象和组织形象。因此，国际公共关系已成为外向型组织公共关系工作的一个非常重要的组成部分。

组织公共关系的任务是要监察和分析国际市场环境因素，加强国际双向沟通，密切组织与国际公众的交往，树立、扩展组织的国际形象，为本组织的产品或服务顺利进入国际市场创造有利的条件。搞好国际公众关系的目的是争取国际公众和舆论的了解、理解与支持，为本组织及其政策、活动、产品和人员塑造良好的国际形象，创造良好的国际声誉。

1. 发展国际公共关系，为对外开放服务

我国实行对外开放政策、组织发展外向型经济、参与国际经济大循环，极需要发展国际公共关系。一方面，需要通过公共关系方法及时、准确地了解国际市场动向，了解有关国家的政治、经济、文化、社会等方面的信息，了解国外的投资者、合作者和客户等等；另一方面，需要运用国际公共关系手段，向国外的公众、舆论和市场传播自己的信息，树立自己的形象，介绍自己的产品和服务，提高自己的国际知名度和国际信誉。即使不出国门的组织，在对外开放的条件下，也要运用国际公共关系，为来华投资、经商或合作的外商以及来华旅游参观的外国客人提供信息服务，做好接待工作等。

在文化、艺术、科学、教育、医疗、体育等方面的国际交流中，也需要接触许多国际公众对象。良好的国际公共关系有利于促进这些方面的交流与合作，有利于树立中国在世界上的良好形象。

2. 运用跨文化传播手段，促进组织形象的国际化

参与国际性活动的组织需要建立国际化的形象，即能够适应别国公众、获得各国人民接受和欢迎的形象。这就需要注意研究和适应别国公众的社会和文化差异，调整公关的政策和方法。国际公共关系是一种跨文化传播，与国内公共关系有很大不同。在信息的传播和对外交往方面，不仅要懂得运用外国的语言文字，还要了解对象国的历史文化、风俗习惯、公众心理，以及了解国际商法和对外交往的国际惯例，使传播的信息尽量符合对象国公众的习惯。

国际公共关系要成功，还必须善于运用国际新闻传播和广告传播手段。不仅运用我国的对外传播工具，更要了解对象国及国际上知名的新闻媒介和广告界，与国外的新闻机构和广告业建立联系，懂得如何为他们提供新闻资料和广告资料。国际公共关系界早已进入中国。我们的各类组织一定要抓住机遇，运用国际公共关系帮助自己走向世界。

七、名流公众

名流公众指那些对公众舆论和社会生活具有较大影响力和号召力的有名望人士，如政界、工商界、金融界的首脑人物，科学界、教育界、学术界的权威人士，文化、艺术、影视、体育等方面的明星；新闻出版界的舆论领袖等。这类关系对象的数量有限，但对传播的影响很大，能在舆论中迅速"聚焦"，影响力很强。通过社会名流去影响公众和舆论，往往具有事半功倍的效果。

建立良好的名流关系的目的，是借助名流的知名度扩大组织的公共关系网络，扩大组织的公众影响力，丰满组织的社会形象。协调组织与名流公众关系的意义和作用包括。

1. 借助社会名流的知识和专长

与社会名流建立良好关系，能充分利用他们的见识、专长为组织的经营管理提供有益的意见咨询。社会名流往往见多识广，或是某一方面的权威，组织的管理人士能够在与他们交往的过程中获得广泛的社会信息或宝贵的专业信息，无形中使组织增添了一笔知识财富、信息财富。

2. 借助社会名流的关系网络

与社会名流建立良好关系，能通过他们良好的社会关系网络为组织广结善缘。有些社会名流虽然不可能为本组织直接提供所需的专业信息或管理咨询，但由于他们与社会各界有广泛的联系，或对某一方面的关系有特别重大的影响，组织便能通过他们与有关公众对象疏通关系，扩大社会交往范围。

3. 借助社会名流的社会声望

与社会名流建立良好关系，能借助他们较高的社会地位，或由于具有某方面的权威性，或由于他们对社会的特殊贡献、突出成就等，从而帮助提升组织的知名度。另外，一般公众存在"崇尚英雄""崇拜明星"的社会心理。组织与社会名流建立良好关系，就将本组织的名字与社会名流的名望联系在一起，利用公众崇拜名流的心理，提高了本组织在公众心目中的位置。

案例 3-10

三大男高音唱响紫禁城

2001年6月23日晚，昔日皇家禁苑中乐声翩翩，弦歌阵阵。世界著名三大男高音歌唱家在紫禁城午门广场联袂演出，在"6.23国际奥林匹克日"掀起北京申奥活动的高潮。国务院副总理李岚清和数万热情的中外观众一同观赏了这一精彩的演出。

当晚三位"歌剧之王"身着黑色燕尾服，站在了紫禁城的古老红墙之间的舞台上神采奕奕，他们演唱了近30首脍炙人口的歌剧选段或歌曲。从卡雷拉斯的《我知道这个花园》，到多明戈的《星光灿烂》，再到帕瓦罗蒂的《今夜无人入睡》，洪亮且有穿透力的歌声，赢得了在场三万名观众的热烈掌声。

昔日这里曾经钟鼓齐鸣，如今西方歌剧在这里缭绕；昔日皇帝曾在这里议政，如今三位西方音乐大师在这里纵情高歌。东方建筑的神韵与西方艺术经典在这里得到了完美的交融，古老的紫禁城在一个充满激情的夜晚被唤醒，改革开放的中国以一场东西文化交融的音乐盛会，向世界展示它积极走向世界的宽阔胸怀。

紫禁城午门广场，"歌剧之王"帕瓦罗蒂、多明戈和卡雷拉斯倾情演绎音乐盛典，取得了空前的成功，音乐会电视直接可覆盖全球110多个国家和地区的33亿观众。

案例分析：世界著名三大男高音歌唱家就属于名流公众。组织在策划公共关系活动时，往往借助名流的知名度扩大组织的公共关系网络。世界三大男高音歌唱家在世界上拥有较高的声誉和地位，是典型的名流公众。这类公众对传播的作用很大，影响力很强。通过社会名流去影响公众和舆论，往往具有事半功倍的效果。世界著名三大男高音歌唱家首聚北京，为中国放歌，这是我国对外文化交流的空前创举，大大提高了中国和中国文化在世界范围内的影响。

2016金旗奖案例：阿斯利康企业内部微信平台策划及营运项目

一、项目概述

在阿斯利康（中国）的发展策略中，员工发展和内部建设同样是非常重要的议题之一，如何实现企业内部有效的沟通、传播以及信息整合是此刻迫在眉睫的问题。在经过员工问卷调查、行业分析及传播工具分析等调研工作后，公司决定以微信作为主要传播渠道和平台，并期望通过项目实现传播企业文化、增强员工凝聚力，以及企业信息整合协同三大目标。

2016年8月3日阿斯利康（中国）企业内部微信号"我们的阿斯利康"主应用正式启动上线，主要用作企业消息和活动、专题内容固定推送的平台。至2015年12月，该微信号关注人数已上升至8000人。不管是微信推送的阅读量，还是员工对活动的高度关注和参与，都体现了此次项目的阶段性成功。

二、项目背景

1. 需解决的问题

阿斯利康是一家以创新为驱动的全球性生物制药企业，专注于研发、生产和销售处方类药品和为医疗行业带来意义深远的变化。阿斯利康（中国）总部位于上海，在中国内地主要城市有29个分支机构，在香港特别行政区设有一家办事处。阿斯利康（中国）拥有超过一万名员工，遍布于中国各个省份。在员工数量及团队部门如此庞大的结构下，如何有效利用微信的特点，在保障信息安全的前提下规避其局限性，实现传播企业文化增强员工凝聚力，以及企业信息整合协同三大目标，是当前企业发展所必须面对的挑战。

2. 执行时间和执行地域

自2015年6月始至今，我司协助阿斯利康（中国）策划企业内部传播方案，建立企业内部微信企业号——"我们的阿斯利康"，并负责日常运营、图文设计、线上活动策划及执行等。

三、项目调研

（1）**企业员工调研**　针对企业内部传播方案的设计，我们对员工进行了随机采访，收集员工的反馈。员工主要反馈希望改变企业现行的传播方式，增加交流和沟通的机会。

（2）**数据观察**　为更好掌握微信企业号运营的可行性，我们对微信企业号在企业中的使用现状和数据进行资料搜集，从而观察微信企业号的使用情况。

据报告显示，2015年中国中小企业日常办公对微信使用情况分布方面，开通了企业内部微信沟通群与微信企业号的企业占比为5.3%，仅开设微信企业号的企业占比为2.7%，微信企业号在企业中的覆盖有望进一步提升。

微信企业号于2014年9月推出，为企业提供移动应用入口，帮助企业、政府机关、学校、医院等事业单位和非政府组织建立与员工、上下游合作伙伴及内部IT系统间的连接，并能有效地简化管理流程、提高信息的沟通和协同效率、提升对一线员工的服务及管理能力。

截至2015年5月，微信月活跃用户超5.49亿，公众号达到800万个，服务号超过400万个，微信企业号达30万个。企业号作为服务号的支撑，连接企业外部系统，包括与上下游合作伙伴建立连接，甚至实现在不同业态之间建立连接。

报告来源：艾媒咨询——2015年中国微信企业号市场研究报告

（3）**分析评估**　综合员工调查及行业和数据观察，微信企业号虽然还未能达成大范围的覆盖，但无疑已成为企业内部传播的新趋势。其功能性和服务性都非常符合我们的传播目标。微信企业号建立在微信平台上，具有高管理权限、多应用接口支持的功能，可以帮助企业在微信的大社交生态中聚合出一个紧密、层次分明的企业社交圈。在此企业社交圈中，借助微信在工作场景中的亲和力，企业号用户在办公系统和私人社交网络中切换互动，给严肃的办公场景带来乐趣。员工从被动接受的角色转换为主动参与、积极互动的主人翁角色。因此微信企业号成为此次项目的首要选择。

四、项目策划

1. 目标及受众

此项目受众为阿斯利康（中国）所有员工，期望通过项目能实现传播企业文化、增强员工凝聚力，以及企业信息整合协同三大目标。

（1）**传播企业文化**　通过微信平台传递及分享企业文化及价值观，策划创意线上活动，让员工分享内容，打破部门隔阂，促进零距离沟通。

（2）**增强员工凝聚力**　利用微信平台的开放互动性，协助内部沟通交流，尤其是管理层与前线销售之间的沟通交流。便捷互动沟通，促进内部信息传递效率与生产力的提升。

（3）**企业信息整合协同**　为企业内部传播及内部活动提供方便可及的线上线下整合平台。

2. 主要概念

"我们"是阿斯利康大家庭（见图3-3），"我们"是平等开放、乐于互动、有丰富专业知识并追求趣味生活的一群人。主要概念突出体现"我们在一起,为了共同的阿斯利康"这一理念。以"我们的阿斯利康"为理念,以"我们分享""我们发问""我们表达"三大概念贯穿整个平台信息输出,与后续的线上线下活动结合。

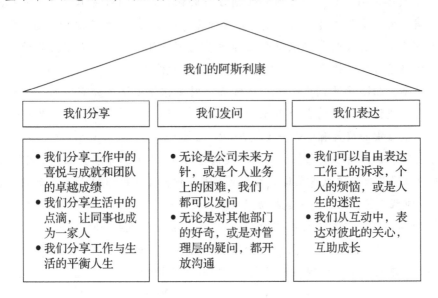

图 3-3　我们的阿斯利康

3. 传播策略

以多媒体视觉化及互动性呈现作为核心传播策略,注重开放、互动以及沟通三个传播方式,打造集互动性、趣味性、新闻性为一体的企业内部传播平台(如图 3-4)。

图 3-4　企业内部传播平台

4. 执行计划

"我们的阿斯利康"账号内容架构设计　"我们的阿斯利康"账号平台由"我们的新鲜事""我们的互动"以及"我们的专题"三大部分组成。"我们的新鲜事"将每日推送从部门和管理层收集编写的企业消息和公司通告,让员工掌握一手信息。"我们的互动"包括所有节日线上活动以及对话管理层互动模块。"我们的专题"设置总裁信、员工故事及热门招聘三个专题板块,以固定栏目专题形式推送。

五、项目执行

1. 项目启动

初始阶段为吸引更多员工关注企业内部微信平台,计划从线下宣传海报以及管理层号召开始,举办"求自拍"活动,通过活动增加受众对企业内部微信账号的认知,了解其功能和意义。

在提前一周的线下海报宣传期后,企业内部微信号"我们的阿斯利康"于2015年8月3日正式启动,以"#我们#来了,你在哪里"作为第一篇微信推送,并号召大家参加启动活动,以主题相框拍照上传,赢取奖品。以漫画的形式向大家介绍此微信平台的功能和意义,进行第二篇微信推送。

企业内部微信账号启动活动为期两周,收获了大量员工的照片投稿,在账号启动初期成功地吸引了超过3000名员工的关注,平均每条微信阅读量接近1000,并在后续运营中持续增长。

2. 内容推送

为了使企业内部微信账号能作为企业上下整合协同的平台,我们设置了两大板块作为日常推送的内容。一是企业最新消息及活动通告,二是专题栏目。设定每周每月的编辑计划,按时按点进行推送。表3-2为内容推送表。

表3-2 内容推送表

栏目及专题	推送频率
企业最新消息	每日优先推送
部门活动通告	每日推送
专题—总裁信	每月推送
专题—员工故事	每周一推送
专题—热门招聘	每周五推送

3. 线上活动

为了能有效调动员工的积极性,打破管理层、部门及员工之间的距离,营造融洽的企业文化和氛围,除了日常企业信息及专题的推送,还在节日之际设计有趣创意的线上活动,增强线上线下的互动也是此次项目的首要任务之一。

(1) 中秋节H5创意互动

1)概念。紧贴新媒体社交平台的热点,以"老板来电"作为H5创意点,在中秋节之际打破沉闷气氛,以幽默的方式让管理层为员工送上祝福。同时,颠覆式的创意为员工们带来新鲜感,也带来有趣的话题。在传达祝福之际,达到传播企业文化、企业关怀的目的。

2)中秋送祝福轻应用的获取传播途径。中秋祝福通过官方微信企业号发布推送,点击推送图文自动进入轻应用;轻应用模拟来电界面,用户按接通键后进入模拟通话,以语音接收祝福;或按挂断进入模拟信息界面,以图文接收祝福信息。

(2) 对话大佬

1) 创意概念。

a. 一个由管理层按月轮流"值班"的分享对象平台。

b. 持续性的新内容以及开放式的你问我答。

c. 设置生活化的主题，营造轻松的对话氛围。

d. 跳脱企业的框架，促成 SMT 与员工开放沟通。

2) 参与机制。

a. 员工通过专门设计的轻应用平台提交问题。

b. 每月的"值班管理层"挑选 20 个问题进行回复。

c. 每周于微信平台推送精选问答。

d. 每月"值班"结束时将问题整理为专题发布。

3) 前期宣传。由于对话大佬是建设在"我们的阿斯利康"账号下的子应用，必须提前通过在各地办事处放置海报以及宣传物品，达到前期宣传及预热的效果，让员工关注其子应用，并通过奖品奖励机制鼓励员工踊跃参与。

4) 正式上线。对话大佬于 2015 年 10 月 28 日正式上线，截至 12 月 31 日，精选问答共 8 期，于微信平台共推送 11 次。

(3) AZ 人，敢自豪！

在年底之际，配合阿斯利康（中国）年会主题"赢道、高效、创新"，以展示过往辉煌，激励员工士气为目的，设计"AZ 人，敢自豪"线上照片投稿比赛。

1) 创意概念。通过图文分享，让员工感受到企业和团队的认同和鼓励。为强调"自豪感"，以"红色革命"为设计主调。作为年会预热，同时收集照片素材供年会活动使用。

2) 参与机制

a. 员工通过专门设计的轻应用平台提交图文照片。

b. 需要分享给微信好友拉票。

c. 后台定期挑选精选图文于微信平台推送。

d. 最终以投票数量前 10 位为优胜，颁发奖品及自豪奖状。

3) 具体执行

a. 前期宣传。"AZ 人，敢自豪"活动搭建于独立的轻应用平台，因此线下宣传也是活动前期预热不可缺少的部分。在活动开始前一周，于阿斯利康各办事处设置主题线下海报及易拉宝，可以直接扫描二维码跳转到活动页面。

b. 正式上线。"AZ 人，敢自豪"于 2015 年 12 月 1 日正式上线，为期一个月，至 12 月 29 日结束。每周 2 次精选图文投稿于微信平台推送，共推送 8 期。

六、项目评估

自 2015 年 8 月 3 日平台启动至 2015 年 12 月，总共推送 249 条微信，平均阅读量超过 2000，最高月总阅读数量达 12 万，单条微信最高阅读量超过 3 万。

1. 中秋节 H5 创意互动

中秋送祝福 H5 上线当天,随即获得超过 4 万浏览量,上线 5 天共有 51 203 次浏览量,平均每位员工访问 1.8 次。在繁忙的日常工作中收到老板的来电,以幽默的方式送上中秋祝福,新颖的形式受到员工的好评,更成为企业里、甚至行业中的热门话题。

2. 对话大佬

对话大佬上线两个月共累积 14 万浏览量,总平均浏览量达 3000,单条最高浏览量更超过 6000。

"对话大佬"成功实现了管理层与前线员工双向沟通的平台,匿名提问的机制设置大大增加了员工提问积极性,以及提问内容的真实性,有效营造企业内部沟通的良好氛围是此次项目成功的标志。

3. AZ 人,敢自豪

"AZ 人,敢自豪"自 2015 年 12 月 1 日上线至 12 月 30 日,总累积浏览量超过 24 万,访客数超过 6 万,平均每人浏览 4 次,照片投稿上传 131 份。为了让员工感受到不止企业内的认同,更能收获家人朋友的鼓励,此次"AZ 人,敢自豪"图文比赛设置为对外开放投票和转发功能,除了能提高员工参与热情之外,更扩大了活动的辐射范围。在此次活动中,员工是参与者,员工的家人和朋友成为见证者,在年会之际成功达成预热效果,并将收集的素材用于年会活动。此次活动无论是从数据还是员工反馈中都得到了前所未有的成功。

七、项目亮点

作为医药企业的内部沟通和企业文化的平台,阿斯利康企业(中国)内部微信不但提供了信息更新的平台,更提供了一个创造员工互动、加强与管理层交流的有效平台,都是业界内部沟通的领先做法。不但在内部产生了良好的反响,在医药业内也形成了正面的口碑。

案例讨论:阿斯利康(中国)如何采用现代沟通工具以达到内部协调公共关系的目的?

复习思考题

一、概念题

员工关系　　消费者关系　　媒介关系　　政府关系　　社区关系

二、问答题

1. 为什么说公共关系的一半在内部?
2. 处理内部员工关系的基本要求是什么?请谈谈你的理解。
3. 媒介关系的重要性体现在哪些方面?
4. 社区关系协调的策略有哪些?请举例说明。
5. 为什么政府关系很重要?你认为该如何处理?

第四章 公共关系传播
——公共关系的手段

■ 内容提要 ■

本章主要介绍公共关系传播的基本理论，对时下公共关系传播的现象进行了有针对性的剖析；对公共关系传播的模式进行了分类；介绍了公共关系传播的技巧。

通用汽车的博客公关

通用汽车为了影响大众传媒对自身的报道，通过公关公司设立了专门的博客日志网站，从而让主流媒体记者在搜集信息时，可以获得有利于自己的信息。

通用汽车的 FastLane 博客是最受欢迎的企业博客之一，通用汽车北美公共关系副总裁盖瑞·葛雷特斯（Gary Grates）曾经这样回忆 FastLane 博客的诞生："鲍勃·鲁兹，我们 73 岁的副主席，在一次坐飞机从欧洲回来时，看到了一些博客有关于通用的帖子。他打算回应其中的一些问题。他说：'可是我要怎么回应呢？'这句话成了通用汽车 FastLane 的起点。"通用公关部门的技术人员将鲁兹所写的关于新"土星"车型设计的文章输入一个可供阅读的模板中。FastLane 就这样诞生了，时间是在 2005 年年初。

FastLane 由汽车业传奇人物、通用汽车副总裁鲍勃·鲁兹主笔，话题集中在汽车设计、新产品、企业战略等方面。这一博客的日浏览量近 5000 人，对每个话题的评论都有 60 到 100 条。客户、行业分析人士、传统媒体都给予 FastLane 博客以很高的评价。因为通用汽车是唯一一家愿意让客户公开反馈意见的汽车公司，因此，通用汽车获得了极高的声誉。

第一节 公共关系传播的含义

传播一词源于拉丁文 Communicate，意为"共同分享"，它通常是指人与人之间通过一定的符号进行的信息交流与分享，是人类普遍存在的一种社会行为。1988 年出版的我国第一部《新闻学字典》将传播定义为："传播是一种社会性传递信息的行为，是个人之间、集体之间以及集体个人之间交换、传递新闻、事实、意见的信息过程。"

一、公共关系传播的含义

公共关系的主体是社会组织，公共关系的客体是社会公众。那么社会组织是如何去影响公众，对公众进行引导和利用呢？就是运用传播。传播是社会组织开展公共关系工作的工具和手段，是社会组织和公众之间的纽带和桥梁。社会组织和广大公众的沟通在很大程度上是依靠传播来完成的。一般来说，组织和社会公众之间产生误解，往往是由于沟通不够、信息不畅造成的。因此，组织在一定范围内，要充分认识到传播的作用，充分利用有效的传播手段开展卓有成效的公共关系活动，让社会公众充分了解组织的面貌，从而获得良好的社会效益和经济效益。

研究传播的学问就是传播学。传播学又称传学、传意学等。传播学是20世纪30年代以来跨学科研究的产物。传播学和其他社会科学学科有密切的联系，处在多种学科的边缘。由于传播是人的一种基本社会功能，所以凡是研究人与人之间的关系的科学，如政治学、经济学、人类学、社会学、心理学、哲学、语言学、语义学、神经病学等，都与传播学相关。它运用社会学、心理学、政治学、新闻学、人类学等许多学科的理论观点和研究方法来研究传播的本质和概念，传播过程中各基本要素的相互联系与制约，信息的产生与获得、加工与传递、效能与反馈，信息与对象的交互作用，各种符号系统的形成及其在传播中的功能，各种传播媒介的功能与地位，传播制度、结构与社会各领域各系统的关系等。此外，传播学还要借鉴自然科学中的信息论、控制论、系统论等，所以，人们称它为边缘科学，意思是处在多种学科的十字路口。各种社会学科的理论又往往成为传播学理论的一部分。但是，传播又有它自身的理论，是其他社会科学所不能代替的。[一]

二、公共关系传播的意义

（一）传播信息，树立形象

随着社会经济的发展，信息和知识在社会生产和生活中所起的作用日益突出，经济的竞争转变为信息的竞争、知识的竞争。"信息就是金钱""知识就是财富"已成为当今信息革命的潮流。在公共关系传播中，通过组织与其成员以及环境之间的信息交流、沟通，来塑造组织的良好形象。组织通过与社会环境的信息交流与反馈，争取社会公众的理解和支持，实现应公开的信息与公众信息互通，引导社会舆论，树立良好的组织形象。企业公共关系传播的实质是建树良好的企业形象。

（二）增加企业内部的凝聚力

一个企业的力量，关键在于其内聚力的强弱，而内聚力最终形成是企业管理层与普通员工共同协调、融合、沟通的结果。公共关系通过横向与纵向的沟通方式，以出版内部刊物、设立公司网站、设置经理信箱等方式，提升员工对企业的认知与认同，最终令企业形成强大的内聚力。

[一] 威尔伯·施拉姆，威廉·波特. 传播学概论 [M]. 北京：新华出版社，1984.

(三) 创造企业良好的生存与发展环境

可口可乐、联合利华等跨国巨头在进入中国之时，都十分重视公共关系传播的运用，它们通过捐助希望小学、绿化环境等一系列的公共关系传播活动，取得中国政府、媒体、公众的好感。在一个环境多变、社会经济文化快速发展的社会，企业要获得稳步发展，除了自身的努力之外，政府的支持、社会的肯定、客户的认可都是令企业获得快速发展的巨大动力。公共关系传播的目标就是要创造这种良好的发展环境。

案例 4-1

传播创造价值

美国雪茄制造商曾经面临一场巨大的行业危机。由于政府立法明确禁止香烟制造商在许多公众媒体上刊登广告，同时民间的反对吸烟的呼声也日益高涨，一场又一场规模浩大的反对吸烟的示威活动，将雪茄制造商推到进退维谷、四面楚歌的境地。雪茄在公众心目中的负面形象不断加强，而新产品的良性信息却无法向公众传达。在短短三个月时间中，整个美国雪茄的销售量下降了三成，全行业面临着全面萎缩的危险。

作为媒体最大的广告商之一，雪茄制造商多年来一直都是依靠巨额的广告费打开市场销路，建立竞争的优势。但现在，他们忽然间发现生存空间越来越小，不仅信息宣传渠道锐减，同时社会反对的呼声也不断上升。整个行业要何去何从？

美国雪茄联合会临危出马，与本土一家优秀的公关公司合作，通过一系列的公关宣传方案，力挽狂澜，试图将这种不利的局势扭转过来。雪茄联合会明白，决定雪茄制造商未来生死的不是政策、法规、竞争等其他因素，而是人们对雪茄的看法以及雪茄在人们心目中的形象。要改变人们对雪茄的负面印象、建立雪茄良好的社会与产品形象，当务之急就是要在雪茄与社会公众之间建立起某种情感的联系，而这就要依靠活动、传播、事件等一系列的公关方案，去完成与社会公众之间的情感沟通。

在公关方案中，雪茄联合会首先突出了雪茄与人生幽默之间的本质联系，表现出吸雪茄者在面对人生逆境时，那种敢于自嘲、坦然面对的勇气，同时更重要的，是突出雪茄深层次的功能——吸雪茄是一种精神放松的最好表达方式。针对以上主题，他们采取了一系列主题明确但又表现巧妙的公关活动。例如举行了"吐温之夜"，借助模仿著名作家这一勇敢、智慧、幽默的雪茄爱好者的形象，来表现吸食雪茄者同样具有乐观勇敢的个性，引起了目标客户的强烈共鸣。

凭借社会公众对马克·吐温的喜爱与尊敬，雪茄联合会巧妙地将这种情感延伸到雪茄之上，极大地激发了吸雪茄者的内心尊严，也表达了"只有成功者才会吸雪茄"的理念，引发许多雪茄爱好者甚至非雪茄爱好者的内心共鸣。

由于长期以来，美国民间有一项古老的民俗，刚做父亲的男性会向自己周围的亲朋好友赠送雪茄，表达自己兴奋而又紧张的心理感受，但是这项传统正在逐渐衰落。所以雪茄联合会抓住这项古老的民俗，将其灌入现代的表达情感，举办了"放松点，吸根雪茄吧"与"雪茄情人节"等活动，将雪茄定位为人们舒缓情绪的最佳表达方式。这些活动不仅吸引了大批的参与者，更唤起许多人内心潜藏着的某种怀旧的情结。

在活动的辅助下，雪茄协会又通过新闻传媒，借助雪茄爱好者之口，向公众表达雪茄在生活中不可或缺的作用——面包是身体的食粮，而雪茄则是精神的食粮。这些宣传得到众多雪茄爱好者的认可。

在雪茄联合会系列公共关系方案实施三个月后，不仅民间反对吸雪茄的呼声减弱了许多，同时整个美国的雪茄销售激增近三成。

案例讨论：美国雪茄联合会进行此次公共关系传播的价值有哪些？

三、公共关系传播的要素

公共关系传播是组织运用传播手段向公众传递信息的过程，它经历了由传播者到受传者的全过程，因此，也应当包含传播过程的五个要素。

（一）公共关系传播者

公共关系传播者是组织信息的采集、发布者，是代表组织行使传播职能的人。公共关系传播者是公共关系的主体，它的任务是将外部的信息传达给组织内部公众，将有关组织的信息发布出去，传递到目标公众那里。

（二）公共关系传播内容

公共关系传播内容是指传播者发出的有关组织的所有信息。它大体上可以分为如下两类：一类是告知性内容，即向公众介绍有关组织的情况——它的目标、宗旨、方针、经营思想、产品和服务质量等。在信息传播过程中，告知性内容往往以动态消息或是专题报道的形式出现。另一类是劝导性的内容，即号召公众响应一项决议，呼吁公众参与一项社会公益活动，或者劝说人们购买某一种牌子的商品。在利用大众传媒进行宣传的过程中，企业发布的此类内容，多以商业广告的形式出现。

（三）公共关系传播渠道

所谓传播渠道，是指信息流通的载体，也称媒介或工具。人们通常把用于传播的工具统称为传播媒介，而把公共关系活动中使用的传播媒介，称之为公共关系媒介，可供公共关系人员利用的传播媒介有两种：一种是大众传播媒介，一种是人际传播手段。具体来说，公共关系传播媒介是各种各样、丰富多彩的。常见的是语言媒介，如报纸与杂志、书籍与纪念刊、海报与传单、组织名片与函件等；还有电子媒介，如广播、电视、录音、录像、电影等；也有标识，如摄影与图片、商标与徽记、门面与包装、代表色等；此外还有非语言传播媒介，如表情、体态、目光等。网络媒体渠道作为新媒体渠道，在公共关系传播中发挥了重要作用。

（四）公共关系传播对象

目标公众即组织外部公众是指那些与组织有着某种利益关系的特定公众。它们是大众传播受传者中的一部分，是组织意欲影响的重点对象。这类公众的特点是：①目标公众是有一定范围的,是具体的、可知的,也是相对稳定的,即每个组织都有自己的特定公众。②公众是复杂的。尽管某些个人由于某种共同性构成了某一组织的公众,但他们之间还是有明显的差异。③公众趋向集合。企业与公众之间的利益关系变得突出时,原来松散的公众集合体就会趋于集中,显示出它特有的集体力量。④公众是变化的。企业与公众之间的利益关系结束了,这一类公众就不复为该组织的公众。

(五)公共关系传播效果

公共关系传播效果,是指目标公众对信息传播的反应,也是公共关系人员对传播对象的影响程度。

人们对传播效果的研究经历了半个多世纪的历程,先是提出"传播万能论",继而提出"有限效果论"(以"两极传播"为主要内容),后来又由"两极传播模式"发展为"多级传播模式"。传播效果理论的演变告诉我们,大众传播媒介固然能够改变受众原有的观念,但其效果不是无限的。在实际工作中,公共关系人员不能把大众传播媒介作为唯一的手段,而应当将它与人际传播、组织传播等多种方式结合起来,以便收到更好的效果。同时,受众的被动地位是相对的,他们对信息的注意、理解和记忆都是有选择的。公共关系人员可以通过各种调查手段(如观察、访问、文献分析、抽样调查等)了解公众对信息的接受程度,知己知彼,百战不殆。此外,在信息传播过程中,还要重视专家、学者、社会名流等"意见领袖"的中转作用,设法通过他们来影响公众。

第二节 公共关系传播的模式

一、传播模式

传播模式是指为了研究了解传播现象,采用简化而具体的图解模式来对复杂的传播现象、传播结构和传播过程进行描述、解释和分析,以求揭示传播结构内部因素之间的相互关系。1950年怀特提出守门人模式,现在已经得到美国大众传播学者的普遍承认。学者们认为,大众传播媒介在向公众传递信息的过程中,起着过滤的作用。以新闻为例,通讯社决定发布的新闻只占已发生的重要新闻的1%,而读者最后从报纸上看到的新闻又只占通讯社发布的新闻的1%~2%。主管这种过滤工作的记者和编辑,就是大众传播媒介的守门人。公共关系传播者发出的信息,只有顺利通过守门人这一关,才能经媒介流向公众。对于公共关系人员来说,这将是一个考验。之后麦克内利于1959年提出了新闻流动模式。另一个对守门人理论做出贡献的是巴斯,他于1969年提出了新闻流动的"双重行动模式",将新闻传播分为新闻采集与新闻加工两个阶段。

(一)拉斯韦尔线性传播模式

1948年传播学的奠基人之一,美国著名社会学家、政治学家哈罗德·拉斯韦尔(H. D.

Lasswell）提出了一个被誉为传播学研究经典的传播过程的文字模式，即"一个描述传播行为的简便方法，就是回答下列5个问题：①谁（Who）？②说了什么（Says what）？③通过什么渠道（Through which channel）？④对谁（To whom）？⑤取得什么效果（With what effect）？"拉斯韦尔五因素传播模式把繁杂的传播现象用五个部分高度概括，虽然不能解释和说明一切传播现象，但抓住了问题的主要方面，不但提出了一个完整的传播结构，还进而提出了五部分的研究范围和内容，从而形成了传播学研究的五大领域，为传播学研究奠定了基础。如图4-1所示。

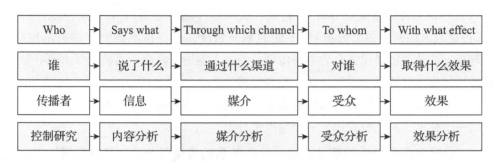

图4-1 拉斯韦尔五因素传播模式

（二）施拉姆双向传播模式

美国学者威尔伯·施拉姆用双向传播模式把传播描述为一种有反馈的、信息双向循环往复的过程。这种模式是一种双向的循环式运动过程。它与传统线性传播模式的根本区别在于：①它引进了反馈机制，将反馈过程与传受双方的互动过程联系起来，把传播理解成为一种互动的、循环往复的过程；②在这一循环系统中，反馈还会对传播系统及其过程，构成一种自我调节和控制，双方要使传播维持、发展下去，达到一定的目的，就必须根据反馈信息，调节自身的行为，从而使整个传播系统基本上始终处于良性循环的可控状态。双向传播模式注重双赢，其方法要则为：坦诚、沟通、信任、理解、谈判、让步、妥协、调解与协作。传播事业在发展，双向传播模式是发展大趋势，将获得巨大市场。随着信息时代、传媒时代的到来，双向传播模式将会是其发达的标志。如图4-2所示。

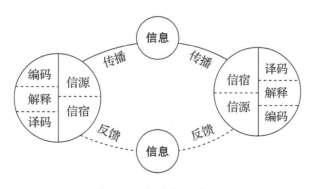

图4-2 双向传播模式

二、公共关系传播模式

根据不同的标准，公共关系传播可以分成不同的类别，对公共关系传播进行不同的分类，可以对公共关系传播有更加深刻的理解和把握。公共关系传播模式就是公共关系传播过程中经常被使用、并已经被约定下来的形式。实际上，传播模式和传播形式二词并没有什么大区别。不同的公共关系教材，对公共关系的传播模式或形式，都有不同的解释和分类。

我们认为，研究公共关系的传播模式或形式，都要回答清楚以下几个问题，谁传播（控制分析）？向谁传播（受众分析）？传播什么内容（内容分析）？传播途径是什么（媒介分析）？传播效果如何（效果分析）？不同的划分角度，会得出不同的公共关系传播分类。例如，有专家把公关传播模式分为单向传播、把关人理论、两级传播模式等，也有专家把公共关系传播分为单向传播、双向传播、互动传播等。

对公共关系传播的任何分类都要有标准，同一层次的分类标准应该是统一的，而不是对甲模式用一个标准，对乙模式用另一个标准来分类。

（一）根据组织和公众的互动情况，公共关系的传播可分为对称性传播、非对称性传播和反对称性传播

1. 对称性传播

对称性是指在 A 与 B 之间，如果 A 对 B 有正向的投入，反过来 B 对 A 也有相应的正向回报，A 与 B 之间就具有了对称性。笼统地说，就是双方的对比平衡。这种对称性运用到公共关系传播上，A 通常就是指组织，B 通常就是指公众，当组织为了自己的利益对公众进行公共关系宣传时，公众因得到某种实惠会迎合组织从而形成良好的互动。公共关系的对称性传播中，组织和公众的传播是平等交流的，组织对公众"投之以桃"，公众对组织"报之以李"。组织付出的是公共关系工作的努力，得到的回报是公众对自己产品或形象的认可，公众得到的是组织最好的产品或良好的服务，而付出的是对组织的表扬。对称性传播是组织公共关系的理想状态，组织和公众处于良性互动状态，各取所需。

公共关系的对称性传播需要有两个必要条件。第一，组织本身必须具有良好的公信力，有较高的社会责任和社会公德意识，公众对组织的所作所为深信不疑；第二，社会文明程度较高，社会风气较正，公众多具有良好的社会公德。

2. 非对称性传播

非对称性是指在 A 与 B 之间，如果 A 对 B 有正向的投入，反过来 B 对 A 没有相应的正向回报；或者 A 对 B 来势汹汹，而 B 对 A 反馈较少，A 与 B 之间就是非对称性。笼统地说，就是双方的对比不平衡。

这种非对称性运用到公共关系传播上，A 通常就是指社会组织，B 通常就是指公众，当组织为了自己的利益对公众进行公共关系宣传时，组织并没有从公众那里得到所期望得到的回报和反馈，尽管组织付出了相应的代价，但从公众那里得到的互动和回报寥寥。组织"投之以桃"，公众并没有"报之以李"。公众对组织缺乏了解，组织对公众宣传不够，二者

之间没有形成良好的互动,或者仅有一些很少的互动。或者公众对组织的公共关系活动比较冷漠,冷眼观之,和组织投入的公共关系代价不成正比。这时,组织的处境是比较尴尬的,是公共关系实践中最不愿看到的情况,有一种进退两难的感觉。这种关系表明,公众对组织还缺乏了解和认识,组织的公共关系活动不被认可,组织和公众没有形成良好互动。这种非对称传播比较多见,也容易理解。

案例 4-2

专家解析网络水军

2010年7月14日,香港娱乐八卦媒体壹周刊刊登了一篇题为《霸王致癌》的文章,文章爆料超级明星成龙、王菲代言的霸王品牌旗下洗发水产品含有致癌物质二噁烷。当天,国内各大网站纷纷转载此篇报道,引起轩然大波。后来,虽然经权威部门证实报道不实,霸王的商誉却已受到严重损伤。"网络水军"在此案例中呼风唤雨的舆论操纵能力令人记忆犹新。上面这个例子的特点是通过网络水军无中生有,一手策划并炒作出来的。对此,中国人民大学副教授葛傲天认为,网络平台是一个自由、平等、开放的公共舆论空间,它的一个特点是,当一方的声音过于强大时,独立、理性、客观的声音往往就会消退,因为谁也不愿意逆势而上,成为网络上的"众矢之的"。因此"网络推手"的拿手好戏之一,就是迎合网民大众的心理和趣味,将时下的新闻热点和网民情绪结合起来,通过"借势"和"造势",使部分网民在无意之中充当了其炒作的"托儿"或者"打手",一旦舆论的洪流聚集,就很快以不可阻挡的力量席卷网络。㊀

"网络水军"是有组织的、以赢利为目的、松散的网络造势团体,当事人出于某种商业或名誉目的,出资给网络公关公司,雇用闲散的网民,通过海量的转帖、跟帖、点击,形成虚假的网络民意,这就是典型的"网络水军"行为。网络水军形成的传播基础有两个,一是大众的猎奇心理;二是铺天盖地一边倒的非对称传播效果。

这样的例子还有,某国内某牛奶品牌的个别人使绊子诋毁中伤另一个知名牛奶品牌;某品牌矿泉水在某省突然因质量"不合格"遭遇禁售等等。从这些例子可以看出,公共关系的形象战略有被变成一种武器的可能,有可能演变成一种肉眼看不见的公共关系"战争"或形象"战争"。你能塑造自己的形象,我就可以破坏你的形象,通过攻击对方形象来抬高自己形象,这种反向思维的"形象战略"看起来是很可怕的。这种发展和演变对公共关系来说无疑是一场最大的悲哀。公共关系自出现发展到今天,其奉行的基本底线一直是"只夸自己好",而决不允许攻击对方。如果公共关系哪一天演变为去攻击对方,那公共关系就不再是公共关系了。尽管这种手段现在只处于萌芽状态,但我们要见微知著,观察它的发展演变。

3. 反对称性传播

所谓反对称性是指在 A 与 B 之间,如果 A 对 B 有正向的投入,反过来 B 对 A 肯定没有

㊀ 人民网 2011-1-25 9:00:13 来源:人民日报 作者:佚名 http://www.people.com.cn/

相应的正向回报，甚至对A有明显的敌对回报，这时A与B之间就具有了反对称性。

这种反对称性传播表现在公共关系传播上，A通常也指社会组织，B通常也指社会公众。A对B"投之以桃"，但B对A不但不"报之以李"，甚至"报之以怨"。组织会去做公共关系工作，会去向公众宣传，影响公众，但组织所做的公共关系工作最后不但收不到回报效果，甚至还会受到来自社会公众的广泛非议，使组织的形象受到损失。造成这一结果的主要原因是组织开展公共关系的目的不纯，往往是打着公共关系的幌子，暗地做着不可告人的勾当。

在社会现实中，这主要表现为公关传播失利和伪公关两种。公关传播失利主要是指公共关系的初衷是好的，公共关系的过程也是正确的，只是由于某种失误致使引起公众的某种误解，公众不接受组织的公关宣传，不认可组织的形象，不接受产品或服务，甚至出言不逊。而伪公关是指打着公共关系旗号，干的却是破坏组织形象的事情，做着损人利己的勾当。伪公关最典型的特征就是它的初衷就不是为了公关，虽然打着公关的幌子，表面上进行公共关系工作，但骨子里却是反公关而行之的。这种伪公关至今屡禁不绝。例如，一些企业一方面大搞捐赠，宣传慈善，另一方面却生产伪劣产品，坑骗消费者；一些企业一方面鼓吹企业社会责任，另一方面却排放污染物，污染空气，和当地百姓严重对立；一些企业一方面大力进行公关宣传策划，塑造企业形象，一方面却在蒙骗消费者，产品以次充好，售后服务不完善，店大欺客；一些企业喜欢做表面文章，过分夸大公共关系的作用，把公共关系看成企业兴盛的万金油，随意涂抹，但在企业生产经营中又屡屡有不规范的行为，让消费者嗤之以鼻。凡此种种都是伪公关的表现。

案例4-3

家乐福、沃尔玛价格欺诈被发改委通报

2011年春节前夕，国家发改委通报：经地方价格部门调查，近期多地消费者举报的家乐福等超市价格欺诈问题属实。国家发改委已经责成地方价格部门对涉嫌价格欺诈的超市进行处理，没收违法所得，并处违法所得5倍罚款；没有违法所得的或无法计算违法所得的，最高处以50万元的罚款。类似的问题在上海、哈尔滨家乐福，沈阳、南京沃尔玛都存在。[一]

沃尔玛和家乐福都是世界知名的零售业连锁集团，从建立到现在都经历了无数的风风雨雨，进行过无数次的公共关系，都为打造自己的企业形象付出了无数的心血，也都曾赢得广大社会公众的青睐。据搜智调查网公布的信息表明，2009年，中国老百姓"平时最喜欢去的超市"占第一位的是沃尔玛，为50.8%；占第二位的是家乐福，为11.8%，其次才是其他超市。[二]从国家发改委2011年的通报来看，沃尔玛和家乐福就有伪公关的嫌疑。它们利用在社会公众心目中的良好形象，利用已经取得的公关效果去达到极端盈利的目的。为了利

[一] 人民网 http://www.people.com.cn/，2011年01月27日

[二] 搜智网2009年度关于超市购物服务满意度的消费民意调查报表 http://survey.idea360.net/Report/?Wid=19434

益，为了金钱，它们最彻底地暴露了自己的真面目，选择任何手段，甚至不惜牺牲自己多年的良好形象。这两家超市的最后结果是伤害了中国消费者的心，损害了其在中国消费者心中的地位，形象严重受损，消费者对其非议颇多，网上曾一度有人又要掀起抵制沃尔玛和家乐福的活动。短期内，老百姓选择了用脚投票，去这两家超市购物的百姓肯定减少，老百姓对这两家超市的怨气肯定不少，其美誉度将大大降低，这两家超市的利益肯定受损。

这就是典型的反对称公关传播的例子。

需要说明的是，非对称性公共关系传播只是缺乏互动，但还没有发展到对立的地步。非对称性公关传播形成的基础是缺乏了解、缺乏信任。而反对称性公关传播是公众对组织有意对立，有意不互动，以有意对立为基础。非对称性公关传播如果处理不好，很容易演变为反对称性传播方式。我们应当界定好什么是公共关系非对称性传播，什么是公共关系反对称性传播。

（二）根据传播者和传播对象的不同，公共关系传播还可以分为：人际传播、组织传播、大众传播、实体传播、模型传播、现场活动传播和综合形态传播七类

1. 人际传播

人际传播是个人和个人之间的信息传播活动，也是由两个个体系统相互连接组成的新的信息传播系统。人际传播可以分为一个人对一个人的，这是点点传播；也可以分为一个人对多个人的，这是一点对多点的传播；还可以分为多人对多人的，这就是多点对多点的传播。人际传播是社会生活中最直观、最常见、最丰富的传播现象，各种场合的谈话聊天、书信往来、打电话、通过互联网互发电子邮件都是人际传播。人际传播最主要的工具是有声语言，就是说话，但可以延伸出书面语言传播、服饰语言传播、体态语言传播、表情语言传播、仿生语言传播、音乐语言传播、类语言传播等形式。

人际传播的特点是：①传播的内容最复杂，最丰富；②人际传播的双向性强，反馈及时，互动频度高。

人际传播是公共关系传播的基础，也是公共关系传播最重要的传播方式，还是其他传播的出发点。

2. 组织传播

组织传播是指以社会组织为主体所进行的信息活动。这包括两个方面，一是组织内部传播，二是组织外部传播。组织传播是相对个人传播来说的，组织传播最大的特点是传播主体以组织的面目出现，而不是以个体出现。尽管代表组织出面的也是个体的人，但说话的立场、口气，表达的观点，达成的协议，做出的让步都是组织整体的意志，而不是某个个人的意志。这时的个体人都已经隐去了私人身份，其言行都以组织代表的面目出现。

公共关系的组织传播功能主要有以下几点：①组织内外协调；②组织内外指挥管理；③决策应变；④形成共识，保持战斗力；⑤对外开展活动。

由于是组织传播，所以组织的传播形式就出现了文件、报告、会议、报刊等，这些都是人际传播中所没有的。

3. 大众传播

我们引用郭庆光《传播学教程》的定义："所谓大众传播，就是专业化的媒介组织运用先进的传播技术和产业化手段，以社会上一般大众为对象而进行的大规模的信息生产和传播活动。"[一] 现代大众传播的媒介主要有报纸、杂志、广播、电视、互联网、手机等等。这些媒介可以在瞬间把各种信息发至全世界，可以在瞬间让全世界的人们都知道正在发生和将要发生的事情，现代大众传媒手段可以在信息发生的同时，同步传递信息而没有任何时间差。

大众传播的特点有以下几点：①大众传播中的传播者是从事信息生产和传播的专业化媒介组织；②大众传播是运用现今的传播技术和产业化手段大量生产；③大众传播的对象是社会上的一般大众；④大众传播的信息具有商品属性；⑤从传播过程来看，大众传播属于单向性很强的传播活动；⑥大众传播是一种制度的社会传播。

在大众传播中，出现了新的传播形式——网络传播。网络传播是利用计算机网络技术进行的传播，这种传播的最大特点是传播范围具有全球性、传播速度快、传播几乎不需要成本，人人都可以是这个平台的主动传播者，也可以是被传播者，角色转换迅速，互动范围广且深。

网络传播发展到今天，其在公共关系方面最大的作用不在于利用网络去树立形象，而在于它可以迅速破坏形象。一些企事业单位的负面报道通过互联网可以在一夜之间传遍全世界，持续发酵，对企事业单位的形象造成极大的破坏，使单位一夜之间处于极大的危机之中，甚至在极短时间内就可以断送企事业单位或个人的前程。"三鹿毒奶粉事件""5.12 大地震时的范跑跑事件""最牛县委书记事件""湖南邵东官员孩子冒名顶替上大学事件"以及另外一些公众人物不光彩的事件等，都是因为其事件通过网络传播而酿成公众事件的。现在可以看出，网络传播的公共关系效应越来越显现，网络传播对公众的影响越来越大，网络传播的重要性也越来越重要，公众对网络传播的认识也越来越深刻。网络传播的正效应已经能够看得很明显，网络传播的负效应也同样不能小觑。

4. 实体传播

这种传播的最大特点就是向公众展现事物本身，让公众通过对事物本身的把握去感受。公共关系对实体的传播已经延伸到，让公众进入公关主体——即企事业单位亲自感受现场氛围，对公关主体亲自考察，通过现场体验得出自己的体会。这种传播的特点是，现场真实感强，感受力强，可信度强，收到的效果最好。如每年的高考招生，一些院校为了招到满意的学生，就把考生召集到自己的学校，带领考生参观学校，让考生亲自感受高校氛围，极大地鼓舞了考生报考该校的积极性。

5. 模型传播

模型传播是指将实物按照实体比例做成模型，让公众通过看模型去感触实体。公共关系对模型传播已经延伸到对公关实体的模型复制。主要表现在，当一些公关实体无法现场展示

[一] 郭庆光. 传播学教程 [M]. 北京：中国人民大学出版社，1999：111.

时，就用模型替代公关实体。这样做，虽然没有现场的真实感强，但却是仅次于现场展示的最好替代方法。例如，高校教育展览，每个高校不可能把高校搬到展览现场，就依照比例把学校缩小成模型，把模型摆到现场，也可以比较好地展示学校的全貌，比仅仅用数字和照片说明更有立体感，也给人较强的直观感受。

6. 现场活动传播

这是集群体传播和组织传播于一体的公共关系传播活动，这种方法是以各类公共关系的群体活动为载体，通过活动平台，展示公关主体的形象，传播公关主体的理念和精神，听取公众的声音，征求公众的意见。这种传播的特点是声势大，公众多，宣传效果直接，公众之间也相互感染、相互印证，对公共关系具有较多的正面效应。企事业单位的各种大型业务方面的活动多属于这类传播。

7. 综合形态传播

这种传播方式是综合运用两种以上的传播形态，来达到公共关系的目的。其实现场活动传播就是一种多形态传播，现场活动传播往往会把文字、图像、声音、模型、人际等等传播形态综合起来使用，以期达到最好的传播效果。

（三）根据传播的互动结果及公众对组织情感因素的有无或多寡，公共关系传播可分为正向传播、反向传播与废传播

信息的传播像一条正在流动的河流，奔腾往复，不会停息。但和河流不一样的是，信息传播是一种由无数有形和无形的空间信息线交织而成的信息流。在公共关系的信息传播中，这种信息流会以组织和公众为两端来回川流不息。这个河流中会汇聚着无数的正信息，也会有无数的负信息，还会有分不清好坏的中性信息，更会有一些你所不需要的废信息。

所谓的正信息、负信息和废信息都是相对于特定组织来说的，这些正信息和负信息都是由社会公众发出的对特定组织的一系列的具体评价。所谓正信息就是对特定组织评价较好的信息，所谓负信息就是对特定组织评价不好的信息，所谓废信息就是对特定组织暂时无用的信息。在无数的信息流动中，对任何特定组织都会有好的评价，也会有不好的评价，也会有暂时没有用处的信息。

1. 正向传播

所谓公共关系的正向传播，就是信息流中对特定组织的公共关系的主流多给以正面的肯定，信息流中的评价信息以正信息为主，也就是以好的评价为主。这是进行公共关系工作所要追求的目标，说明组织的公共关系状态还不错，组织开展的公共关系工作卓有成效，组织在公众中的形象还可以。但对正向传播，也要进行加细分析，要从正向传播中找到负信息的内容。即使都是正向传播，也不表明公共关系所有状态、所有方面一切都好，要看看评价好的主要集中在哪些方面，哪些地方评价还不够好，不够多，还需要加以改进，要在正向信息中分析出反向内容，分析出薄弱点。

2. 反向传播

所谓反向传播就是信息流对特定组织的评价以负信息为主，也就是以不好的评价为主。

应该说，在互动中，负信息评价过多总是不好的，说明公共关系工作还有需要改进的地方，说明组织的形象还需要进一步提升。但反向传播的评价是一面很好的镜子，指出了我们努力的方向，这些负信息评价给了我们动力，可以促使我们改进不足。因此，遇到反向传播我们并不应该害怕，而是要闻过则喜，闻过则改。同时，我们也要从反向传播中分析出正向的信息内容，加以坚持。上面举出的家乐福、沃尔玛的例子，对这两家跨国公司来说，都是典型的反向传播。

在公共关系现实中，任何公共关系的开展不可能都是成功的，公共关系也不是万能的，公共关系工作的具体操作者的水平也有高低之分，组织中人员的文化素质和修养水平也参差不齐，对组织公共关系的理解也不尽相同。所以，作为特定组织，其公共关系不可能都是一帆风顺的，有时会有反向传播的情况出现。出现公共关系的反向传播也是难以避免的，这正如任何一个人，让所有的人都说你的好话是不可能的。因此考察一个组织的公共关系状况，要全面考察，尽可能多地掌握情况，不要偏听偏信。

3. 废传播

所谓废传播就是信息流对特定组织的评价都是暂时不需要的，或者谈不上好坏的。废传播只是劳而无功，但不一定就是不好的，或者是组织进行的公共关系活动没有得到希望得到的反响，公众反馈过来的信息对组织来说暂时不需要。废传播不是公共关系的非对称性传播。公共关系的非对称性传播是公众对组织的公共关系没有反应，没有互动。废传播也不是公共关系的反对称传播，反对称传播是带有憎恶和讨厌色彩感情的传播，废传播只是暂时无用的传播。

第三节 公共关系传播的技巧

一、善于利用传媒

从公共关系产生的历史看，是政府和企业的媒体公关造就了公共关系这个新职业。早在美国的"便士报运动"时期，美国的企业就开始利用媒体来宣传自己，利用传媒收集环境、市场和行业变化信息，以及公众的需求信息，据此调整企业产品、服务和经营行为。世界第一个公共关系咨询公司是由曾任美国《纽约时报》的记者艾维·李在1903年建立的。这些都说明公共关系从一开始便与新闻媒介结下了不解之缘。

对组织而言，与新闻媒介的关系是组织的一种极其重要而又特殊的公共关系。一方面，新闻媒介是组织实现公关的手段；另一方面，新闻界本身就是组织的重要公众。传播学认为，大众传播到达和影响公众的途径是分两步走的：首先是传播内容被"意见领袖"接纳，然后再通过"意见领袖"传播出去。这里的"意见领袖"是指专家学者、社会名流、新闻记者等有影响力的重要人物，其中新闻记者的作用尤为重要。因为任何专家学者、社会名流的意见最终都必须由新闻记者通过新闻媒介传播出去，故领导人要善于利用新闻媒介。新闻媒介可以迅速地、真实地、大范围地在公众中树立、传播良好形象。因而善待记者就是公关人员必须要把握的一个原则。

善于利用传媒包括以下内容。

（一）处理好企业与新闻媒介的关系

在西方国家，把新闻媒介比作独立于立法、司法、行政三权之外的第四种权力，记者被称为"无冕之王"。因此，保持与媒介的良好合作关系，以取得理解、支持，是企业塑造形象、沟通公众关系的重要条件。搞好媒介关系，一方面可以迅速提高企业知名度、扩大企业社会影响；另一方面，当企业面临危机时，能获得媒介的同情和支持，积极引导舆论，以矫正视听、重塑形象。

（二）新闻报道必须选择好事实

选择好事实要求先对组织内部的各种事实进行筛选，抓住了好的报道题目，往往就成功了一半。选择的标准是事物的新闻价值。新闻价值是指该事实自身所具有的重要性、层次性、新鲜性、接近性、及时性和趣味性。对于层次性的特点，是指有的事实具有全国性的报道价值，有的具有地方价值，有的只具有本单位价值等。公关人员要学会根据事实价值的大小选择不同级别的媒介。

（三）善于进行新闻策划

新闻策划本来是一个新闻学的概念，其原意包括两种类型：一种是新闻事实发生后，新闻从业人员商量如何采访、如何提炼主题、如何划分段落、如何制作标题、如何美化版面等等，这是对新闻报道的策划。另一种则是新闻从业人员依据新闻报道的需要，遵循事物发展的一般规律，参与到新闻报道赖以生存的新闻事件或活动之中，为新闻报道奠定基础，提供对象和素材。由此而写出来的报道都是策划新闻，或策划性新闻。这里所指的新闻策划特指公共关系人员对新闻事件或活动的策划，即由公共关系人员参与设计、促成新闻事件的发生并吸引媒体加以报道的行为，称之为新闻事件策划或新闻本源策划。经过新闻策划而产生的策划新闻与"制造假新闻"完全不是一回事。

为了搞好新闻报道策划，必须正确认识新闻策划。

1. 新闻策划不是制造新闻

新闻是客观事物的反映，是对那些已经发生的、正在发生的或将要发生的事实的报道。公共关系人员是事件的参与者、组织者、甚至是实施者，而记者则是新闻的报道者，他们都不是新闻的制造者。如果承认公共关系人员与记者能够制造新闻，那假新闻就可能满天飞，传媒就会失去它存在的价值。新闻策划不能与制造新闻混为一谈。

所谓的新闻策划，是指在承认新闻是客观事物的反映这一前提下的策划。新闻策划是发挥公共关系人员的主观能动性和创造性思维的一种表现，按照公共关系规律与新闻规律办事，实行新闻资源的最佳组合和配置。

2. 有利于充分发掘事件的新闻价值

新闻策划可以说是多人的集体创作，它集中了集体的智慧，能够在不引人注目的新闻线索群中发掘"价值昂贵的珍宝"和"带着露珠的鲜花"。新闻策划能够极大地开拓和有效地利用企业的新闻资源。不仅可以敏锐地看到眼前发生的事实,而且可以敏锐地回忆过去发生的历史,是可以科学地预测未来,找到过去、现在和未来之间的发展规律。

案例 4-4

法国白兰地打入美国市场

法国白兰地,享有盛誉,畅销不衰。20 世纪 50 年代,法国酿酒业打入美国市场时,他们没有采用常规的推销手段,而是邀请了几位公共关系专家,搜集了美国民众饮酒的风俗、法美关系的发展、年内有影响的节假日和庆典活动、艾森豪威尔总统在美国新闻界的影响等信息。

经过详细策划,他们决定抓住法美两国人民的友谊做文章,即借美国总统艾森豪威尔 67 岁寿辰之际,赠送窖藏 67 年之久的白兰地酒作为贺礼,并特邀法国著名艺术家设计制作专用酒桶,届时派专机送往美国,在总统寿辰之日举行隆重的赠送仪式。他们将这一消息通过各种新闻媒介传播给美国。

一时间,关于这 2 桶酒的传说成了美国公众的热门话题,酒未到,人已醉,千百万人翘首盼望这一天的到来。总统寿辰之日,为了观看赠酒仪式,华盛顿万人空巷,美酒驾到的新闻报道、专题特写、新闻照片挤满了当天报纸的版面。当 2 桶白兰地酒由 4 名英俊的法国青年抬进白宫亮相时,群情沸腾,有人甚至大声唱起了法国国歌《马赛曲》。就这样,法国名酒白兰地在热烈的气氛中被摆上了美国国宴。

二、善于运用公共关系广告

广告是利用大众传播媒介或其他户外展示形式向公众介绍产品、服务或观念的一种宣传方式。公共关系广告是为扩大社会组织的知名度、提高信誉度、树立良好的形象,以求得社会公众对组织的理解与支持而进行的广告宣传活动。其目的不在于推销产品或服务,而是希望社会公众了解组织、认识组织、接受组织,是一种不同于商业广告的特殊广告。其与商业广告的不同点在于,公共关系广告不以赢利为目的。除了赢利因素以外,它们之间的不同点还在于,一般的商业广告是向消费者推销某种商品或服务,消费者的收获是有形的;而公共关系广告是向公众传播某种理念,公众的收获是情感上的,是无形的。

相关链接

宝洁公司在 2001 年使用了许多公共关系广告以提升品牌口碑,包括在数量有限的牙医办公室中,或者在网上,或在家庭购物频道销售产品,同时发放价值 270 万美元的印刷广告。这些效果整合之后达到了 15% 的消费者认知度和 2300 万零售额。宝洁公司能够确定 33% 的广告发布前销售是直接与公共关系有关的。此后该品牌在年度的销售中,销售额达到 2 亿美元。[一]

[一] Jack Neff. 公共关系将杀死广告吗? [J]. 广告时代, 2002.

（一）公共关系广告的类型

1. 组织广告

组织广告是传播组织自身各种信息的广告。作为经济组织，组织的广告即指企业广告。企业广告的重点在于介绍企业的自然状况、经济条件及各种有益于社会公益事业或福利事业的各项活动，目的在于让更多的社会公众了解企业，树立良好的企业形象。

2. 响应广告

响应广告是指企业为响应社会或其他企事业单位的号召，支持公益事业的发展，以求社会各界公众的理解与支持而进行的广告活动。此类广告强调的是企业与社会生活各个方面的关联性与公共性。响应广告可以划分为两种形式：第一种是对政府的某项政策、措施或者当前社会活动中的某项重大事件以企业的名义表示响应；第二种是对某新开张或有重大庆典活动的组织或企业，以同行的身份刊登广告以示祝贺。

3. 创意广告

创意广告是企业以自身的名义率先发起某种社会活动，或提倡某种有意义的新观念的广告。创意广告要有明确的主题和目标，以表明企业对社会活动的关心、支持。活动的安排要细致、周到、具有创新意义，从而使企业真正在公众心目中留下"引导时代变迁，推动社会进步"的强烈印象。

4. 形象广告

形象广告是塑造企业的形象，以建立某种观念为目的的广告。它不同于商业广告，因为它不直接介绍企业的产品；也不同于企业广告，因为它也不直接宣传企业的信誉。它是通过广告宣传，建立或改变一个企业或一种产品在社会公众心目中的原有地位，建立或改变一种消费意识，树立一种新的消费观念。而这种新的消费观念的树立，可以使社会公众倾心于某个企业或某项产品。

（二）公共关系广告的特点

公共关系广告的特点是相对于商业广告而言的，一共有5个特点。

（1）商业广告是推销某一种商品；公共关系广告是"推销"某一个组织。

（2）商业广告是通过吸引人们的注意力，引起购买兴趣而起作用的；公共关系广告是通过使人们对该组织产生良好的印象而起作用的。

（3）商业广告的主要作用是推销产品、商品或服务；公共关系广告的内容往往涉及本组织的目标、宗旨、成就、计划、意向、经营或服务的方向等。

（4）公共关系广告的目的是建立整个组织的信誉，扩大整个组织的知名度，因此公共关系广告比商品广告关系更重大。

（5）商业广告常常是短期的、直接取得某种经济利益的传播行为；公共关系广告选择性强，策划与刊登的周期比较长。

（三）公共关系广告策划的基本原则

1. 实事求是原则

从整体上分析，公共关系广告必须遵循实事求是的原则，真实地、客观地进行公共关系广告的设计、编写与制作，以争取更多的社会公众的信赖。

2. 独具风格原则

新开张的企业，在最初制作公共关系广告时，要明确企业信念、行动宗旨、经营方式、服务措施、企业标志等，并使其在特定的公共关系主题下形成企业独特的风格。如果企业在历次公共关系广告中都以自己这种独特的风格出现在公众面前，社会公众就会加深对该企业的印象。

3. 富于创新原则

公共关系广告的具体内容、分析角度、运用手法等都要求新颖别致、富于创新意识，以给社会公众一种清新的活力和奇特的美感。这种广告的创新意识来源于企业在生产经营中新的开拓精神和新的创造成就。

4. 寻求佳时原则

企业公共关系广告，如果是有益于社会、有益于公众的内容，最好避开重大的节日、重大的会议和重大的社会活动，以引起公众的注意与重视。因为在此期间，大众传播媒介都以较多的时间和篇幅报道这些重要的新闻内容，社会公众在这个时期比较关注的也是这些重要的新闻内容。如果在这种新闻旺季刊登公共关系广告，很可能会被社会公众所忽视，从而失去公共关系广告的意义。如果在新闻淡季发布公共关系广告，可以充实人们的社会生活，丰富新闻传播的内容，从而引起社会公众的重视。因此，公共关系广告必须选时适宜。

三、进行良好的人际传播

人际传播是个体与个体之间的信息交流活动，包括面对面直接传播和借助媒介的间接传播。在各种传播活动中，人际传播是最原始、最悠远的传播类型。在社会生活中，一个人不可能脱离他人而独立存在，总是要与他人进行人际传播。特别是现代社会中，人际关系状况已经成为影响人们事业成功的主要因素。特别是在企业施行团队管理时，团队精神就是良好的人际传播和与人合作的精神。美国社会心理学家爱舒尔茨认为，一般来讲，人际传播有三种类型，第一是谦让型。其特征是"朝向他人"，无论遇见何人，总是想到"他喜欢我吗"。第二是进取型。其特征是"对抗他人"，无论遇到何人，总是想知道该人力量的大小，或该人对自己有无用处。第三是分离型。其特征是"疏离他人"，无论遇到何人，总是想保持一定的距离，以避免他人对自己的干扰。

人际关系是在人际传播的过程中形成和发展起来的，离开了人际传播行为，人际关系就不能建立和发展。事实上，任何性质、任何类型的人际关系的形成，都是人与人之间相互传播沟通的结果；人际关系的发展与恶化，也同样是相互交往的结果。传播沟通是一切人际关系赖以建立和发展的前提，是形成、发展人际关系的根本途径。

1. 人际关系的构成

人际关系主要是由认知、情感和行为三个因素组成。认知是人际关系的前提条件，是在人与人的交往过程中，通过彼此相互感知、识别、理解而建立的关系。情感是人际关系的主要调节因素，人际关系在心理上总是以彼此满意或不满意、喜爱或厌恶等情感状态为特征的。假如没有情感因素参与调节，其关系是不可想象的。行为是人际关系的传播沟通手段，在人际关系中，无论是认知因素还是情感因素，都是要通过行为表现出来的。行为是指言语、举止、作风、表情、手势等一切表现出的外部动作，它是建立和发展人际关系的传播沟通手段。

2. 人际冲突

人与人之间关系的好坏，要看人与人之间冲突的多寡，冲突越少，人际传播越好，工作适应也较佳。人际传播冲突的多少则视个人的沟通方式、沟通技巧、人格特质，以及待人处世的态度而定。

3. 进行良好的人际传播应注意的要点

（1）注意外表形象　追求美、欣赏美、塑造美是人的天性。美的外貌、风度能使人感到轻松愉快，并且在心理上构成一种精神的酬赏。公共关系人员的衣着外表、一言一行都代表着公司的形象，因此公共关系人员在平时就应该注意自身的外表形象和言谈举止，以维护公司的良好形象。另外，良好的个人形象也是事业成功的一个有利条件。一个外表形象良好的人，往往比形象一般的人容易获得更多的机会。所以，公共关系人员应恰当地修饰自己的容貌，扬长避短，注意在不同场合下选择样式和色彩符合自己的服装，形成自己独特的气质和风度。

（2）积极主动交往　如果一个人清高自傲、孤芳自赏，不能与人合作，缺乏团队精神，就容易让领导和同事对其产生看法，在工作中就很难得到别人积极主动的帮助与配合。所以应该经常主动与同事和上下级之间进行沟通，与大家打成一片，主动关心和帮助别人。

（3）学会幽默健谈　幽默是人类智慧的最高境界。一个说话幽默风趣的人，当然比木讷呆板的人受大家的欢迎。这种能力除了个别天赋之外，更多地可以通过平时多积累充电、广泛培养兴趣爱好来培养。具备了这种能力，在和各种类型的人进行交往时，就很容易寻找到共同感兴趣的话题，有利于拉近人与人之间的关系。

（4）运用语言艺术"良言一句三冬暖，恶语伤人六月寒。"这两句话告诉我们交往时要注意运用语言的艺术。语言艺术运用得好，就能优化人际交往。相反，如果不注意语言艺术的运用，往往会在无意间就出口伤人，产生矛盾。运用语言艺术要求做到以下几点。

第一，称呼得体。称呼反映出人们之间心理关系的密切程度。恰当得体的称呼，能使人获得一种心理满足，使对方感到亲切，交往便有了良好的心理气氛；称呼不得体，往往会引起对方的不快甚至愤怒，使交往受阻或中断。所以，在交往过程中，要根据对方的年龄、身份、职业等具体情况及交往的场合、双方关系的亲疏远近来决定对方的称呼。对长辈的称呼要尊敬，对同辈的称呼要亲切、友好，对关系密切的人可直呼其名，对不熟悉的人要用全称。

第二，说话注意礼貌。要正确运用语言，表达清楚、生动、准确、有感染力、逻辑性强，少用土语和方言，切忌平平淡淡、滥用词汇、含含糊糊、贫瘠枯燥；语音、语调、语速要恰当，要根据谈话的内容和场合，采取相应的语音、语调和语速；讲笑话要注意对象、场合、分寸，以免笑话讲得不得体，伤害他人的自尊心；每个人都希望别人赞美自己的优点，如果能够发掘对方的优点，进行赞美，他会很乐意与你多交往，因此应该适度地称赞对方。

语言艺术运用得好，就能吸引和抓住对方，从内容到形式适应对方的心理需要、知识经验、双方关系及交往场合，使交往关系密切起来。

(5) 增强人际魅力　人际魅力，是指在人际交往过程中形成的，个体对他人给予的积极和正面评价的倾向。每个人都有自己喜欢的人，并愿意与之交往；每个人也都有自己讨厌的人，不愿意和这些人交往。这种现象实际上反映的就是人际吸引。增强人际魅力通常需要从以下方面努力。

第一，努力建立良好的第一印象。怎样表现才能给人留下良好的第一印象呢？心理学家卡耐基在其著作《怎样赢得朋友，怎样影响别人》一书中总结出给人留下良好的第一印象的6种途径：①真诚地对别人感兴趣；②微笑；③多提别人的名字；④做一个耐心的听者，鼓励别人谈论他们自己；⑤谈论符合别人兴趣的话题；⑥以真诚的方式让别人感到他很重要。

第二，培养良好的个性特征。良好的个性特征对建立良好的人际传播有吸引作用，不良个性特征对建立良好的人际传播有阻碍作用。生活中，大家都愿意与性格良好的人交往，没有人愿意与自私、虚伪、狡猾、性情粗暴、心胸狭隘的人打交道。因此，要不断形成良好的个性特征，注意克服性格上的弱点。

第三，加强交往，密切关系。心理学研究表明，人与人之间空间距离上的接近，是促进人际吸引的重要因素，因为人与人之间空间位置上越接近，彼此交往的频率就越高，越有助于相互了解、沟通情感、密切关系。即使两个人的人际传播比较紧张，通过交往，也有可能逐步消除猜疑、误会。反之，即使两人关系很好，但如果长期不交往，彼此了解减少，其关系也可能逐渐淡薄。与朋友保持适度的接触频率，才会使人际传播不至于淡化甚至消失。切忌"有事有人，无事无人"。

(6) 学会聆听　聆听是用心倾听，这是一种友好的表现，是涵容的一种修养。暂时把个人的成见与欲望放在一边，尽可能地体会说话者的内心世界与感受，听者与说者的结合，双方更能相互了解并从中得到新的知识。著名的心理学家卡尔·罗杰斯说，有时当他的病人不断地倾吐他内心深处的感觉时，他会突然发现病人的眼中充满泪水，好像在说："感谢上苍，终于有人愿意听我说了。"

人际传播学者认为"倾听"是维持人际传播的有效法宝，几乎所有的人都喜欢听他讲话的人，所以，在沟通时，作为听者要少讲多听，不要打断对方的谈话，最好不要插话，要等别人讲完之后再发表自己的见解；要尽量表现出聆听的兴趣，听别人讲话时要正视对方，切忌小动作，以免对方认为你不耐烦；力求站在对方的角度设身处地地考虑问题，对对方表示关心、理解和同情；不要轻易地与对方争论或妄加评论。

四、用好特殊的公关手段——态势语言

态势语言是信息发送者要把发送的信息，通过仪表、姿态、神情、动作输送到信息接收者的视觉器官，再通过信息接收者的视觉神经作用于大脑，从而引起积极反应，实现信息发送者的目的。罗曼·罗兰曾说过："面部表情是多少世纪培养成功的语言，是比嘴里讲得更复杂到千百倍的语言。"心理学家阿尔·伯特梅拉毕安曾发现了这样一个公式：信息的总效果 = 7%的书面语 + 38%的音调 + 55%的面部表情。由此可见，态势语言在信息表达中占有绝对重要的地位。

常用的态势语言主要有以下几种。

1. 手势语言

手势语言是通过手和手指活动传递信息，是态势语言的重要表达方式。手势变化形态多，表达内容丰富，具有极强的表现力和吸引力。第二次世界大战期间，英国首相丘吉尔在结束电视演讲时，举起握拳的右手，然后伸出食指和中指构成"V"形，以象征英文"胜利"（Victory）一词的开头字母，结果引起全国欢呼。因为这一手势十分形象地表达了英国人民战胜法西斯的必胜决心和信心。

2. 目光语言

目光语言是通过眼睛来反映心理，表达情感。意大利伟大的艺术家达·芬奇曾说："眼睛是心灵的窗户。"赫斯著有《会说话的眼睛》一书。甚至有的心理学家还认为，人的视线活动概括了70%的态势语言表达领域。芬兰的心理学家还做过这样的实验：把表现演员不同情绪的目光照片，裁成只保留眼神部分的细条，然后让人们分辨他们所表现的情感，结果正确率很高。这说明人们都能解读目光语言。在人际交往时要善于运用目光语言。如在同下级谈心时，应把亲切、自然的目光缓和地洒向下级，而不应该一遍又一遍闪电般地扫视对方，或者恶狠狠地盯住对方。

3. 身势语言

身势语言包括坐势语言、立势语言和卧势语言。颇为重要的是坐势语言。男性伸开腿而坐，意为"自信""豁达"；女性并腿而坐，意为"庄重""矜持"。人际交往时要特别注意"陌生人禁区"。这个禁区以伸直手臂，指尖刚刚触到对方臂膀距离为宜。一旦进入这个禁区，对方便会感到不舒服或不安全，甚至试图马上离开。

4. 面部语言

面部语言是指通过面部肌肉姿态的变化来表达思想感情。面部可以把高兴、悲哀、痛苦、畏惧、愤怒、失望、忧虑、烦恼、报复、疑惑等感情迅速、敏捷、充分地反映出来。面部表情是人的心理活动、情绪变化的寒暑表。

5. 服饰语言

服饰具有信息传播功能，它能显示人的职业、爱好、社会地位、性情气质、文化修养、

信仰观念、生活习惯及风俗等。服饰就等于一幅活广告。服饰语言有诸多构成因素。其中，"色彩"居第一位。因为色彩具有主动吸引人的感染力，能先于其他而影响人的情感。服装语言必须符合目前国际上公认的 TPO 衣着原则。"T"（Time）指时间；"P"（Place）代表地方、场所、位置、职位；"O"（Object）代表目的、目标、对象。

网易云音乐将摘选的乐评印满杭州地铁 1 号线

"我想做一个能在你的葬礼上描述你一生的人。"

"喜欢这种东西，捂住嘴巴，也会从眼睛里跑出来。"

"祝你们幸福是假的，祝你幸福是真的。"

如果幸运的话，你会碰到这样一列地铁，里面的每个空间都充满金句。

2017 年 3 月 20 日，网易云音乐包下了杭州地铁 1 号线的车厢以及江陵路地铁站。他们发起了一个营销活动，名字是《看见音乐的力量》。网易云音乐把点赞数最高的 5000 条优质乐评，印满了杭州地铁 1 号线和整个江陵路地铁站，如图 4-3、图 4-4 所示。

图 4-3　杭州地铁上的网易云音乐乐评之一

这个活动迅速引爆了社交网络，背后的秘密是把人的孤独感当成了靶子。此前，网易云音乐的 CEO 朱一闻曾说，他希望移动互联时代的网易云音乐"是一款能够借助音乐传递情感、分享个人喜乐的音乐产品。"显然，这次的营销活动达成了这样的目标。

从云音乐产品本身的角度去谈，不管是乐评、精准的个性化推荐，还是朋友动态功能，网易都在寻找一种调性：适度缓解孤独感又保持个人独立性。而在地铁这样一种处于地下又相对密闭的特殊场景下，孤独感来的自然会比其他地方更加强烈。

所以，当应用上的 UGC（User Generated Content）评论被搬进了车厢和地铁站，每个踏进车厢的乘客很快就会看到这些字句，他们的内心都有可能被这些文字戳中。在更广阔的社交媒体上，被戳中内心的人们开始了一轮又一轮的转发。要知道，一个非一线城市的线下活动能够成功在线上发酵是一件不算容易的事情。

图 4-4 杭州地铁上的网易云音乐乐评之二

网易云音乐副总裁李茵的手机信息提示音从昨天开始就响个不停，在接到祝贺之外，很多人都想知道这个策划的执行费用有多少。但实际上，李茵说这次活动算不上"大手笔"，甚至都没有广告公司的参与。活动的引爆完全依靠优质的内容，而这些内容的来源就是平台上的每一个用户。

实际上，伴随着线上流量费用的上涨，地铁已经成为一个性价比较高的传播渠道，大量的互联网公司都开始选择在地铁露面，甚至地铁包车专列也不算一个新鲜事，但这次网易云音乐获得的传播效果却相对罕见。

在翻看了不少案例之后，李茵觉得"太硬"是传播效果平平的原因。她认为很多地铁广告只是在说品牌想说的话，传达一句文绉绉的口号而已。

当找准了靶子，网易欣喜地发现自己的手中握有大量的箭——用户自发制造的 UGC 评论。相较于其他音乐播放平台，网易的乐评一直是它的核心竞争力。在此前的一次站内用户调研中，超过一半的用户表示他们能在评论里找到慰藉和共鸣。

所以，李茵和她的团队首先从 4 亿条评论中选出了点赞数最高的 5000 条，随后再进行人工筛选。选择的标准包括三条：简单；一语中的；脱离了歌曲环境仍然能被看懂和有共鸣。当最终确定的 85 条评论出炉之后，李茵感觉有戏了。如她所料，因为这些金句，这次的营销活动被人们纷纷转发。昨晚发布在官方微信公号上的主传播文案成为首篇 10 万+ 的文章，是平时阅读量的 5 倍。

其实在此之前，已经有不少将音乐和城市出行空间联系起来的尝试。2016 年 10 月，摩登天空在长沙包了一辆地铁，改名为"975 摩登音乐台地铁专列"，如图 4-5 所示。其中有歌词，有涂鸦设计，甚至在进出站时还会播放歌手提前录好的音频。譬如宋冬野就录了一段——"列车运行时请站稳扶好，胖子请扶瘦子一把，摩登青年请为有需要的乘客让座"。

虽然很有创意，但却掩盖不住这样一个事实：不管是歌词、设计还是音频，都没有评论本身打动人心。UGC 评论首先是不可预期的，陌生文字更加容易给人们带来惊喜。当你知道这段文字背后的创作者是与你没什么不同的普通人时，在地铁那种容易产生挫折感的地方，平视、而非仰视带来的共鸣也更容易打动人心。当然，网易一直都注重运营用户 UGC 内容。早在网易新闻客户端崛起的时候，用户在看新闻的同时也喜欢去翻看下评论；而现在，当网易云音乐拥有了越来越多的听众，边听歌边翻评论也成为一个规定动作。

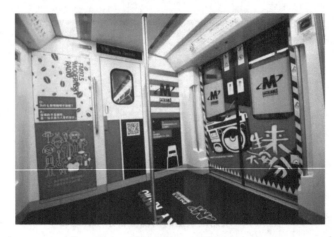

图 4-5　975 摩登音乐台地铁专列

甚至从某种程度来讲，UGC 内容在音乐播放平台扮演的角色更加重要。毕竟，当唱片和单曲登上了不同的平台，它就变成了标准得不能再标准的产品。除了通过购买版权制约，平台运营方很难从产品本身寻找差异点。在这样的情况下，构建一个不同的听歌氛围就成了重点。不管你是唱歌还是听歌，这些行为本身就带有着不少社交和分享的意味，线下 KTV 和线上的唱吧如此，《我是歌手》中陶醉的观众与网易云音乐中那些热衷创造内容的用户亦然。很多听众在听歌之外，无非是需要找到情绪的出口，而平台需要扮演好"树洞"——让想说的人随时说，想听别人说的人找到合适的内容。

这一点，网易云音乐经营得不错。歌曲自然地将人群进行了细分，听歌的人偶尔灵光一闪写出金句，看评论的人被金句感动并点赞，而高频的互动又吸引那些有创作能力的人继续创作。这个过程有点抱团取暖的意思，解决的还是人最根本的心理需求——"孤独感"。最终，也是 UGC 评论让网易云音乐得以独享这次的胜利。○

复习思考题

一、概念题

传播　公关传播　正传播　负传播

二、问答题

1. 传播和公关传播的区别在哪里？
2. 什么是正传播和负传播？
3. 公关语言交际有什么功能？

三、案例思考题

1. 试分析网易云音乐传播的成功之处。
2. 什么是公共关系传播的"蝴蝶效应"？

○　来源于 https://www.liuxue86.com/a/3132258.html

第五章 公共关系危机管理
——公共关系的最新价值所在

■ 内容提要 ■

本章介绍了公共关系危机管理的基本定义；对公共关系的危机管理进行了辩证的分析；阐述了危机时期开展公关的原则、方法和技巧；说明了企业社会责任感的重要性和实施方法。

引导案例一

2018年5月6日凌晨，李明珠搭乘刘振华驾驶的顺风车计划前往火车站，准备参加第二天亲属的婚礼，却惨遭滴滴司机杀害，警方追捕犯罪嫌疑人过程中发现其已溺亡。

5月10日20：09分，滴滴再次在微博回应，承认涉事人是滴滴的顺风车司机，并表示愿意悬赏100万元寻找司机刘振华。悬赏追捕引起网友不满，随后滴滴删掉这条百万悬赏的微博，5月16日滴滴宣布顺风车停运一周进行整改。

滴滴最新整改措施如下。

（1）顺风车22点~6点将停止派单。

（2）全平台将加速推动全面实名制。

（3）APP内紧急求助功能提升至显著位置。

（4）滴滴顺风车服务下线所有个性化标签和评论功能。

（5）快车、专车、豪华车每天出车前司机必须进行人脸识别验证，同时在全平台推出人车不符有奖举报。

（6）在用户允许的情况下对车内每个行程全程录音。

引导案例二

近几年，食品和药物中毒事件频繁出现。如毒奶粉事件、苏丹红事件、毒火腿事件、齐二欣弗假药事件、南京冠生园事件、食品里掺工业原料和添加剂事件、双汇火腿肠事件、上海染色馒头事件等等，可以说是接二连三发生，防不胜防。这类事件中，最典型的莫过于"三鹿毒奶粉"事件了。可以看到，这次毒奶粉事件，并不是源于"三鹿"硬实力的损伤，厂房、机器、人员、资金、营销队伍都在，都是健全的，而是由于"三鹿"长年积累经营的企业信誉、企业品牌和企业道德这些软实力被彻底粉碎，全国人民对此已经嗤之以鼻。这不但导致三鹿集团的整体破产，还影响到我国整个奶业产业的生存，使我国的奶业产业在国内外的声誉严重受损，致使全国老百姓不敢喝国产奶，不敢买国产奶粉，牛奶业自己成了自己的掘墓人。事情已经过去了，但我国奶业产业至今还在吃着自己带来的苦果。老百姓对我国的乳制品普遍缺乏信任感。这一次以企业软实力损失殆尽的代价换回的教训，让我国整个牛奶业反思、追悔。

第一节 什么是危机公关

一、危机公关的定义

危机公关，准确的叫法应该是危机事件处理的公共关系工作。危机事件具有突发性、不确定性、紧迫性和双面效应的特点，这些特点决定了危机事件的处理，是一个多部门、多渠道共同携手才能应对的复杂工作。危机事件管理，也不仅仅属于公共关系的责任范畴，还属于公共管理和企业管理的责任范畴。危机公关，又有人称之为危机风险管理、危机公关管理。西方教科书通常把危机管理（Crisis Management）称之为危机沟通管理（Crisis Communication Management），主要指危机发生时期需要开展的各种应对措施。危机公关正在被社会和越来越多的企业和公众所熟悉。

二、危机公关的内涵及意义

什么是危机公关？对它的定义可以说是众说纷纭，这些定义大体归纳起来有以下几层含义。

（一）危机公关只是危机管理的一个部分，不仅仅局限于企业公共关系的范畴

危机公关是危机管理的一个部分，它不仅仅局限于企业公共关系的范畴，具有多学科交叉的性质。专家认为危机管理已经是整个管理工程里的一个子系统，是社会或企事业单位为应对各种突发事件所进行的规划决策、动态调整、化解处理及人员动员使用等整个活动过程，其目的在于消除或降低危机所带来的威胁和损失。通常可将危机管理分为两大部分——危机爆发前的预计和预防管理以及危机爆发后的应急善后管理。危机公关属于危机管理的一个有机组成部分，它主要处理危机事件发生时，与组织形象、组织信誉、媒体宣传等有关的公共关系方面的工作。危机公关不是危机事件处理的全过程，也不是危机事件处理的全部。

（二）危机公关要有事先已经建立起来的防范、处理体系和对应的措施

危机公关要有事先已经建立起来的防范、处理体系和对应的措施。危机公关不仅仅局限于危机突发时才有的应对过程，更主要的是在危机出现之前就已经建立起来的危机监控方面的公关措施、危机应对方面的公关机制、各类危机公共关系预案的制定、不同危机公关方法的选取等等。首先，要监控危机，把危机消灭在萌芽状态，并防止危机死灰复燃。其次，要

制定好方案，从领导班子、抢救人员组成，设备的准备，物资的储备和使用，整个应对过程的处理，媒体应对，形象维护，新闻发布，争取公众等方面都要有切实的规划，要做到人人心中有数，挂到墙上、写进文件、落实到行动上。一旦危机来临，马上按既定计划实施，做到人人心中有数，从容不迫地去面对。

（三）危机公关是各类社会组织一种正常的常态工作

危机公关是各类社会组织一种正常的常态工作。美国《危机管理》一书的作者菲克普对《财富》杂志排名前500强的大企业董事长和CEO所做的专项调查表明，80%的被调查者认为，现代企业面对危机，就如同人们面对死亡一样，已成为不可避免的事情。其中有14%的人承认，曾经受到严重危机的挑战。应该认识到，危机是日常生活和生产中不可避免的事情。在生活中，危机天天都在发生，如地震、火灾、交通事故、生产安全、企业社会责任方面的失误等。从容地应对危机，是社会和生产经常要做的一件工作。应该研究危机产生和发展的规律，研究危机处理过程中公共关系应该起到的应有作用，找出对付的办法。最可怕的是对危机一无所知，危机降临后惊慌失措，毫无办法。

（四）危机公关是来应对各类社会组织出现的突发事件的，目的就是减少各类损失，维护组织声誉

危机公关是应对各类社会组织出现的突发事件的，目的就是减少各类损失，维护组织声誉。危机公关的目的是让危机尽快过去，把损失减小到最低，消除舆论压力，正确引导舆论，尽快让组织走向正常轨道。可以这么说，危机事件已经让组织受到了硬实力方面的损失，危机公关就是为了保证组织在软实力方面不再遭受损失。当危机来临时，恰当地开展公共关系工作，不仅可以保证减少组织硬实力的损失，而且还可以提高组织的知名度和美誉度。在危机事件处理上，硬实力受到损失未必会带动软实力也受损失，它们二者不是简单的正比关系。危机公共关系就是为保存组织软实力而开展的工作。

我们认为，危机公关不等于危机管理，危机管理的外延更大，危机公关和危机管理有重合。危机公关不能代表全部的危机管理。当然危机管理如果缺少公共关系，也不会达到最好的效果。谈到这里，我们就可以给危机公关下定义了。所谓危机公关，是指社会团体、企事业单位在出现突发危机事件时，为了减少损失、扭转形象，应对危机事件而采取的一系列措施的过程，它还包括为了预防危机的发生而采取的各种公共关系预防措施。

三、危机公关的分类

根据不同的分类标准，危机事件可以分为不同的类别，危机公关也有不同的应对措施。

（一）硬危机公关和软危机公关

危机事件的公关一般分为两大类，一类是硬危机公关，一类是软危机公关。

1. 硬危机公关

硬危机是指由自然环境和宏观社会环境造成的危机。这类危机主要损失的是硬实力，是

物质财产的浪费和损失。这类危机公关主要是挽救硬实力。

硬危机主要有以下几类：①自然灾害，如旱灾、水灾、地震、海啸、暴雪、火灾、房倒屋塌等；②交通责任事故，如火车相撞、飞机失事、轮船沉船、汽车相撞等；③生产责任事故，如钢炉倾斜、重大工伤事故、矿井漏水、瓦斯爆炸、毒气泄漏等；④环境污染事故，如江河、湖水污染，赤潮，废水排放，核电站泄漏等。

2. 软危机公关

软危机主要是指由人为因素造成的危机，是人为地对社会公德的破坏，这类危机主要是对软实力的破坏，损失的主要是组织的信誉、美誉度和对组织的忠诚度。这类危机公关主要是挽救软实力。

软危机主要有以下几类：①缺少社会责任，如不履行企业社会义务、极少关心社会活动、组织对社会活动冷漠等；②缺少企业道德，如制造假药、销售伪劣产品、产品以次充好、坑骗消费者等；③缺少信誉，如售后服务极差、不信守承诺、制造潜规则、人为烘托某种产品等；④缺乏公平和公信力，如发生纠纷时明显偏袒某一方、编造虚假事实欺骗公众等。

除以上两类外，还有一些硬危机和软危机交织在一起的危机。这类危机公关主要是综合挽救两种实力。

社会发展到今天，一些破坏活动不但会损伤组织的硬实力，也开始去有意识地破坏组织的软实力，此消彼长，以达到削弱对方竞争力的目的。公共关系已成为克敌制胜的一种利器。

（二）政府危机公关和企业危机公关

根据处理危机公关的组织对象的不同，危机公关的管理可以分为政府危机公关和企业危机公关。

1. 政府危机公关

政府危机公关是指在政府管理国家和区域事务中，突然发生的如地震、流行病、经济波动、恐怖活动等对社会公共生活与社会秩序造成重大损失的事件。在危机发生越来越频繁的今天，一个国家要减少危机的发生，降低危机的损失，提高政府应对危机的效率，就必须建立系统的危机管理机制。

案例 5-1

广州市政府"雾霾"危机公关案例

广州市自进入改革开放以来，高速的经济发展，激增的人口数量导致城区出现严重的空气污染，而雾霾问题更是引起了社会的广泛关注，成为公众热议的话题。广州"雾霾"问题的报道和文章列表如表 5-1 所示。

表 5−1　广州"雾霾"问题的报道和文章列表

时间	作者	文章主题	发表渠道	效果评估
1994 年	邝建新	《广州市区雾霾与大气污染》	广东气象	未获得政府关注
2007 年		发布广州地区雾霾的消息	金羊网站	
2010 年		"广州遭遇严重雾霾天气,广州大道白昼如黑夜"	南方网	引起了公众对环境危机事件的关注
2012 年	环保部门	密集发布各类信息和预警	广州环保微博	获得众多网友关注
2014 年	王德庆	《PM2.5 与居民每日死亡率关系的 META 分析》	《环境与健康》	获得政府和公众的极大关注

雾霾对居民生活、经济生产的巨大破坏使大众媒介和广州市民对政府提出质疑,指责其不作为,一时间网络谣言四起,政府形象遭遇危机。针对广州市出现的持续性雾霾危机,政府组织专家分析危机形成原因,同时对机动车、燃煤、扬尘等"罪魁祸首"加大治理力度,顶层设计转变产业结构,发展清洁能源,走低碳环保之路。广州市政府直面雾霾天气,及时发布预警机制,公开雾霾危机信息,政府从观念和行动上都对此次环境危机采取积极的应对态度,用行动让市民看到了政府的诚意,得到了广大民众的理解和支持,是一次成功的政府危机公关事件。

2. 企业危机公关

企业危机公关是指企业通过危机监测、危机预警、危机决策和危机处理,达到避免、降低危机产生的危害,甚至将危机转化为机会的整个过程。简言之,危机管理是一种使危机对企业造成的潜在损失最小化,并有助于控制事态的管理。企业危机包含在企业内部管理的各方面,如战略危机、人力资源危机、财务危机、施工危机、物流危机、市场危机、品牌危机、文化危机、劳务危机、质量危机、安全危机、公共关系危机等。自然危机、政治危机、金融危机、疫情危机、动乱危机、能源危机、特异危机等则是企业的外部危机。

(三) 内生危机和外生危机

根据危机产生的根源分类,可分为内生危机和外生危机。

1. 内生危机

内生危机是指由内部原因造成的危机事件,如生产责任事故、贪污腐败案件等。

2. 外生危机

外生危机是指由外部原因造成的危机事件,如金融危机、自然灾害等。

(四) 小型危机、中型危机、大型危机和特大型危机

根据危机的危害程度可以分为小型危机、中型危机、大型危机和特大型危机。

也可以按照等级分为一、二、三、四等不同程度的危机。一级危机是较小的危机,其余依次递增。

危机分类的意义在于，通过对危机范围、大小、层级的认定，可以采用不同的层面、人员、物质、规模来应对。这样既可以避免小题大做、产生浪费，也可以避免因准备不足而手忙脚乱。

第二节 危机公关处理程序与技巧

一、危机公关处理的基本原则

（一）预防原则

防患于未然永远是危机管理最基本和最重要的要求。危机管理的重点应放在危机发生前的预防，预防与控制是成本最低、最简便的方法。为此，建立一套规范、全面的危机管理预警系统是必要的。现实中，危机的发生具有多种前兆，几乎所有的危机都可以通过预防来化解。危机的前兆主要表现在：产品、服务等存在缺陷，企业高层管理人员大量流失，企业负债过高长期依赖银行贷款，企业销售额连续下降和企业连续多年亏损等等。因此，企业要从危机征兆中透视企业存在的危机，企业越早认识到存在的威胁，越早采取适当的行动，越可能控制住危机的发展。

（二）制度化原则

危机事件发生的具体时间、实际规模、具体态势和影响深度，是难以完全预测的。这种突发事件往往会在很短时间内对组织产生恶劣影响。因此，组织内部应该有制度化、系统化的有关危机管理、危机公关和灾难恢复方面的业务流程和组织机构，对危机的处理发挥重要作用。国际上一些大公司在危机发生时往往能够应付自如，保证组织形象的完美，其关键之一就是制度化的危机处理机制，在发生危机时可以快速启动相应机制，全面而井然有序地开展工作。

（三）维护诚信形象原则

诚信和守信，是任何企事业单位的生命线，没有任何单位和个人会和没有信誉的集体和个人打交道。在危机处理的全过程中，要努力减少对组织诚信形象带来的损失，争取公众的谅解和信任。从某方面来说，组织的信誉和承诺是组织的底线。任何企事业单位启动危机公关的目的就是维护组织形象，其中一个主要的方面就是维护组织的诚信和承诺。新近发生的诸多案例表明，危机事件处理得好，尽管企事业硬实力有损失，但组织的形象未必受到损失，组织的信誉可以得以保全。组织赖以复兴的软实力仍在，只要措施得当，组织就可以在短期内振兴和恢复。

案例 5-2

两例维护形象的案例

1982年9月，美国芝加哥地区发生有人服用含氰化物的泰诺药片而中毒死亡的严重事故，一开始死亡人数只有3人，后来却传说全美各地死亡人数高达250人。其影响迅速扩散到全国各地，使"泰诺"胶囊的消费者十分恐慌，94%的服药者表示绝不再服用此药。医院、药店纷纷拒绝销售泰诺。

事故发生前，泰诺在美国成人止痛药市场中占有35%的份额，年销售额高达4.5亿美元，占强生公司总利润的15%。事故发生后，泰诺的市场份额迅速下降。

事件发生后，在首席执行官吉姆·博克（Jim Burke）的领导下，强生公司迅速采取了一系列有效措施。

首先，强生公司在全国范围内立即收回价值近1亿美元的全部"泰诺"止痛胶囊，并投入50万美元在最短时间内向有关医院、诊所、药店、医生和经销商发出警告，要求停止销售此药。

对此《华尔街日报》报道说："强生公司选择了一种自己承担巨大损失而使他人免受伤害的做法。如果昧着良心干，强生公司将会遇到很大的麻烦。"泰诺案例成功的关键，是因为强生公司有一个"做最坏打算的危机管理方案"。该计划的重点是，首先考虑公众和消费者利益，这一信条最终拯救了强生公司的信誉，此举赢得了公众和舆论的支持与理解。

其次，进行新闻发布工作，迅速地传播各种真实消息，无论是对企业有利的消息，还是不利的消息。当强生公司得知事态已稳定，并且向药片投毒的疯子已被拘留时，并没有将产品马上投入市场。当时，美国政府和芝加哥等地的地方政府正在制定新的药品安全法，要求药品生产企业采用"无污染包装"。

强生公司看准了这一机会，立即率先响应新规定，为"泰诺"止痛药设计防污染的新式包装，重返市场。

11月11日，强生公司举行大规模的记者招待会。公司董事长亲自主持会议。他首先感谢新闻界公正地对待"泰诺"事件，然后介绍该公司率先实施"药品安全包装新规定"，推出"泰诺"止痛胶囊防污染新包装，并现场播放了新包装药品生产过程录像。美国各电视网、地方电视台、电台和报刊就"泰诺"胶囊重返市场的消息进行了广泛报道。结果，强生公司在价值12亿美元的止痛片市场上挤走了它的竞争对手，仅用5个月的时间就夺回了原市场份额的70%，占据了市场的领先地位，再次赢得了公众的信任，树立了强生公司对社会和公众负责的企业形象。

强生公司处理这一危机的做法成功地向公众传达了企业的社会责任感，受到了消费者的欢迎和认可。强生公司还因此获得了美国公关协会颁发的银钻奖。原本是一场"灭顶之灾"，竟然奇迹般地为强生公司赢来了更高的声誉，这归功于强生公司在危机管理中高超的技巧及真诚的态度。

相反，老字号南京冠生园原本也是个有竞争力的企业。2001年9月，中央电视台对其月饼陈馅的曝光，使南京冠生园遭到灭顶之灾，连带全国的月饼销量下降超过六成。㊀

㊀ 泰诺药片中毒事件　要抬头必须先低头　江西文明网

（四）稳定情绪优先原则

危机事件的爆发往往是以群体聚集的形式出现的。群体聚集既有示威的意味，也有凝聚意见的意味，群体聚集对组织形象的破坏性作用是极大的。这种破坏性的影响来自于各类群体的不良情绪，在群体情绪激动时，是无法处理任何问题的。最好的办法就是先安抚群体情绪，然后再处理事件本身。安抚群体情绪的最好办法首先是分而治之。七嘴八舌的大群体是无法进行调解问题的，各怀鬼胎也是无法达成一致意见的，把大群体变成小群体，把小群体变成个体，就是为了让群体达成一致的意见和要求，然后再进行对话。如可以选派群体代表进行对话，了解群体的声音，让他们充分表达意见，倾听不同的意见和要求。人们往往有倾诉的愿望，等最充分地表达了自己的意见后，情绪往往就会平静下来。只有等到情绪平静下来，才可能去倾听对方的声音，才可能心平气和地考虑对方的诉求，这样才能去解决问题的本身。在危机事件来临时，最忌讳的是情绪对立，对立的情绪往往是矛盾走向激化的开始。发生在 2008 年的贵州瓮安"6.28"事件、云南孟连"7.19"事件让我们反思，当群众情绪比较激烈时，地方政府应该去安抚群众，化解群众情绪，而不是采取极端的措施，激化矛盾，任群众情绪发酵、小道消息满天飞，使得不明就里的群众情绪愈发激烈，最后导致无法控制的局面出现。因此，危机事件发生后，安抚情绪是第一位的，事件处理是第二位的。

（五）吃小亏占大便宜原则

所谓"吃小亏占大便宜原则"就是组织在处理一些责任归属时，尤其是涉及赔偿金钱的数额等问题时，在对方说的有一定道理时，尽管不太符合自己规定，企事业单位也要尽量满足对方的利益，即使自己吃点亏，受到了一点损失，也不要把事情闹大。诸如产品售后服务的责任大小问题，产品损害后双方承担的数额损失问题，产品更换和零部件更换问题，有些仅仅是几百元、几千元的问题，如果闹到公堂上，可能会在社会上议论纷纷。无论最终的判决结果如何，企业的损失都必然比消费者的损失大得多。这一原则对产品销售企业来说，尤为重要。在闹到公堂之前，企业要对这一事件进行评估，即这一事件的公开对企业的美誉度、产品的信誉度有无影响、有多大的影响，决不能去做那些赢了官司、失去市场份额的事情。

（六）善对媒体原则

新闻就是人们想知道但还没有知道、具有报道价值的、新近发生的事件。危机事件无疑具有很高的新闻价值，所以，记者的重要任务之一就是千方百计地搜取有价值的新闻，然后及时报道。这就和危机事件的当事单位形成了反差，因为危机事件的当事单位最怕社会公众和领导部门知道这件事情。现代社会，信息传播渠道多种多样，信息沟通异常发达，危机事件是瞒不住的。因此，当事单位最好的办法就是及时和媒体沟通，把最真实、最有说服力的事实公布出来，让社会公众减少疑问，堵住小道消息流传的市场，这样才能取得主动，赢得社会和媒体的同情。如让媒体封口是不可能的，既然如此，不如配合媒体、善待媒体。

（七）沟通原则

沟通是危机管理的中心内容。与企业员工、媒体、相关企业组织、股东、消费者、产品销售商、政府部门等利益相关者的沟通是企业不可或缺的工作。沟通对危机带来的负面影响有很好的化解作用。企业必须树立强烈的沟通意识，及时将事件发生的真相、处理进展传达给公众，以正视听，杜绝谣言、流言，稳定公众情绪，争取社会舆论的支持。

案例 5-3

"海尔博客门"事件

2006年5月22日，发生了一起"海尔博客门"事件：一名顾客购买的海尔冰箱出现质量问题，由于种种原因海尔三天后才予以调换，该顾客气愤之下在其"和讯博客"上撰文宣泄其对海尔售后服务的不满。海尔售后部门在见到该顾客在博客上的抱怨后，迅速采取紧急措施，立即派遣服务人员以两个大西瓜作为礼物登门道歉，与这位客户认真地沟通了他们晚调货的原因，以及为什么三天后才把冰箱送到的客观原因。

在海尔做出迅速反馈之后，那位发表博客的用户在事后的反馈里是这样写的："我很感动……因为我的一篇帖子，海尔派人上门沟通，让我感受到作为用户所受到的重视。"从博客的回帖可看出，博客们对此事的看法有了很大的转变，从开始对海尔的负面质疑转变到客观中肯甚至是理解包容的态度。很多博客留言表示，海尔售后服务的周到是闻名遐迩的，呼吁人们支持民族品牌，对民族品牌应该多一些理解和包容心。这场沸沸扬扬的"海尔博客门"事件因为海尔的及时反应，得到了圆满的结局，并没有给海尔的企业声誉带来太大的影响。

二、危机公关的处理阶段及技巧

危机事件处理的公共关系是一个应急措施，它大体分为以下几个阶段。

（一）预案预演阶段

预案是预先制定好，并多次演练过的，已经在墙上挂出来的，并且人人都熟知的。组织不能把预案束之高阁，平时不管不问，等事件发生了再去拿来匆忙应急，那样等于没有预案。预案也是需要事先演练的，如果预案没有经过演练，各司其职的部门没有配合过，没有操作的实践检验，那么很多遗漏和不足就暴露不出来，部门之间的相互配合就不会融洽。只有经过反复、多次演练，才能找出不足，做到熟能生巧，配合得当，才能有条不紊地处理危机事件。

案例 5-4

史上最牛的校长

2008年5.12汶川特大地震，多少楼房倒塌，多少鲜活的生命来不及逃生就被压在废墟中。但被称为"史上最牛的校长"——安县桑枣中学叶志平校长以"我们学校，学生无一伤亡，老师无一伤亡"的自豪言语载入史册。这所学校最成功的经验就是狠抓危机发生时学生从教学楼撤离的演练，常年坚持，始终不懈。这所学校与汶川特大地震伤亡最为惨烈的北川县毗邻。这所在大地震中没被"震倒"的学校，4年来一直坚持组织学生进行紧急疏散演习，每学期都坚持，从不间断。即使有人对这种演习有非议，叶志平校长也不理会，一直在坚持。从全体师生到每一位同学，对自己在危机发生时的角色非常清楚，对自己如何逃生的步骤谙熟于胸,每个楼梯拐角、每个楼层都有负责的教师把守和检查。地震发生后,全校2200多名学生、上百名老师,各司其职,从不同的教学楼和不同的教室中,全部冲到操场,以班级为组织站好,用时1分36秒,无一伤亡。尤其令人震惊的是,此次逃生的过程、模式及结果与演习一模一样,创造了"5.12"地震时的一大奇迹。网友们称叶志平校长为"史上最牛校长"。

而很多的学校就没有这么幸运了,很多企事业单位根本没有危机预案,个别的有预案也没有演习过。地震来临时,一片惊慌失措,房倒屋塌,很多人根本不知道如何躲避和逃生。惨状如此之烈,令人惨不忍睹。我们应该从安县桑枣中学叶志平校长那里学到这极为可贵的经验,即一定要对预案进行预演。

(二) 危机处理阶段

危机发生后,组织应该在最短的时间内宣布启动预案,领导层要在最短的时间内赶赴现场,召开临时会议、布置有关事宜、强调责任、宣布纪律。各部门应紧急行动,以最快的速度开展工作,甚至在没有领导到达现场的时候,就已经开始危机处理的工作。主要领导坐镇指挥,从中调度,各分管领导各把一关,相互配合。这时,公关人员最主要的任务是掌握数据,把握危机的程度,评估危机损失,配合媒体写好危机发生的第一个新闻稿件,并随时监控媒体与舆论发展的情况,随时根据情况的变化发出自己的声音。看到坏消息,遇到流言蜚语时,要在第一时间研究对策,根据不同情况或是采取辟谣,或是对他人解释说明具体情况。

随着事件的发展和数据的统计以及伤亡损失报告的公布,危机事件的来龙去脉会逐渐清晰,这时组织要做到以下几点。

1. 统一声音说话

用同一个声音说话,统一由一个发言人对外发布消息,其余人员都不得发表意见,这样做的最大好处是记者无法捕捉到正面消息以外的其他消息,无法做出更多预测。

2. 统一领导责任

单位领导要迅速查明事情发生真相,勇于承担责任,做到"有价值的沟通"。

3. 统一沟通

向社会各界解释来龙去脉,主动传递一些有价值的信息,不要让媒体一无所知。

4. 抢救要不遗余力

要不遗余力地进行抢救,并宣布抢救的措施,要让社会各界知道,我们的抢救是及时和有效的。这时,切忌隐瞒事实真相,即使有些真相对组织不利,也要及时上报,及时通报,因为随着事情的发展和时间的推移,事实是隐瞒不住的,既然隐瞒不住,就不如及时公布,这至少赢得了真诚坦荡和好的态度。

(三) 危机的善后阶段

组织不仅要利用公共关系化解危机,而且还要利用公共关系化解危机事件给组织带来的影响。应该说,危机事件过去后,危机带来的负面影响还没有过去,危机对人们心灵的影响还会持续一段时间，公众对危机事件的后续阶段还会注意一段时间。这个时期，公共关系还要继续发挥作用。

1. 继续发挥媒体的宣传作用

继续发挥媒体的宣传作用，继续给媒体提供有用的信息，让媒体继续报道危机事件的后续消息，宣传组织在处理危机善后事宜方面的善事和负责任的行为，这就提高了组织的美誉度。据介绍，国外一些大公司专门设立了首席风险官，来专门进行危机的处理工作。

2. 继续做好损失的挽救工作

继续做好损失的挽救工作，整理现场、抢救有用的物资，尽量做到废物利用。利用这个机会开展公关调查，对内部人员适时进行解释和说服工作，加强内部公众的管理，做好组织美誉度摸底分析，分析谷底时期组织的形象状况。排查下一个危机的可能根源，争取彻底消灭危机产生的任何根源。在对全球工业500强的董事长和总经理的调查中发现，这些公司被危机困扰的时间平均是8周半，没有应变计划的公司，要比有应变计划的公司用时长2.5倍。危机后遗症处理的时间平均为8周，没有应变计划的公司处理危机后遗症的时间同样也比有应变计划的公司多2.5倍。

3. 迅速恢复组织日常工作

迅速恢复组织日常工作，恢复销售市场，回到组织正常有序的工作节奏中来，可以这样说，组织恢复正常秩序的时间越快，说明组织的沟通、管理和应变能力越强。有人说，看一个组织的实力，只需要知道它如何面对危机就行了。

案例 5-5

可口可乐的危机管理

以可口可乐的危机管理为例，在人力资源安排上每时每刻都有危机处理小组成员处在值班状态，成员包括各部门人员，如瓶装厂总经理、生产管理人员、对外销售人员、技术监控人员，甚至是电话接线员，因为，一旦危机事件发生，询问电话就会如潮水般而至，这时训练有素的电话接线员就成了公共关系的第一道门户。接线员温柔的声音、安详的态度和耐心的解释对公众和客户来说，绝对是一副良好的镇静剂。每年可口可乐的危机小组成员都会接受几次培训，培训内容就是模拟记者的采访，模拟事件处理的整个过程，培训人员进行角色互换，如总经理扮演监控人员、公关人员扮演总经理，这样可以保证从不同的角度为全局提供服务。据介绍，在危机发生时，可口可乐公司在很短的时间内就可以联络到总裁，不管他是正在进行高级谈判还是在加勒比海度假。

4. 及时回收问题产品

及时回收问题产品，和消费者谈判赔偿事宜，讲明问题产生的原因，多次进行真诚的道歉。可以这样说，任何权势都比不上真诚的道歉和坦诚更能赢得公众的谅解。当把善意释放到最大的限度时，公众的态度就会转变了。

（四）危机总结阶段

危机过去后，并不是危机处理任务就完成了，还要总结这次危机处理的全过程。

1. 检查预案是否完备，是否符合全部实际

检查预案是否完备，是否符合全部实际，有无需要调节的地方，适时更新新的预案。

2. 总结在处理事件的过程中有无过失

总结在处理事件的过程中有无过失，看看有哪些地方需要发扬，有哪些地方需要改进和提高。

3. 对组织的知名度、美誉度进行一次调查

对组织的知名度、美誉度进行一次调查，和危机事件前后进行一次对比，看看组织的形象是否出现了变化？如果出现变化，是哪些地方出现了变化？

4. 对组织内部公众进行一次忠诚度的调查

对组织内部公众进行一次忠诚度的调查，对比一下危机事件发生后，员工对组织的认可程度有无变化，看看内部凝聚力如何？对领导威信和能力的评价是否有了变化？这样系统地进行总结，对下一个危机事件处理无疑具有帮助作用。最后，表彰好人好事，批评处理导致事件发生的直接责任人。

第三节 危机公关的预案

危机公关的预案和危机管理预案在制定上往往无法截然分开，只是有所侧重。一般来说，危机公关的预案侧重于软实力方面，侧重于对组织形象、组织信誉、美誉度、稳定客户、取得公众谅解、配合媒体采访、维护品牌等方面，而危机事件管理更侧重于处理事件的本身，在于对整个事件过程的应对。由于组织的性质不同，预案的差异性会很大。

一、危机公关预案的写作

制定危机公关预案是控制潜在危机花费最少、操作最为简捷的方法，避免组织在遭受危机的打击后，再亡羊补牢。

（一）制定危机公关预案应明确的重要问题

（1）潜在的危机有哪几类？

（2）危机一旦突发，将会影响到哪些公众？公众将会受到怎样的影响？

（3）危机发生后以什么方式、什么程序与有关公众进行沟通？沟通的渠道有哪些？

（4）危机发生后各环节应对危机的合适人选是谁？他们都应该做好哪些准备？

（5）各环节人知道如何应对吗？各自应对的程序和方法是什么？

（二）危机公关预案的内容

（1）对组织潜在的危机形态进行分类，并制定各类危机预防的方针政策。

（2）为其中一类危机预防制定具体战略和战术。

（3）确定与危机相关公众的范围及沟通方法。

(4) 建立有效的传播沟通网络，并明确具体联系对象、方法和程序。
(5) 确认危机处理过程中各环节的具体人选，明确分工与各自职责。
(6) 明确各类危机处理的"指挥"人选。

此外，危机公关预案的制定还应注意：①预案应以社会组织现有的人、财、物力为基础；②预案的要点不应放在琐碎的目标和任务上，而要为需要管理之处和风险严重波及之处提供指导原则；③掌握"80—20法则"，即80%的设备和人员在任何时候都是可以使用的，但20%的人员和设备由于公出、休假或者无法操作有可能不能投入使用，其中，这80%中的80%的人员和设备将会依据来自指挥中心的指示进行正常的危机反应，余下的20%可能不能反应或拒绝反应。此外，计划应随着环境的变化而随时修正，不能一劳永逸。

二、危机公关预案的撰写举例

下面参照某商场危机管理应急事件处理制度来指导危机公关预案的撰写。

案例 5-6

《商场危机管理应急事件处理制度》

商场除正常的营运作业之外，突发事件时有发生，其危害之大是不可估量的。常见的突发事件有水灾、火灾、工伤和顾客意外等。

一、意外事件处理的原则

(1) 预防为主，预防为先。
(2) 谁在岗，谁负责；谁主管，谁负责。
(3) 群防群治，人人有责。

二、意外事件应变小组的编制和说明

在商场的安全管理中，为使一些无法控制的意外事件尽量减少，损失减到最低，需要成立应变小组，以便在事故发生时，能够迅速、有效、重点地抢救。

其编制如图5-1。

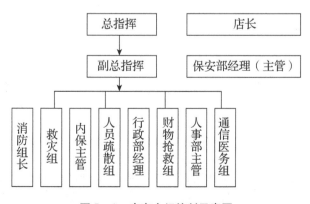

图5-1 应变小组编制示意图

说明：

(1) 总指挥。总指挥由店长担任，负责指挥、协调救灾现场的作业，掌握全局事态的发展动向并及时向总部汇报发展的状况及解决处理结果。

(2) 副总指挥。副总指挥由保安经理（主管）担任，负责截断所有电源，避免事态的进一步发展，协助店长指挥，执行各项任务。

(3) 救灾组。救灾组设组长一人，由消防组长担任。主要负责各种救灾设施和器材的检点、维修和使用，水源的疏导，障碍物品的拆除，以及灾害的抢救等。各项消防设施及器材要编号并由专人负责，避免发生抢用的情况。主要由消防组员、义务消防员、工程组员等组成。

(4) 人员疏散组。人员疏散组设组长一人，由保安部主管担任。组员由广播员、保安员、客服员及各部门的两名员工组成。

1) 广播员要即时广播店内的发展状况，首先要沉着，语言和平常一样，不能制造紧张气氛，使局势难以控制，其广播内容为："尊敬的顾客，您好！本店发生意外情况，局势已基本得到控制，为了全体顾客的安全，请您不要乱跑，不要紧张，听从疏导人员的指挥，迅速离开现场。"广播内容要重复播放。

注意：此类广播事先需有店长或在场最高负责人的许可。

2) 保安员要尽快打开安全门及收银通道。

3) 各部门的疏散员工要尽快正确疏导顾客从安全门出入，同时要警戒灾区四周，以防他人乘机偷盗商品。

(5) 财物抢救组。财物抢救组组长由行政部经理担任，副组长由收银主管担任。收银员立即关上收银机，将现款送往金库或带离现场。电脑部员工、办公人员应将重要文件、财物送往金库上锁或带离现场另行保管。

(6) 通信医务组。通信医务组设组长一人，由人事部主管担任。

1) 医务组负责对外报案及内外通讯联络等任务，须指定专人负责，但报案的命令必须由店长下达。

2) 医务人员负责伤患的抢救和紧急医护任务。

店长须将门店"应变小组"的编制结果列成名册送总部及营运部总监处备案，在相应位置注明各组组长姓名，并把"防火器材位置图"和"防火疏散图"张贴在店内固定位置，使每位员工在应急事件中都能明确自己的责任。要求员工熟悉"防火器材位置图"及"疏散图"，同时必须每年进行两次全员应急事件的培训、教育，每三个月进行一次消防演习。

三、应变作业程序

不管怎样，我们的目的都是将各种灾害造成的损失降至最低限度，并在事后快速处理善后工作，加速恢复营业的效率。下面将对火（水）灾、意外伤害、顾客故意捣乱、发现可疑爆炸物、停电等状态下，应急作业程序和步骤进行陈述。

例：意外伤害的处理程序

1. 事前预防

(1) 考虑店内的装潢设计和各项设施是否影响顾客行动的安全，尤其是老年人、残疾人、孕妇及儿童等。

(2) 电动叉车、高叉车作业一定要持证操作，谨慎安全驾驶。

2. 事中处置

（1）顾客如有晕倒或意外伤害应立刻通知医务人员检查处理。

（2）如有突发病和重大伤害发生时，应立即通知医务人员抢救并迅速拨打急救电话，请派救护车支援，切勿搬动受伤者。

（3）顾客到医院就医必须有店内人员陪同。

3. 事后处理

（1）关心顾客，了解康复状况。

（2）善后赔偿事宜。

（3）总结教训。

四、设立门店紧急通讯录

为了保证紧急事项的及时汇报和处理，各门店必须设立所有管理人员紧急通讯录。包括所有主管以上人员的姓名、地址、家庭电话、手机号码等，以备在紧急状况下可以及时联络。

此紧急通讯录由门店人事部负责编印，存放于店长办公室、控制室、广播室、现金办公室，同时分发至主管以上全体人员。

五、事件的公关准备

1. 公关应急小组和通讯联络组合并，由人事部主管担任。

2. 事件发生时，公共关系小组负责评估事件可能产生的影响。

评估主要围绕以下几个方面进行。

（1）对我店可能产生的法律责任进行评估。

（2）对我店的美誉度影响进行评估。

（3）对附近社区公众可能产生的心理作用进行评估，包括正向评估和反向评估。

（4）对当天在店内购物的客户损失进行估计，对赔偿数额进行估计。

（5）对客户可能提出的赔偿可能进行评估。

（6）为媒体撰写和提供新闻稿件，最后稿件须由总指挥审定。

（7）本次事件的灾后评估。

（8）给集团领导层的事故报告。

3. 评估要求：一定要实事求是，以事件本身为依据，做到不夸大、不缩小事实。

4. 公关目标：继续维系我店在社区的良好形象，通过良好的处理措施使我店的美誉度不降低，并通过危机的处理，提升我店的知名度和美誉度。

以上是一个商场的危机管理的其中一个预案，根据这个预案，当危机事件降临时，马上就可以启动预案，有条不紊地进行事件处理。预案的前四个部分是危机管理的事情，第五个部分就是危机公关的事情。从上面的预案中我们可以看出，危机管理与危机公关的区别还是很明显的，互有包容，但又并不完全相同。

第四节 公共关系与企业社会责任

一、什么是企业社会责任

企业社会责任（Corporate Social Responsibility，CSR）是指企业或组织在赚取利润的同时，必须主动承担对环境、社会和利益相关者的责任，它包括遵守商业道德、保障生产安全、关注职业健康、保护劳动者的合法权益、节约资源等。

企业社会责任也是国内外正掀起的一场运动。自20世纪80年代以来，一些著名跨国公司在迅速扩张的同时，受到的指责也越来越多，批评它们唯利是图，为"赚取工人血汗钱"而存在。在这种压力下，CSR在一些主要国家开始酝酿形成，到20世纪90年代中期，CSR运动逐步扩大，一些著名跨国公司在经营中纷纷要求其所在国的合作供应商接受有关劳工标准和CSR审查。CSR从而蔓延开来，并形成了一种浪潮，开始冲击许多国家。

在1999年1月的瑞士达沃斯世界经济论坛上，联合国秘书长安南提出了"全球协议"，该协议号召公司遵守在人权、劳工标准和环境方面的九项基本原则，其内容如下所示。

（1）企业应支持并尊重国际公认的各项人权。
（2）绝不参与任何漠视和践踏人权的行为。
（3）企业应支持结社自由，承认劳资双方就工资等问题谈判的权力。
（4）消除各种形式的强制性劳动。
（5）有效禁止童工。
（6）杜绝任何在用工和行业方面的歧视行为。
（7）企业应对环境挑战未雨绸缪。
（8）主动增加对环保所承担的责任。
（9）鼓励无害环境科技的发展与推广。
2000年7月，该协议在联合国总部正式启动。

二、企业社会责任在中国的发展演变

CSR运动也很快涌进国内。这些跨国公司零售集团在步入国门以后，就开始把CSR带进国内，要求自己的生产基地和合作企业实行CSR，并先后在深圳、东莞、莆田等地设立了劳工监控部门。国内越来越多的企业迫于压力，也越来越认可CSR的社会责任标准SA8000（Social Accountability 8000 International Standard）。同时，国内环境污染日益严重，企业经营中道德伦理底线屡屡被突破，诚信和互信关系屡遭破坏，这已经成了一个普遍性的问题。在经济大力发展的同时，经济发展的环境却越来越严峻，企业生存压力越来越大，国内许多学者和企业家纷纷呼吁，要求国内更多的企业在盈利的同时，要承担相应的社会责任，要求企业的发展要合乎社会道德规范，以最终实现可持续发展。

三、企业社会道德意识是企业社会责任中起码的要求和底线

CSR 实际上就是企业运作和经营中要遵循的伦理和道德守则,其中企业的社会道德意识应该是企业社会责任中起码的要求和底线,而道德意识中最基本的东西又是诚信,这是一个企业生存必须做到的最起码的要求。因为一个企业只有具备了起码的道德意识和社会公德,才有可能去顾及其他方面的责任,如果一个企业连最起码的道德和社会公德意识都没有,那怎么可能相信它会去履行其他方面的责任呢?

(一) 企业道德的含义

企业道德包含两种含义,或者说具有两层境界。

1. 企业基本道德

基本道德要求企业在经营和运作中要有自己起码的操守和理念,要遵循社会公认的基本伦理和道德,不能为了一己之念去破坏它,这是企业道德的伦理底线。换句话说,就是企业在经营和发展过程中起码要明哲保身,不增加社会政治、经济和公益负担,不把企业的危机转向社会,不造成社会环境的破坏和自然环境的污染。

2. 企业在基本道德基础之上的延伸道德

延伸道德要求企业在运作和经营过程中不仅明哲保身,更要求企业更具有社会意义。企业要从单纯的赚取利润转变为追求经营品位,追求社会价值,要为社会及其周围环境做出自己的贡献。

(二) 企业道德的有形形态和无形形态表现方式

企业道德具有有形形态和无形形态两种表现方式,有形形态表现为企业对产品的保护,对消费者的态度,对自然环境的破坏与保护程度,企业和员工关系的紧密程度,企业内部凝聚力的大小,企业领导人的素质,企业设备、资金的管理等等。无形形态表现为企业文化的品位、企业的公众意识、企业员工素质、员工的道德品质、企业履行社会责任的程度、企业的诚信度、企业形象、企业危机公关,等等。企业道德是透过企业的有形和无形行为表现出来的,是一个企业软实力在意识形态方面的表现。一个经营良好、运作正常的良好企业,总是把企业道德放在企业日常的重要方面。

四、企业履行社会责任的公共关系价值

企业社会责任不能给企业带来直接和快速的经济回报,但会给企业带来战略收益,有利于企业的长期收益。企业履行社会责任有助于员工激励、留住好的员工、提高企业声誉,通过与利益相关者的对话能更好地进行问题管理。企业履行社会责任给企业带来的收益主要体现在声誉管理、风险管理、创新和学习、员工满意、经济绩效以及改善竞争环境等方面。总之,企业履行社会责任有利于提高企业的竞争力。

（一）声誉管理

成功的企业不仅注重顾客关系，而且要依靠和利益相关者的良好关系。当企业增强了与利益相关者的关系时，每个利益相关群体对企业战略目标的潜在支持就提高了，通过这种关系，企业创造了价值，企业社会责任为企业提供了管理和影响这些利益相关者行为的一种手段。为了把企业社会责任信息有效地传递给利益相关者，许多企业提供了有关环境、社会和伦理方面表现的报道。这些行为能影响利益相关者的态度和观念，增进企业与利益相关者的关系，建立利益相关者的信任，给企业带来良好的声誉，提高其市场价值。

（二）风险管理

任何企业经营都有风险，风险管理会对企业的长期市场价值产生很大的影响。许多企业对风险给予了更宽泛的定义，即包括整体考虑社会和环境问题的范围更宽、时间更长的风险。企业把风险或机遇与企业可持续发展结合起来，运用于内部风险评估或战略实施，这能有效地管理企业风险，有助于企业发现市场机遇。

（三）创新和学习

创新和学习对企业的长期发展非常重要，使企业发现新的市场机会，建立有效的运营。有些企业通过社会责任途径实施产品差异化战略，开辟新市场。一些证据表明，在企业社会责任方面，企业通过创新和学习，把环境约束和社会压力转变成为有效的市场机遇，面对一系列的社会和环境问题，企业社会责任创新使企业更具有竞争优势。

（四）员工满意

企业依靠员工发展，依靠同其他利益相关者的关系来创造和传递价值。越来越多的求职者不仅考虑经济报酬，也考虑企业的社会表现。良好的企业社会表现有助于招聘，并留住优秀的员工。

（五）经济绩效

企业社会责任通过各种方式帮助企业提高"三重底线"（经济、社会、环境）水平，这主要包括使企业在生产过程中更好地使用生产要素，通过对能源和废物的有效管理，降低作业成本，把环境保护作为社会资本，降低产品生命周期成本，提高生产效率等。

（六）改善竞争环境

企业竞争力在很大程度上取决于其经营所在地的环境，而企业社会责任被认为是改善竞争环境投入产出最高的一种方式，迈克·波特和马克·克雷默（2002）将其称之为"竞争环境"。例如，企业履行社会责任如慈善活动往往是改善竞争环境投入产出最高的一种方式，因为它使企业能够利用非营利组织与其他机构的工作成果和基础设施。[1]

---

[1] 姜启军. 企业履行社会责任的动因分析[J]. 改革与战略，2007.

案例 5-7

2016 金旗奖案例：儿童安全过假期（Safe Kids@Home）

霍尼韦尔与全球儿童安全组织于 2005 年起在中国合作开展"儿童安全过假期"伤害预防教育，针对 6~12 岁的儿童开展家庭燃气安全和火灾逃生的教育。针对中国空气污染现状，该项目于 2015 年新增"室内空气质量"的内容，唤起学生和家长对室内空气质量的关注。

"儿童安全过假期"项目采用线上线下"双线并行"的模式，除了志愿者面授，还引入网络形式。在主题网站上，不仅可以观看教学视频，还可以下载资料。我们利用霍尼韦尔和全球儿童安全组织的官方微信微博，鼓励将知识进行分享。作为霍尼韦尔家园建设计划在中国的旗舰项目，截至 2015 年，该项目覆盖全国 21 个城市，较 2014 年新增 7 个城市，增长率近 50%，有 4300 余所学校的 300 万名学生直接受益。上海市教委出台的保障师生安度寒假的多项举措中，更将"儿童安全过假期"项目的教学内容列为中小学生安全作业之一。

执行时间：2015 年 1 月—2016 年 3 月
企业名称：霍尼韦尔（中国）有限公司

案例 5-8

2016 金旗奖案例："每一个行动都有意义"
2015 雅诗兰黛公司粉红丝带乳腺癌防治运动

自 1992 年以来，雅诗兰黛集团粉红丝带乳腺癌防治运动创立，目前已遍及 70 多个国家，覆盖数十亿人群。2003 年，雅诗兰黛集团将粉红丝带乳腺癌防治运动带到中国，通过各种方式积极宣传推广粉红丝带运动。

2015 年，雅诗兰黛公司提出"每一个行动都有意义"作为全新的沟通主题，旨在让每一个人，尤其是年轻女性，通过付出微小的行动预防乳腺癌。通过新媒体和社交媒体，得以触及更多年轻人，引起她们对乳腺癌的重视。

此次活动，通过线上与线下事件的全面策划，意在引起人们对于乳腺癌预防的重视并积极成为粉红丝带精神的传播者，向身边人普及预防乳腺癌的相关科普知识，扩大影响。通过公众、明星以及媒体的传播，此次粉红丝带乳腺癌防治运动得以形成一定影响力。

执行时间：2015.9—2015.11
企业名称：雅诗兰黛（上海）商贸有限公司
品牌名称：雅诗兰黛
代理公司：蓝色光标数字营销机构

案例讨论：试分析雅诗兰黛公司公共关系活动的社会效益。

五、企业社会责任缺失的表现

（一）企业缺乏社会责任现象时有发生

出于自己本身的考虑，一些企业，特别是中小型民营企业对社会责任认识不够，甚至触动企业公德意识底线，破坏公共社会所要求的平衡，违背社会公理，引起社会的公愤，对整个企业的威信力和形象造成了很大的破坏。

一些企业不知道什么是社会责任

一些企业对企业社会责任了解并不多，甚至不知道企业和社会责任有什么联系，其企业涉及的社会责任问题颇多，企业总是以损人利己、破坏社会伦理的面目出现。因此，这些企业往往会受到社会和公众的谴责，引起非议。农民工问题、环境污染问题、企业缺乏社会公德意识的问题也时有发生。甚至还有一些民营企业沽名钓誉，不去切实履行 CSR 守则，一方面偷税漏税、克扣工人工资、污染环境，另一方面却"大搞"慈善捐款，其行为完全歪曲了 CSR 运动的初衷。

（二）企业不履行社会责任问题的主要表现[一]

1. 诚信方面

目前，作为市场经济基础的信用文明状况正在经历一场危机。企业存在生产假冒伪劣商品、违约毁约、欺诈客户等现象，而且屡禁不止，这些不道德的工商活动不可避免地给社会带来了损害，轻者浪费资源、劳民伤财，重者则严重干扰正常的市场经济秩序。目前，各种不讲信用的手法大致可归纳为五大类：①生产不合格产品，却贴上合格的检验证，以次充好，或移花接木，贴上名牌产品的商标，欺骗顾客；②利用广告、信函、传单等散发虚假信息；③虚构货源，伪造执照，内外勾结，窃取合同文书等；④利用回收产品，包销产品，低进高出，谋取暴利；⑤利用对方法律素质低或法律文件的不健全，在合同中设下种种陷阱，骗取对方财物。

向顾客提供劣质产品的行为极大地损害了消费者的权益，而不安全的产品则会危害消费者的生命安全，严重违反了市场经济中的公平交易原则。

2. 资源和环境保护方面

企业的活动不可避免地要与自然发生关系，并可能对生态环境造成破坏，如排放有害物质造成的生态环境破坏，以及乱砍滥伐森林造成的对自然资源的破坏等。随着我国经济的高速发展，环境污染情况令人担忧。

3. 税收与社会公共事业活动方面

企业从事生产经营活动，一方面，为社会创造日益丰富的物质财富，以保证国民经济的正常运转，保证中央及地方各级政府、各企事业单位职能正常运行所需的物质条件，即为保护社会利益及社会发展提供使用价值形态的财富；另一方面，企业为国家及各级地方政府提

[一] 马志强. 民营企业的社会责任——我省和谐企业建设中公共关系的时间创新研究 [R].
[2008.1.30]

供一定的税收，即从价值形态上为国家做贡献，以增加国家的资金积累，促进国家建设事业迅速发展。此外，企业还应当对社会公益事业进行支持和捐赠，帮助社会贫困地区的发展，这是企业社会责任的延伸。

4. 人力资源方面

人是企业中最宝贵的资源，一个企业长期发展的关键是靠发挥人的积极性和创造性，而人的积极性和创造性的发挥，又需要企业与劳动提供者之间形成和谐的伦理关系，因此，尊重人权，是企业应该承担的社会责任。目前，部分企业不仅没有建立起以人为本的企业文化，而且还通过延长工作时间、降低劳保待遇、克扣工薪等方式降低经营成本，增加营业利润。企业增值的一个重要条件是组织内部共同协作的能力，而这种协作能力是建立在相互信任、相互合作的基础上的。倘若没有相互信任，缺乏共享的价值观念，缺乏专业知识以及共事合作的准则，那么，在企业与员工之间、员工与员工之间就无法彼此信任，企业的社会资本就难以形成，经营效率就难以提高，企业的竞争力也就不可能得到增强。

六、加强企业社会责任的做法

根据目前全球化进程中企业社会责任的发展趋势和民营企业社会责任履行的状况，要履行好企业社会责任，全社会要做好以下几点。

1. 公共关系应该加强对企业社会责任的研究

公共关系应该加强对企业社会责任的研究，给企业家提供更多的社会责任认识。企业社会责任不仅是企业本身的一种责任，也是企业塑造企业形象、提升企业品位、增加企业知名度和美誉度、开展企业文化、形成企业内部凝聚力的最有效的途径。从某方面来说，企业进行社会责任的过程，就是企业开展公共关系的过程。良好的社会责任是一个企业开展公共关系的最好平台。因此，公共关系要加强对企业社会责任的研究，把社会责任纳入公共关系的范畴，把企业社会责任和公共关系结合起来，研究提升企业社会责任的效果和效应，增加企业公共关系的魅力。

2. 加强对企业社会责任的宣传

党的十七大报告明确提出要建设社会主义和谐社会，而企业社会责任是企业走向和谐必然要履行的义务，我们应该让每一位企业家都认识到这一点。因此，各级政府应该加强正确引导，帮助企业家们认识企业社会责任。加大对企业社会责任的宣传，规范社会团体、行业协会行为，让全社会都来关注企业社会责任，并且参与到推动企业社会责任的运动中来，营造推进企业社会责任的社会氛围。改革开放四十年，我们宣传办企业的多，但宣传企业家承担社会责任的少。传统的自私自利、"各扫门前雪"的观念还在作怪。

举办企业社会责任培训班，让地方政府官员和企业经营者、管理者理解企业社会责任对企业发展和地方经济发展的重要意义，要帮助企业树立社会责任的理念，建立企业社会责任管理体系，使企业社会责任管理制度化、规范化，尽快与国际接轨。

3. 建立和推行企业社会责任评价体系，推行 SA8000 社会责任标准认证

SA8000 是全球首个道德规范国际标准。其宗旨是确保供应商所供应的产品，皆符合社会责任标准的要求。在西方发达国家，对任何一个企业的评价都是从经济、社会和环保三个方面进行的，经济指标仅仅被认为是企业最基本的评价指标，关于企业社会责任的评价多种多样，如道琼斯可持续发展指数、多米尼道德指数等，《商业道德》《财富》等都将企业社会责任纳入评价体系。而在中国，目前对企业的评价仍然停留在经济指标上，这样的评价体系已经不能适应经济全球化的趋势和要求，也不利于中国的企业提高国际竞争力。因此，推行 SA8000，即"社会责任标准"不仅是企业现代化的要求，也是我国经济发展和现实环境的压力使然。

4. 推进企业社会责任法制化

要从《公司法》的总则中突出强调企业必须承担的基本社会责任，使企业社会责任纳入法制化、规范化的管理体系中。强化企业社会责任实际是强化企业的守法行为，使企业在生产经营的过程中严格遵守劳动保护法、生产安全法和环境保护法，在遵守国家各项法律的前提下创造利润，为社会做贡献。

5. 地方政府要加强对企业社会责任的监督

地方政府有关部门应对企业履行社会责任的情况做定期评估，对企业守法行为的情况要充分了解。表彰激励认真履行企业社会责任的企业，对履行社会责任不力的企业要形成人人喊打的局面，对那些严重违反劳动法、生产安全法和环境保护法的企业提出批评或惩罚，从而引导企业转变观念，朝着积极履行社会责任的方向发展。

6. 完善企业社会责任三方机制

企业社会责任涉及政府、企业、职工三大利益主体。民营企业大多没有工会组织，或有工会组织而没有独立性，无法承担起维护职工合法权益的职责。缺乏强有力的组织支撑，职工永远是弱势群体。所以，强化企业社会责任，关键在于强化工会的维权作用，完善政府、企业与职工的三方机制。

案例 5-9

金旗奖获奖案例：玫琳凯"爱·出色活动"

玫琳凯（中国）化妆品有限公司在 2014 年被评为"2014 最具公众影响力企业社会责任奖"。创始人玫琳凯·艾施曾说，"你为他人付出的一切，终将回到你的生命之中。"感恩之心，爱的传承！您的爱心行动，将为他人的生命带去改变。当玫琳凯女士创办这家梦想公司的时候，她就将企业的文化理念建立在乐施与感恩的基础上。在这里，我们不仅希望获得品才貌全面的发展，也希望自己能有机会将爱施予身边有需要的人，以实现自身的社会价值。玫琳凯"爱·出色"正是为了让玫琳凯人实现社会价值而成立。

爱·出色活动包括 2014 年举行彩妆跨界艺术；作品线上展示时间为 3 月 17 日~4 月 12 日，每周上线 2~3 个艺术家作品，通过视频、彩妆图多面展示 3 名新锐艺术家、3 位人气

艺人以及国内热门花艺师用彩妆描绘的独一无二的公益绘画作品，传播社会正能量。艺术跨界慈善包括所有作品将会捐赠给宋庆龄基金会，进行公开慈善拍卖，拍卖所得将全部投入慈善项目。现场跨界展览时间为4月12日，包括时装周里的慈善意味——新天地彩妆画艺术展。跨界慈善盛典时间为4月12日，有150名嘉宾、3位艺术家、5家电视台、15家上海主流媒体参加。

事件名称：玫琳凯"爱·出色"活动
执行时间：2014.4.12 项目启动
企业名称：玫琳凯（中国）化妆品有限公司

海底捞成功的危机公关

2017年8月25日上午10点55分，《法制晚报》发表的《记者历时4个月暗访海底捞：老鼠爬进食品柜，火锅漏勺掏下水道》报道在网络呈刷屏之势。文章称，海底捞北京劲松店、太阳宫店两家门店卫生环境堪忧，老鼠在后厨地上乱窜、打扫卫生的簸箕和餐具同池混洗、用顾客使用的火锅漏勺掏下水道……相关话题热度不断攀升，使得以优质服务著称的海底捞走下神坛，成为众矢之的。一瞬间，凤凰网、北青网、网易、新浪等十几家媒体都相继转载发布了"海底捞的食品安全问题"讨论。

2017年8月25日14:46分，海底捞发布了《关于海底捞火锅北京劲松店、太阳宫店事件的致歉信》，因为反应迅速、道歉态度诚恳而平息了不少消费者的怒火。

当天下午17:16分，海底捞发布了关于《海底捞北京劲松店、北京太阳宫店事件处理通报》，进行了诚恳的道歉，并表示会停业排查，还安抚了店内的员工。这被不少人指出是"极为成功的危机公关"，很多网友直接在微博下面评论"继续支持海底捞"，原谅之声盖过了批评之声。

8月27日，北京市食药监局发出申明：8月25日已经对海底捞立案侦查，并两次约谈海底捞北京地区负责人，要求"海底捞"北京地区所有门店一个月内实现后厨公开，接受社会监督。同时，将上述检查发现问题的门店记入北京市企业信用信息平台，并在第二年度餐饮服务单位量化分级中实施减分降级。北京烹饪协会也在8月28日上午7点19分表态，将会开展全市餐饮检查，确保食品安全万无一失。

8月27日15点04分，海底捞发布第三份公告《关于积极落实整改，主动接受社会监督的声明》，表示将会积极参加北京市正在倡导的阳光餐饮工程，主动将北京市及全国所有门店实现后厨操作可视化，接受媒体和广大消费者的社会监督。

自事件发生后，公司统一安排所有门店对所有设备设施和卫生情况进行检查整改。所有门店还成立了质检小组，包括食品安全质检、卫生质检和餐具质检。另外，还组织全体员工学习食品安全制度，对后厨人员进行培训，包括洗碗机、下水道的清洗，以及不允许打扫卫生的工具接触食品等。

公司实行四色卡制度，红卡代表服务，黄卡代表菜品质量，蓝卡是指环境卫生，绿卡指食品安全。门店领班会监督员工，员工一个月如果出现一定次数的食品安全不规范的行为，将会被开除，如果因此出现重大问题的，即使首次也会被开除。另外，公司每个月会对门店进行检查并做排名。名次处于倒数15名及以内的，都会按照相关制度处理，员工也会受到相应惩罚。

从反应速度来看，暗访新闻曝光后，海底捞3小时确定处理方案并公之于众。

从态度来看，海底捞公关不抵赖、不狡辩，快速、坦率回应得有点令人措手不及。

从应对策略来看，海底捞这次公关主打温情牌。这也是把最坏局面瞬间扭转的最为关键的一点。

从解决危机方法来看，承认错误并及时改正，同时安抚员工情绪。海底捞公关通报的第六点即做出了说明，"涉事停业的两家门店的干部和职工无须恐慌""主要责任由公司董事会承担"。

海底捞的公关完美利用了同理心的心理作用，从客户角度、员工角度，既解决了问题又打感情牌，重点在于彻底解决了问题，让顾客和员工心里都很舒服。

复习思考题

一、概念题

危机公关　　企业社会责任　　CSR

二、问答题

1. "危机公关"和"公关危机"的区别在哪里？
2. 现在社会，企业违背社会责任的表现有哪些？

三、综合案例分析

1. 试寻找资料分析海底捞的企业形象。
2. 从危机的发展阶段分析海底捞的危机公关。

第六章 公共关系策划
——公共关系的核心竞争力

内容提要

本章主要按照卡特利普和森特的"公共关系工作四步法"分别介绍公共关系策划的公共关系调研、公共关系方案制定、公共关系实施以及公共关系评估的原理、方法和技巧。通过本章学习，培养学生发现公共关系问题、分析公共关系信息和策划公共关系事件的素质，培养学生公共关系策划能力、公共关系实施能力和公共关系的创新能力。掌握公共关系的调查技能、"制造新闻"的技能和撰写公共关系策划方案的技能。

世界上最好的工作

2009年澳大利亚昆士兰州旅游局向全球招聘职位——昆士兰州哈密尔顿岛看护员，工作时间为2009年7月1日至12月31日；工作内容为清洁鱼池，喂鱼，收发邮件，发表文章及上传照片、视频，接受媒体采访，巡游水域内其他岛屿等；职位薪酬为15万澳元/半年（约75万人民币）；福利待遇为豪华住宿，负责工作地及申请人居住城市之间的往返机票，工作期间的保险，工作产生的交通等其他费用。申请条件为年满18周岁，英语沟通良好，热爱大自然，会游泳，勇于冒险尝试新事物。招募过程为招募活动申请人先在网上填写申请表并上传自制的60秒英文短片（传至Youtube网站）来进行说明。

优厚的福利和待遇、极低的申请条件引起世界青年的极大兴趣和响应。到正式报名截止前，全球共有34 684人申请工作，来自中国的申请者就有503位。最后的获胜者来自英国的慈善基金会募集人，年轻的本·索萨尔。该活动也引起社会的巨大反响：①全球媒体长时间的跟踪报道，使昆士兰旅游局仅仅使用不到100万澳元的支出，就产生了上亿元的旅游营销效果；②大堡礁成为中国游客的热门旅游目的地之一，并且开通了中国到昆士兰州的航线；③昆士兰旅游局推出了新的旅游宣传口号——"昆士兰，闪耀澳洲魅力"，旨在使目的地及旅游体验的定位与游客的期望紧密联系。

公共关系既是一门科学，又是一门艺术。公共关系的科学性与艺术性的统一，最集中、最明显地体现在公共关系策划中。现代公共关系活动的策划具有专业化、职业化的特征。专业化和职业化的一个主要标志就是公共关系运作进入程序化、系统化和完善化的发展阶段。美国公共关系学者卡特利普等人在其名著《有效公共关系》一书中，把公共关系的工作程序分解为四个步骤：即调查分析、制定计划、实施计划、反馈评估。这种关于公共关系程序的分析在几十年的实际工作中已被证明是行之有效的,得到了世界各国公关学者与实际工作人员的认可。

第一节 公共关系策划概述

一、公共关系策划的含义

"策划"也可作"策画",含有计谋、谋划、筹划、打算之意,也就是通常讲的"出谋划策"。

公共关系策划是公共关系人员根据组织形象的现状和目标要求,分析现有条件,谋划、设计公共关系战略、专题活动和具体公共关系活动最佳行动方案的过程。

二、公共关系策划的基本特征

从公共关系策划定义的角度来分析,公共关系策划有以下特征。

(一)目的性

公共关系策划工作有着明确的目的性。公共关系策划设计所确定的目标分为总目标和具体目标。总目标是指任何公共关系活动都希望达到的最终目标。一般来说,这个最终目标就是建设具有理想的知名度和美誉度的组织形象。但任何理想的目标均不能一蹴而就,在一定的时间内,受一定量的人力、物力、财力的约束,任何组织只能就某个具体目标进行公共关系策划设计,具体目标逐项实施、实现,才有可能实现总目标。因此,策划设计的目标性的体现就是总目标与具体目标的统一。

(二)创新性

公共关系策划的思维过程是一种创造性思维。策划设计往往追求独创性,以新颖的策划设计方案提高公共关系活动成功的概率。创新性是公共关系策划的生命力。它集知识、智慧、谋划、新奇于一身,不断散发出耀眼的光芒,成为当今组织谋求发展的一大法宝。只有创新的公共关系行为才能吸引公众的眼球,才能吸引公众参与公共关系活动,在活动中接受公共关系的信息,达到公共关系目的。

(三)计划性

计划性是指按照组织的公共关系目标,根据公共关系活动的特点,有计划、分步骤地实施公共关系策划,使公众的观点与行为朝着对组织有利的方向发展。凡事预则立,不预则废,一个组织政策的实施、行动的开始,都会受到各种主客观条件的限制。因此,要想顺利地实现组织目标,就必须有一整套经过周密运筹后制定的系统性计划。

(四)思想性

公共关系策划过程是一种思维过程,不同的文化背景会出现不同的思维方式,不同的思维方式会产生不同的谋略策划和不同的效果。我们在策划时要充分考虑所处国家的政治、经济、文化、民族心理、价值观等，并且公共关系作为一种社会活动，要在思想上做正确的引导。

（五）针对性

公共关系策划没有一个统一的、一成不变的模式。它受制于组织所处的外部环境、自身条件和公共关系状态以及策划者本身的创造性思维方式，对不同的组织需要策划不同的公共关系方案；同一组织在不同的外部环境条件下，也需要策划不同的公共关系方案；同一组织，同一个外部环境，不同的自身条件，还需要策划不同的公共关系方案。这说明公共关系策划工作一定要有针对性。

（六）调适性

公共关系策划方案应该有一定的弹性，进行策划设计时，设计者应考虑条件的变化，根据公共关系策划方案实施的环境、目标公众的需求动机和心理承受力来适时适度地调整公共关系策略，调整后的公共关系方案应更有可行性和创新性。

（七）可行性

公共关系策划既要考虑外部环境，也要根据组织的内部条件，以本组织的实际情况为依据，以组织的经济实力为依托，以自己掌握的信息和情报为导向，确定切实可行的策划方案，只有这样，据此方案才能有效地开展公关活动。如果不考虑本组织的实际情况与经济实力，策划出的方案即使再好，但是无法操作或成本太高，方案也只是中看不中用。

案例 6-1

长跑竞赛事故

1999 年 6 月，在春江市"阳歌杯"全民健身周长跑竞赛中，有多人中暑，两人死亡。当日上午，春江市骄阳似火，天气暴热。9 时整，3000 多名运动员参加了 1.5 公里长的群众性长跑活动。随后，其中的 350 名运动员移至江滨路进行长跑竞赛。其中，中年男子组、女子组和青年组赛程为 8 公里，少年组为 3.6 公里。由于在烈日下激烈奔跑，有不少运动员先后出现程度不同的中暑反应。8 名中暑较严重的运动员被迅速送往市急救医疗中心抢救。伍思聪在途中中暑摔倒，头部被摔伤，待送达急救中心时，心跳已停止。夺得中年女子组竞赛第 2 名的春江市第一机床厂的申桂英也因中暑不治，于次日凌晨死亡。

案例讨论：这次公共关系策划的失误在哪里？

三、公共关系策划的价值

（一）公共关系策划是公关实务的最高层次

一项成功的公共关系策划方案，需要有全面的市场调查资料，并能对各类信息进行科学的分析评估，从中得出合理的结论；需要运用策划人的聪明才智，提出合理、新颖、实用的公共关系设计；还需要有周密的安排，将活动的方方面面落到实处，保证整个策划方案能按预期设计充分实施，其难度不亚于一场成功的军事战役。

（二）公共关系策划是公共关系价值的集中体现

公共关系策划最能体现公共关系传播信息、协调关系、塑造形象的作用。成功的公共关系策划能迅速地提高组织的知名度。在组织的危难之际，挽救组织的形象。

（三）公共关系策划是公共关系运作中的飞跃

公共关系动作应该像交响乐，有起有伏有高潮，通过一些典型策划，在公众（包括组织内部公众）心目中引起震荡，产生高潮，使公共关系运作上一个新台阶，产生一种巨大的飞跃，从而统率公共关系的运作。

（四）公共关系策划是企业形象竞争的法宝

现代企业的竞争已经从产品竞争发展到企业竞争，其内涵更深刻，手段更高明，表现为信誉竞争、形象竞争，哪个企业公共关系策划得好，哪个企业就会树立更好的形象，就能赢得公众、赢得效益、赢得发展。

四、公共关系策划的要素

公共关系的策划包括以下五个要素。

（一）策划者

策划者是指社会组织中的专业公关人员（或专业咨询公司），是公共关系策划的关键要素。策划作为一种纯粹的脑力劳动，策划者的能力和素质的高低对整个策划活动举足轻重，这就要求策划者除了具备一般公关人员应具备的基本素质与技能外，还需要有独特的策划兴趣、创新意识及不凡的预测能力和丰富的实践经验。

（二）策划目标

策划目标是指策划主体预期要实现的一种良好的未来状态。正如英国公关专家弗兰克·杰弗金斯讲的，"有形的公关活动是在公关计划方案已取得既定目标基础上产生的，它不仅能使公关从业人员清楚地知道自己活动的目的，而且能使公关从业人员准确地评估自己活动的实际效果。"

策划目标一般是为解决策划主体形象战略目标中的问题而提出。在策划要素中，公关策划目标是一个方向性要素，具有指向作用。

（三）策划对象

策划对象是指与组织相关的各类目标公众。任何一种策划都是为了沟通组织与公众的关系、吸引公众注意，改变公众态度，进而在公众心目中树立组织良好形象。因此在策划过程中，确定目标公众，并对其进行调查、分析是一项十分重要而艰巨的工作，须按照公众与组织的相关性、目标公众的层次性（即将公众区分为重点公众和一般公众而分别实施不同传播原则），将公众进行科学合理的分类，以保证策划目标的针对性。

(四) 策划内容

策划内容是多层次的统一体，在系统内部可分为高层次、亚层次，表层次三方面。

高层次是指对组织总体宏观战略规划的设计构思，也称总体公共关系战略策划。它最能体现公关策划人员的创新意识和创造力的成果，更注重整体效果是否能将社会效益、组织效益、人才效益和生态效益有机地统一起来，使组织行为的结果对社会造成更积极的影响。

亚层次是指公共关系实务专题活动策划，如记者招待会、新闻发布会、危机管理等。它可以是单个专题活动，也可以是一个系列的专题活动，如企业开业庆典系列活动等。

表层次是指具体的操作性公共关系活动，如记者招待会中接待礼仪，某一项活动的主持等等。从事此类表层次公关策划的工作人员，只要知晓一般的公关基本技能和礼仪规范，具备一定的人际交往能力即可胜任。

(五) 策划结果

策划方案即策划结果，是指策划者在充分调查、了解策划对象的现状和需求的基础上，为了实现目标而精心设计制定的公关实施细则和设计方案。

一个完整、周详、切实可行的公关策划方案应包括为实现专题目标而进行的所有工作，从确定策划活动主题、明确策划的具体项目到选择公关活动的时机、内容直至预算活动经费及对活动的事后评估的全部过程和内容。

第二节 公共关系调研

公共关系调研是社会组织公共关系工作的重要组成部分，是公共关系工作的基础工作，也是公共关系人员需要掌握和运用的公共关系基本方法和专业技能之一。

一、公共关系调研的含义

(一) 公共关系调研的概念

调查研究是公共关系工作的第一个步骤。组织要设计、塑造、树立其良好形象，必须对组织在公众中的现有形象有准确的了解，必须能及时、有效、准确地获取组织的外部信息，把握公众舆论。公共关系调研是社会调研的一种表现形式，是指公共关系人员运用现代社会科学中的定量与定性分析相结合的方法，迅速、准确、全面、深入地搜集掌握公众对组织主体的评价资料，进而对主体公共关系状态进行客观分析的一种公共关系实务。这一工作既艰苦、琐碎，又极其重要。准确、科学地把握公共关系调研，会对社会组织的公共关系工作起到极为重要的决策与参考作用。

(二) 公共关系调研的特点

1. 目的性强

每一项调研，在某种意义上来说，就是一项重要的公关活动。要通过调研获得重要的信息数据为决策服务，并要通过调研在公众中传递组织信息，表达组织对某些问题的关注，因此，公共关系调研要经过精心安排、周密操作，才能最终达到确定的目的。

2. 涉及面广

公共关系调研不是就一时一事予以深入研究，而是对社会组织所发生关系的主要对象——公众展开了解和认识，调研的开展往往涉及面广，头绪庞杂。

3. 指向性强

公共关系调研不是无对象的，其明确的目的指向，使公众成为公共关系调研最主要的目标指向。某社会组织要开展公共关系调研，首先要确定调研的对象——公众，如公众的特定群体、数量、范围、层次等均要予以明确，整个公关调研在严格的控制下进行，这一控制行为主要就体现在公众上。对于非公众或潜在公众，社会组织可以不予考虑，只有这样，组织的调研才有意义，调研的结果才会对组织的决策有所帮助。

二、公共关系调研的内容

（一）组织内部公共关系调研的内容

1. 组织一般资料的调研

（1）组织的历史　如组织成立的年代，组织历史上的重要人物以及这些人物对组织的创建、发展和社会的进步所做的贡献，组织历史上发生过的重要事件，以及这些事件对组织以及社会造成的影响。

（2）组织的目标　组织的目标是什么、组织的目标是否做过一些调整、为什么要做这些调整、调整后的效果到底如何、组织的目标是否在为组织获得利益的同时也服务于公众的利益？

（3）组织的政策与措施　了解组织的政策和措施的制定及实施情况，以及这些措施的实施对公众的影响，组织的政策与措施是否也做过调整，这种调整的原因、作用分别又是什么。

（4）组织的经营管理情况　组织内部机构的设置、领导人及部门领导人的职权范围、工作绩效；组织的生产和服务质量的现状；组织的产品销售、技术开发状况；组织的人事、财务状况；组织迫切需要解决的问题。

2. 组织公共关系基本状况的调研

（1）组织对社会的贡献　组织为了自身的社会形象曾做过什么样的努力，组织的存在和发展对社会服务的意义是否明确，对社会是否做过类似于捐款、资助、义务服务、人力扶持等方面的贡献，组织是否还有能力为社会再多做一些贡献？

（2）组织内部的领导人是否具备公共关系意识，是否追求公共关系的目标和要求　如组织领导是否有过对公共关系重视的行为，对组织形象塑造的进一步要求是什么？

（3）组织内部的员工对组织的基本要求是什么　如广大员工对组织的认识及评价，是否提出有关组织的批评、意见或看法，他们对领导层提出的组织总目标的支持程度如何，组织在公关方面迫切需要解决的问题是什么等。

案例 6-2

有一家宾馆新设立了公共关系部，开办伊始，该部就配备了豪华的办公室，漂亮迷人的公关小姐，现代化的通信设备……但该部部长却发现无事可做。后来，这个部长请来了一位公共关系顾问，向他请教，于是这位顾问一连问了以下几个问题：

"本地共有多少家宾馆？总铺位有多少？"

"旅游旺季时，本地的外国游客每月有多少？国内的外地游客每月有多少？"

"贵宾馆的'知名度'如何？在过去3年中，花在宣传上的经费共有多少？"

"贵宾馆最大的竞争对手是谁？贵宾馆潜在的竞争对手将是谁？"

"去年一年中，因服务不周引起房客不满的事件有多少起？服务不周的症结何在？"

对这样一些极其普通而又极为重要的问题，这位公共关系部部长竟张口结舌，无以对答。于是，那位被请来的公共关系顾问这样说道："先搞清这些问题，然后再开始你们的公共关系工作吧。"

（二）组织外部公共关系调研的内容

1. 组织外部基本环境的调研

（1）对政治环境的分析主要是指了解国家和所在地区的政治结构、政治气氛和变化趋势；国家和政府有关部门已经颁布或有可能颁布的各项政策和法令，以及这些政策和法令对组织有可能产生的影响。

（2）对经济环境的分析主要是指国内经济发展的基本状况，国家经济发展战略和发展趋势，资源和能源的储量及开发情况，当前国民经济的整体水平、国民收入的现状及发展的趋势，社会购买力的特点及人们消费结构的变化特点及趋势，等等。

（3）对社会文化环境的分析是指对社会观念和行为规范变化的分析，分析社会流行思潮及这些思潮对公众行为有可能产生的影响，分析人们的价值观念、行为方式、消费倾向、宗教信仰、文化素质、道德规范等方面的变化以及这些变化对组织发展的制约和影响。

（4）对科技环境的分析主要包括目标市场的技术水平、技术特征及技术要求、技术标准、技术类型的信息，国际市场科技创新的趋势和值得关注的问题等。

（5）对竞争对手的分析，包括一个组织所在的行业情况，组织在竞争中所处的地位、竞争对手的现状和发展趋势、竞争对手的公共关系倾向等，主要是为了组织在竞争中能处于领先的地位。

2. 外部公众状况的调研

（1）从公众构成的情况来看，主要是对目标及其他公众进行分析及细分　对公众的确定过程实际上就是公关工作的开始，体现了公关调查的针对性，从而保证公关资源运用的最大效率。

（2）对公众需求的了解　在确定了具体的公众对象后，就要对公众的需求进行分析，这种调查和分析是为了掌握公众对一个组织的基本需求和特定需求，以便针对公众的不同需求来制定相关的公关政策和方法，从而体现公关工作的基本出发点。

案例 6-3

2017 年金旗奖案例：《第一财经周刊》与优衣库联合发布《2017 中国新中产品质生活报告》

优衣库与中国权威媒体《第一财经周刊》合作开展有关"中国城市新中产品质生活方式与消费趋势"大调查，在全国超过 50 个城市中收集超过 12 000 份有效样本，并进行新中产代表定性访谈，发布了极具公信力与行业影响的《2017 中国城市新中产品质生活报告》，定义中国新中产五大生活和消费方式。同时，优衣库联合《第一财经周刊》、复旦大学教授、QQ 音乐等业界领袖，共同发布《2017 中国新中产品质生活报告》，以发布会造势吸引业界关注，以深度报告洞察消费趋势，持续建立优衣库在"新中产品质生活方式"议题上的行业前瞻性与领导力，强化优衣库在社会议题、生活场景与品牌间的连接，引发媒体、品牌商及广大消费者的热切关注和讨论，帮助迅速提升优衣库的品牌影响力、公信度与美誉度。

执行时间：2017 年 6 月 29 日～2017 年 8 月 4 日
企业名称：迅销（中国）商贸有限公司
品牌名称：UNIQLO 优衣库
代理公司：电通公共关系顾问（北京）有限公司

案例讨论：《第一财经周刊》与优衣库联合发布《2017 中国新中产品质生活报告》的意义有哪些？

（3）对公众舆论的监控　公众舆论有时也会被称为民意，是特定社会中人们对于某一问题所公开表述的具有某种一致性的议论或意见。在进行舆论分析时，还可以把舆论标志分为四个等级，即主导舆论、分支舆论、次舆论和微舆论。其中，主导舆论是指在一定范围内有 70% 以上的人所坚持的共同意见；分支舆论是指同时存在的几种有相当数量的人赞成的一致意见；次舆论是指在某些局部地区，有多数人坚持的但并不具有全局性意义的意见；微舆论是指某些小社会环境下的群体舆论，舆论主体可能只有几十个人或上百人。

公众舆论调查在确定量度方面，必须兼顾公众的人数和分布种类两种量的平衡。而公众人数和类别的乘积数就是舆论量度指标，量度指标越大就表明舆论的影响越广，也就越具有权威性。如某一组织在全社会的公众范畴内进行公众舆论调查，选择调查的人数是 100 万人，选择测定的公众种类是 10 种，那么舆论的量度指标则为 100 万人 × 10 = 1 000 万人，也就是说，通过 100 万人的测定可以大致推算出 1 000 万人所持的态度。舆论的另一指标是强度指标，即公众所表示的意见、态度、观点的强烈程度。调查对象在表达对组织的意见时，不同的调查对象具有不同的强烈程度，用指数体系表现出来就叫作强度指标。如公众对组织的某项决定的态度是十分赞成、赞成、比较赞成、无所谓、不太赞成、不赞成、极不赞成等 7 个等级，哪一等级的人数多，哪一等级舆论强度的指数就大。

3. 公众态度和行为倾向的跟踪与监测

公众态度其实是公众舆论的一部分，且构成了其核心内容，公众态度由公众对组织的意见、观点、动机、情感和认知等因素组成。对组织形象进行监测既要注意公众舆论的变化趋势，同时更要密切关注公众态度的演变，因为公众态度的变化将直接与公众的行为倾向结合在一起。

因此，组织的公关人员必须随时注意公众对组织的态度和行为倾向的变化，并通过适当的管理手段加以调控，有时可以采取"顺向强化"的方法，即通过积极的公关活动强化组织的知名度和美誉度，不断巩固和促进处于正向状态的公众态度和行为；有时可以采取"逆向转化"的方法，即通过主动性的公开活动，迅速化解并消除逆向状态的公众态度和行为，使组织形象在公众心目中始终保持积极的状态。

案例 6-4

2016 金旗奖案例：雀巢咖啡大咖节

如何在"双十一"前提升销量是雀巢咖啡要面对的挑战。研究发现，年轻网购人群热衷社交，他们喜欢新鲜有趣的话题，各领域的有趣大咖深受他们的推崇。为此，我们看到了沟通机会，赋予雀巢咖啡新的销售动机——用雀巢咖啡打开社交圈，遇见有意思的人。于是雀巢咖啡联合12位大咖，让他们在雀巢虚拟咖啡馆和你来一场有趣的偶遇，聊得愉快时，他们还会请你喝咖啡，甚至你还可以召唤他们来到身边和你探讨有意思的话题。活动在滴滴出行、微信、天猫超市、楼宇广告等多个渠道联合曝光互动，并以大咖请喝咖啡、呼叫大咖上门等促销噱头，引流至京东和天猫旗舰店。活动期间，产品销量总计突破500万单，相关话题百度指数突破2000，效果远超预期。

执行时间：2015 年 10 月 8 日～10 月 30 日
企业名称：雀巢咖啡（中国）
代理公司：蓝色光标数字营销机构

案例讨论：雀巢公司是如何针对年轻人来焕发企业形象活力的？

4. 组织形象的分析

在公关意义上，形象是一个组织的实际表现在内部、特别是外部公众认识中的投影，也就是公众对一个组织的总体印象、看法和评价。一般构成组织形象的指标有两个：一个是量的指标，即知名度；另一个是质的指标，即美誉度。知名度是指一个组织被公众知道、了解的程度以及组织在社会影响的广度和深度，它是评价组织名气大小的客观尺度；而美誉度是指一个组织获得公众信任、赞美的程度以及组织社会影响的好坏评价，它是评价组织好坏程度的指标。一个真正良好的组织形象应该既有知名度又有美誉度。

在现实的公关管理中，知名度与美誉度往往会产生以下的关系：有知名度不一定有美誉度，有美誉度的也并不一定有知名度。有知名度而没有美誉度是一个不好的公关状态，而只有美誉度但没有知名度将会使组织失去很好的市场机会。因此,要根据知名度与美誉度两个指标综合分析公众对组织的评价意见,公关人员可以运用组织形象地位图测量组织的实际形象地位,这种调查可以初步诊断组织的公关状况,为寻找组织在公关管理方面存在的问题提供大致的方向。这种形象地位的测量一般有以下三个环节。

(1) 组织形象要素分析　组织形象要素分析是根据构成一个组织形象的各种相关因素进行分析。根据公关人员所选择的体现一个组织知名度及美誉度的众多因素进行调查,请选择的调查对象就自己的看法给出评价,公关人员再将调查的结果进行统计,计算每一个调查项目中各种不同程度的评价所占的百分比,从而找出影响组织具体形象定位的原因,确定本组织公关管理中存在的问题,为下一步确定公关目标及方案寻找依据。一般可以根据语意差别分析法制作组织要素调查图表(见表6-1)。

表6-1　组织形象(要素)调查表

调查项目 \ 评价	非常	相当	稍微	中	稍微	相当	非常	评价 \ 调查项目
经营方针正直								经营方针不正直
办事效率高								办事效率低
服务态度诚恳								服务态度不诚恳
业务水平有创新								业务水平缺乏创新
管理顾问有名气								管理顾问没有名气
公司的规模大								公司的规模小

(2) 组织形象地位测量　根据组织形象要素,对组织形象进行地位测量,一般可借助于组织形象地位测量图(见图6-1)来进行测量。

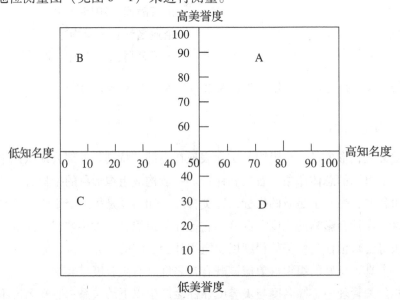

图6-1　组织形象地位测量图

如图所示,图中所示的 A、B、C、D 四个区分别表示组织的不同形象状态。A 区表示高知名度和高美誉度,是公关的最佳状态,任何组织的公关活动最终所要追求的都是这种状态。但高处不胜寒,要维持这种状态的成本也很高。B 区属于高美誉度和低知名度的公关安全状态。C 区是公关的不良状态,既无知名度也无美誉度,但是任何组织初创时期都是从这种状态开始其公关活动的。D 区是公关的恶劣状态,即高知名度和低美誉度,也即我们所说的公关危机状态。

表 6-2 是对 A、B、C、D 四个区间形象状态衡量对比的情况。

表 6-2 四区间形象状态及公关对策

区间名称	形象状况	公共关系对策
A	高知名度,高美誉度	通过公共关系工作维持盛况
B	高美誉度,低知名度	在维持高美誉度的基础上,利用较好的组织形象设法提高知名度,进入 A 区
C	低知名度,低美誉度	暂时保持低姿态,努力提高工作质量,改变组织形象,在此基础上,首先争取较高的美誉度,进入 B 区,然后再通过公共关系工作争取扩大知名度,由 B 区再进入 A 区,达到高知名度和高美誉度的形象地位
D	低美誉度,高知名度	应该先降低其已享有的较高知名度,在一段时期里隐姓埋名,改善产品和服务形象,争取先由 D 区移至 C 区,然后再进行策划,进入 B 区,再恢复较高的知名度,进入 A 区

(3) 组织形象差距分析 组织形象差距分析即将组织的实际调查所得的形象与组织自我期望的形象进行比较,并找出两者之间的差距,从而找到公关努力的基本方向。如图 6-2 所示,图中的虚线表示自我设计的形象,而实线则是根据上述调查及分析后得出的一个组织在公众中的实际形象。

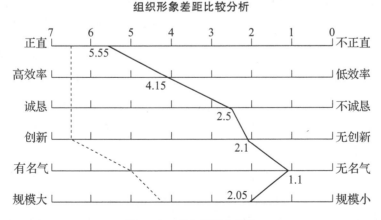

图 6-2 形象差距分析图

实线的标示方法是通过实际统计得出的，其计算方法是：将组织形象要素调查表示不同程度评价的七个级别相应数字化，成为数值标尺。如 1 表示非常差，2 表示相当差，3 表示稍微差，4 表示一般，5 表示稍微好，6 表示相当好，7 表示非常好。然后根据上表的调查统计结果计算公众对每一个调查项目评价的平均值，将各个平均值分别标在数据标尺相对应的位置上，连接各点，即成为组织形象的实际形象曲线。找出实线与虚线之间存在的距离就是公关调研所要完成的工作（见图6-2）。如经营方针是否正直这一项：相当好得6分，共65人，则得390分；稍微好得5分，共25人，则得125分；一般得4分，共10人，则得40分；全部相加为555分，再除以人口基数100，则为5.55，这样就可以将它标示在图表上了。

三、公共关系调研的程序

（一）制定调查方案

调查方案是调查工作的行动纲领，是保证调查工作成功的关键，共包括以下几个内容。

1. 确定调查目的

调查组织所要解决的问题，目的不同，调查的内容和范围也不同。确定调查目的时应注意两点：①要集中在调查委托者最需要解决的主要问题上；②要避免把调查目的定得过高、过宽，已经解决的问题就不要再包括进去了。

2. 确定调查对象及选取对象方法

在确定调查对象时，不是涉及的面越宽就越好，无法接触的对象最好不要列入。例如，决定对企业的员工进行调查，是对整个企业的基层雇员，还是技术阶层或是管理阶层进行调查，做适当的限制，调查才能够深入进行。在确定对多少对象进行调查时，可根据调查需要采取普遍调查法、重点调查法、典型调查法或抽样调查法进行选取。

3. 提出调查方法

常用的调查方法主要有观察法、访谈法、文献调查法、实验调查法、问卷调查法、追踪调查法、公开电话法、奖励建议法等。在调查过程中，用一种方法还是几种方法综合运用，取决于调查对象和调查任务。

4. 确定调查的时间和地点

调查的时间取决于调查资料所反映的是哪一段时间的情况；调查的地点可以选择一个还是几个，要根据调查对象和目的来决定，选择不同的调查地点，可能产生不同的调查结果。

5. 设计调查提纲和问卷调查表

设计调查提纲和问卷调查表就是要将所要调查的项目进行科学分类并排列在书面上，使调查任务明晰化和具体化。如对某一产品的市场消费情况调查，那么消费者的性别、年龄、职业、民族、学历、收入、动机、态度等项目就是调查者必须了解的问题。问卷调查表的设计详见问卷调查法的内容。

6. 确定调查组织计划

确定调查组织计划是指实施整个调查活动的具体工作计划。主要包括调查的组织领导、调查机构设置、人员的选择和培训、调查工作步骤及其善后事务处理。

(二) 设计调查方法

选择哪一种调查方法，应根据不同的调查任务和组织的主客观条件来确定。公共关系在活动中通常采取以下一些方法。

1. 观察调查法

这种方法是调查者进入调查现场，用自己的感官及辅助工具（如采访机、录音笔、摄像机、意见簿等）观察和记录被调查对象的表现，从而获得第一手资料的调查方法。观察调查法要求事前拟定调查提纲，包括观察的时间、地点、对象、目的、记录方式等。进入观察现场后，要做好观察记录。

2. 访谈调查法

这种方法是调查者依据调查提纲与预先设计好的题目，有目的、有计划地与被调查对象（个体或集体）进行对话、直接收集信息的调查方法。

3. 文献调查法

文献调查法是一种间接收集社会、商业信息的方法。它是利用公司内部和外部现有的各种信息、资料、情报等，对调查内容进行分析研究的一种调查方法。

文献调查法的来源主要有历史遗留下来的资料和当前记录在案的文献资料。例如，查看组织或客户的记录（商业报告、统计数据、财经报告、过去的公共关系记录）；查看各种交流活动（经理的演讲、业务通信、时事通信、备忘录、小册子等）以及已经出版的出版物，这些出版物包括大众媒体上的新闻、调查或民意测验、图书馆的参考书、政府文件、登记簿目录、贸易组织的资料；查看客户与组织的各个部门或团体的交流情况记录，如与组织的顾问团、委员、委员会及组织内外相关部门的交流信息等；通过互联网获得信息，这已成为公共关系人员获得信息的最重要途径之一。

4. 试验调查法

这种方法是选择一批试验对象作为实验组，通过实验活动得出实验结论的一种调查方法。常用的实验调查法主要有以下两种。

(1) 将实验对象进行事前事后对比实验　将实验前正常情况下收集到的数据进行测定后，经过一定主客观因素的影响，再把测量实验过程中或实验后的资料数据进行前后对比，观察有无变化。如某商品价格在变动前和变动后对市场销售的影响，通过对比观察，了解商品价格涨跌对消费者消费状况的影响，以判断价格变动是否合理、科学。

(2) 将控制组和实验组进行对比试验　所谓控制组，就是确定的非实验对象（如某个组织、某个市场、某个地区等）；所谓实验组（又称对照组），就是确定的实验对象。将两者进行对比实验，就是将实验对象的主客观条件进行改变所得到的实验结果，同非实验对象的情况进行比较而获得新信息的一种调查法。如我国改革开放初期赋予深圳经济特区以新的政策，经过一段时期的实验，结果显示经济特区的发展显然比非经济特区的发展迅速。我国许多政策的出台，都采用了这种方式，如住房、医疗、保险等制度的施行，都是采用了先在某地试点，取得成效后再广泛推行。

5. 问卷调查法

这种方法是调查者将事先设计好的问卷，通过分发、邮寄或媒介（传统媒介与包括互联网在内的新媒介）发布的形式，利用书面问答的方式，向被调查者了解情况并收集信息的一种调查方法。问卷调查法一般采用对调查者进行抽样调查的方法，它是社会调查中最常用的一种信息资料收集方法，因此也常常被称为问卷抽样调查法。

6. 民意测验法

民意测验法是公共关系调查中最主要、应用最广泛的方法。民意测验是通过对需要了解的公众或他们的代表进行问卷调查，集中了解公众对组织的看法和态度的一种方法。民意测验的操作程序包括以下环节：确定调查目的、界定调查对象、拟订问卷、确定访问方式、整理资料、撰写调查报告。

（三）收集调查资料

公关人员面对的调查对象数量巨大、分布面广、层次多样、兴趣各异，在采用以上调查方法收集资料时，有普查和抽样调查两种方式。普查虽不用考虑解决调查对象的复杂问题，但它只适用于小型人口总体的公关调查。而对于多数的、面对大型人口总体的公关调查，则需要采取抽样调查的方式。抽样必须遵守随机原则，保证总体中的每一个单位都有均等的被抽中的机会，这也是对结果进行统计推论的前提。用这种方法调查所产生的误差可以用统计方法计算和控制。

（四）处理调查结果

1. 整理调查资料

这是调查报告撰写前的必须工作，也是统计分析与理论分析的基础，在调查阶段收集到的大量资料都是极个别、极分散的，所以必须对这些资料进行科学的整理和分类，并进行有目的的筛选和分析，主要分三个环节。

（1）处理调查资料的第一步是认真记录和仔细汇总来自各渠道的信息，再通过去伪存真，对汇总的信息进行筛选、辨析、综合和分类等，整理出同组织生存、发展关系较大的信息，最后将整理后的信息储存进电脑，以备下一步检索分析。

（2）处理调查资料的第二步是确定问题，即通过检索信息、分析信息，确定出组织存在或面临的问题。其中最重要的就是组织的形象问题。如：目前组织所处的形象地位是高知名度和高美誉度，低知名度和高美誉度，高知名度和低美誉度，还是低知名度和低美誉度；组织自我期望形象与公众对组织的期望形象之间有多大的差距等。

（3）处理调查资料的第三步是排列问题等级。首先，按问题可能发生的先后时间顺序，列出解决问题的迫切性等级,并考虑优先解决哪些问题;其次,按问题对组织发展影响的轻重,列出问题的重要性等级,并考虑着重解决哪些问题。

在处理调查数据的结果时,应遵循实事求是的原则,即尊重事实,不擅自改动数字,同时应避免主观臆断,对数据妄下定论。此外,在数据完整、旁证充分的情况下,调查人员也可以予以一定的推断,使调查的结果有更大的价值。

2. 撰写调查报告

(1)调查开展情况概括 这是调查报告的第一部分,主要内容包括开展调查的目的、主题、时间、范围或区域、方法、调查人数(或访问、观察人数)以及调查结果等。通过这些内容的陈述,使阅读者或公司决策者对调查的开展情况有一个基本的了解,也可以增加调查可信度及对调查工作的基本考核,这是每个调查报告不可或缺的内容。

(2)调查基本情况综述 这部分主要包括调查的具体问题、每一问题的回答人数、所占比例数,并对这些情况进行初步分析,这是调查报告的主体内容。组织公关调查的主要情况、存在问题、意欲方向、公众期望等等,均在这一部分得以反映。这一部分写作也往往分成被调查者基本情况、调查事实问题分析和调查意向问题分析这几个内容。写作方面要求陈述清晰,层次分明。不能用数字和图标堆砌,让人不知所言。

(3)调查结论分析 这部分内容是调查报告最重要的部分,是整个调查活动的结论,因此这部分内容是报告阅读人最关注的部分。这部分的写作要有理有据、合理推断、分析得当、令人信服,其所提出的问题要论之有据。结论部分的基础是前文的数据,即用事实说话,这样就实现了公共关系调查工作的目的。

案例6-5

百度+康师傅:用年轻人的方式搞定年轻人

数字化、移动化、社交化的时代变迁,造就了"85后""90后"的年轻一代,如今,他们已经逐渐成为消费的主流,也成为品牌广告主营销影响的主要目标受众群。然而,传统的营销理念、营销方法和营销模式正在这群年轻人身上失效并且失控,如何洞悉并抓住年轻人需求,感受他们的梦想与焦虑,调动他们的参与感与存在感,成为检验品牌是否年轻、营销是否有效的重要标尺。同时,在移动营销的时代,由技术带来的全新营销方式逐渐成为新的趋势。如何借助科技的力量提升营销的效能,丰富营销的方式,也是企业CMO们关注的话题。

百度与康师傅带来的一次基于LBS技术的营销实验,实现了康师傅绿茶4亿次的品牌活动曝光,超过1 087万人参与其中,这或许会对正在探索中的营销人有新的启发。

年轻盟最新推出的《年轻攻心术——年轻盟白皮书》指出,2015年,"让年轻人搞定年轻人"是大势所趋,年轻人的"轻流感"正在入侵整个营销行业,"由年轻人为品牌营销"的新时代正在开启。对品牌而言,走近年轻人的最好方法,就是让他们牵起你的手。

在近两个月时间内,康师傅绿茶与百度地图联手推出了一场"绿动健康走"的接地气营销活动,跟年轻人真正玩在了一起。一方面,康师傅绿茶借助百度地图这个移动端入口级产品，切入"移动 APP + O2O 情景营销"，利用步行导航实时记录年轻人的步行活动，倡导低碳环保健康出行的生活方式，向亚健康说不，传递品牌价值观；另一方面，为调动年轻人参与，百度地图引入康师傅绿茶人气代言人李易峰来做真人语音导航，借助明星效应刺激用户通过步行公里数累积"茶多分"，兑换运动手环以及 Apple Watch，引发用户的主动社交分享行为，从而捕捉更多用户参与。

康师傅绿茶与百度地图打造的"绿动健康走"活动，之所以在年轻人群体中引爆了流行的核心，是因为有效把握住了"用年轻人的方式搞定年轻人"这一原则，抓住并回应了族群痛点，有效激发了共鸣。对于"80后""90后"来说，更加快节奏的生活以及来自学业和工作的压力，让他们长期处于亚健康状态，再加上雾霾等环境问题的出现，年轻群体开始追求更加健康的生活方式，健步、骑行、爬山、城市马拉松等户外活动正在成为年轻人流行生活方式的一部分。此外，智能手机与移动互联网的大行其道，使得年轻用户对信息的接收更注重体验、交互与实时感知，更强调场景化中的社交。

本次活动中，百度地图通过 LBS 技术，完美地帮助康师傅实现了"绿动健康走"全纪录：百度 LBS 技术精准记录参与者的每一步，参与者无论下班回家或是外出游玩，只要打开地图步行即可参与；通过 LBS 专有技术实现地标系统中植入康师傅绿茶品牌，使参与者无论是在看电影或是吃饭途中都可以直观感受品牌露出，为康师傅聚拢了极高的人气；大数据统计步行距离，通过"茶多分"积分兑换奖品，对用户产生更强的参与黏性。

第三节 公共关系方案制定

通过公共关系调查研究，了解组织的公共关系环境，确定组织的公共关系问题，组织为完善自身形象或进一步提高自己的形象地位，需要制定具体的行动方案。公共关系方案就是公共关系人员根据组织形象的现状和目标要求，分析现有条件设计最佳行动方案的过程。

一、公共关系方案的特征

一个富有创意的公共关系方案应该具有以下特征。

（一）预见性

公共关系计划一定要预测未来，分析未来事物的变化对企业造成的影响，以及行动之后，会对组织产生什么结果，包括政治上、经济上及其他方面的影响，以不断增强企业优势，清除隐患和劣势。

（二）创意性

公共关系创意是针对公共关系目标所进行的构思和想象。它是公共关系人员为表现公共关系主题和实现公共关系目标所进行的一种创造性思维活动。公共关系方案的创意性是其生命力所在。没有创意的方案不会使得公共关系活动获得成功。

（三）进攻性

公共关系活动是组织采取的公共关系管理方式。因此，它应该是主动、积极的活动，而不是被动的。公共关系方案应是战略性的，而不是防御性的。强烈的进攻性是公共关系方案的显著特点。

（四）完整性

公共关系方案的内容应该是完整的，包括为实现既定目标而进行的所有工作安排。每项具体公共关系活动如何开始、如何发展、如何结束也都应该做出周密的安排。

（五）灵活性

良好的公共关系方案必须具有灵活性，既能适应各种变化的情况，又能及时顺应环境的变化而调整自身。

（六）时间性

公共关系方案的时间性要强。在方案制定过程中，要对实施计划的时间做出精心安排；在实施计划过程中，要严格遵守计划时间。

二、公共关系方案的程序制定

（一）确定公共关系目标

目标是永恒的主题，没有目标，公共关系方案就无从谈起，每一项公共关系活动必须有具体目标，确定公共关系具体目标是制定公共关系方案的前提。公共关系活动所要解决的问题就是公共关系工作的具体目标。公共关系目标按时间分一般分为长期目标（5年以上）、中期目标（3~5年）、短期目标（1~3年）、近期目标（1年以内）；按对象一般分为一般目标（面向所有公众）和特殊目标（面向某一类公众）。

公共关系目标的范围十分广泛，参照英国公共关系专家弗兰克·詹夫金斯所绘制的目标，现概括为以下几种。

（1）新产品、新技术、新服务在项目开发之中，要让公众有足够的了解。

（2）开辟新市场、新产品或服务推销之前，要在新市场所在地的公众中宣传组织的声誉，提高组织知名度。

（3）参加社会公益活动，并通过适当的方式向公众宣传，增加公众对组织的了解和好感。

（4）创造一个良好的消费环境，在公众中普及同本组织有关的产品或服务的消费方式、生活方式。

（5）争取让政府了解组织的性质、发展前景、是否需要得到支持等情况，协调组织与政府的关系。

（6）让组织内外的公众了解组织高层领导关心社会、参加各种社会活动的情况，以提高组织的声誉。

(7) 处在竞争的危机时刻，要通过联络感情等方式，争取有关公众的支持。

(8) 发生严重事故后，要让公众了解组织处理的过程、采取的措施，并解释事故的原因以及说明组织正在做出的努力。

确定公共关系的目标是公共关系策划的关键步骤，没有目标或目标不明确，必然会影响计划的质量。

确定公共关系目标的原则有以下几条。

(1) 组织整体目标一致　企业形象塑造目标必须符合企业整体发展目标，必须有助于企业整体目标的实现。企业形象塑造工作作为整个工作的有机组成部分，不能脱离整个工作的方向，甚至在进度、步骤等方面也必须服从整体工作的进程。

(2) 目标概念具体化　为实现改善组织形象这一总体目标，就要有具体的、实际的步骤，抽象的目标实施起来会使人无所适从。因此在具体运用时，如果把总目标确定为抽象的，那么应把总目标分解成若干具体的子目标。

(3) 目标要有一定的弹性　目标不要定得过高过大，要留有一定余地，以便根据事态发展及时修订形象塑造的目标。

(4) 互惠互利　组织确定的目标要兼顾组织的利益和公众的利益，要符合社会道德和社会行为准则，要有利于社会效益的提高。

(二) 设计主题

公共关系活动主题是对公共关系活动内容的高度概括，它提纲挈领，对整个公共关系活动起着指导作用。主题设计是否精彩恰当，对公共关系活动的成效影响很大。

公共关系活动主题的表现形式是多种多样的。它可以是一个口号，也可以是一句陈述。例如，日本精工计时公司，为使精工表走向世界，利用在东京举行奥运会的机会，进行了以"让全世界的人都了解，精工计时是世界第一流的技术与产品"为目标的公共关系活动，活动的主题是"世界的计时——精工表"。

公共关系活动的主题设计有一定的技巧。设计一个好的主题应考虑三点，即公共关系目标、信息特性和公众心理。

第一，公共关系活动主题必须与公共关系目标相一致，充分表现目标，应该是一句话即点出活动的目的或表现出活动的个性特色。

第二，表现公共关系活动主题的信息特性，首先，要简明扼要，词句切忌过长，难以记忆，否则，不仅不易宣传，还可能会令人厌烦或产生歧义。其次，要独特新颖，有鲜明的个性，突出本次活动的特色，表述上也要有新意，词句要能打动人心，要使之具有强烈的感召力，切忌空泛和雷同。

第三，公共关系活动主题的设计还要适应公众心理的需要，主题要形象，既富有激情，又贴切朴素，使人感到积极奋发，同时，又觉得可信可亲。

(三) 确定并分析目标公众

确定与组织有关的公众，实际是在确定目标公众，即本次公共关系活动的对象。这是公共关系方案制定的基本任务。只有确定了目标公众，才能选定对哪些人实施公共关系方案；

只有确定了目标公众,才能确定如何使用有限的经费和资源,确定工作的重点和进度,科学地配备力量;只有确定了目标公众,才能更好地选择媒介和工作技巧;只有确定了目标公众,才有利于搜集、准备那些既能被公众接受,又有实效的信息。

一个成功的公共关系方案必须考虑到互利的要求,必须明确目标公众的权利要求,将其作为方案制定的依据之一。确定目标公众权利要求,可借助于"目标公众权利要求分析法"进行分析,即在公众分类的基础上,列出所有目标公众的权利要求,而后对其进行评价、比较、选择(如表6-3所示)。列表时应尽可能全面地列出目标公众,并反映出各类公众各自的权利要求,切不可疏漏了重要的目标公众,更不可忽视或误解他们的权利要求。

表6-3 目标公众权利要求结构表

公司的目标公众	目标公众对公司的期望和要求
员工	受到尊重;合理的工资福利;工作安全;培训和上进的机会;人际关系和谐;参与表达、晋升的机会
股东	参加利润分配;参与股东表决和董事会的选举;优先试用新产品;了解公司经营状态,有权检查账目和转让股票;有合同所确定的各种权利
政府	保证各项税收;遵纪守法;承担法律义务;公平竞争;保证安全等
顾客	产品的质量保证和适当的寿命;合理的价格;优良的服务态度;认真解决公众的投诉;完善的售后服务;《中华人民共和国消费者权益保护法》规定的各项权益
竞争者	遵守由社会或本行业确定的竞争准则;平等的竞争机会和条件;竞争中正当使用手段和拥有现代企业风范
社区	向社会提供必要的生产和生活服务及就业机会;保证社区环境和秩序;关心和支持当地政府;支持文化和慈善事业;赞助公益活动;促进社区各项事业的发展
媒介	提供真实的有价值的信息;尊重其职业尊严;保证记者采访的独家新闻不被泄露;提供采访便利

(四)设计活动项目

所谓项目,即指围绕公共关系目标而确定的在不同时期进行的各种形式的活动。要实现公共关系目标,只有通过一个个公共关系项目的实施,才能去逐步接近目标,直至完成。这个工作是方案的主体部分,其内容是根据公共关系的目标和公共关系活动的目标公众而设计的。没有公共关系具体活动的开展与公共关系项目的完成,组织的公共关系目标就无法实现。设计活动内容主要是选择公共关系模式。关于公共关系模式将在下一节中详细介绍。

(五)媒介整合

媒介,即公共关系信息传播的载体。要想达到预期的传播效果,公共关系策划者必须知晓各种媒介,了解各种媒介各自的优缺点,并要善于通过巧妙组合的方式,形成优势互补、交相辉映的整合性传播效果。各种媒介各有所长,各有所短,只有恰当地选择,才能取得较好的效果,最常见的选择方法有以下几种。

(1) 根据公共关系目标、要求来选择 如果企业的目标是提高社会的知名度，则要选择大众传播媒介；如果目标是缓和内部关系，则可以选择人际传播与群体传播。

(2) 根据目标公众来选择 要想使信息有效地传达到目标公众，就必须考虑目标公众的经济状况、教育程度、职业目标、生活方式及他们通常接收信息的习惯。

(3) 根据传播内容来选择 各种传播媒介都有自己的特点，在选择媒介时，应将信息内容的特点和各种传播媒介的优缺点结合起来考虑。如：内容简单的宜选用广播；内容复杂且需要深入研究的，宜选用印刷媒介；开张盛典选用电视媒介；只对本区有意义则不选择全国性媒介；只对一小部分特定公众有意义的信息，可考虑专业报纸、杂志等媒介。

(4) 根据经济条件选择 "量入为出"是总原则，争取以较少的开支取得最佳效果，精心选择是其中重要的一项。

（六）时空选择

我国自古以来，就有"机不可失，时不再来"的名言。"机"的含义很广，从普遍意义上看，凡牵涉事情成败的关键因素，都可以称作"机"。就公共关系策划而言，也需要刻意去捕捉"天时""地利"，去充分地选择运用时间和空间。

1. 时机的捕捉

时机的捕捉有两层意思：一是捕捉时机要准确；二是把握时机要及时。前者指的是，对那些可以预先选定的时机，一定要选准其"时间区间"；后者指的是，对那些预先不可选定、稍纵即逝的时机，要及时抓住，不可犹豫。

一般来说，组织可预先选定利用的时机有以下几种。

(1) 组织创办或开业之时。

(2) 组织更名或与其他组织合作、兼并、资产重组之时。

(3) 组织内部改组、转型、品牌延伸之时。

(4) 组织迁址之时。

(5) 组织推出新产品、新技术、新服务之时。

(6) 组织周年庆典或周期性纪念活动之时。

(7) 组织新股票上市之时。

(8) 国际国内各种节目和纪念日之时。

组织需即时捕捉、稍纵即逝的时机主要有以下几种。

(1) 重大的社会活动和社会事件出现之时。

(2) 组织形象出现危机之时。

(3) 组织或社会突发性灾害爆发之时。

(4) 国家或地方政府新政策出台或新领导人上任之时。

(5) 公众观念和需求发生转变之时。

(6) 组织经营出现困难之时。

(7) 国际国内政治经济大环境、大气候转变之时。

(8) 组织内部资料条件发生变化之时。

时机具有不可逆转性,"难得者时,易失者机"。公共关系策划必须抓住不可复得的机会,迅速果断地采取对策。时机又具有机会的均等性,它公平地赐予每一个组织和公共关系策划者,谁先抓住它,谁就将在竞争中获得先机,谁就可能获得成功。选择时机时,要注意以下几点。

(1) 尽量选择那些能够引起目标公众关注,又具有新闻"苗头"的时机。

(2) 要善于利用节日,去做可借节日传播组织信息的项目;但又要学会避开节目,和节目毫无关系的活动项目不仅不能借节日之势,反而会被节日气氛冲淡效果。

(3) 尽量避开国内外重大事件。因为这时公众关注的焦点、热点是这些重大事件,组织的活动项目很可能会毫不起眼。但国内外大事发生之时,又是组织借势之机,关键看组织公关人员是否能借题发挥。

(4) 不要同时开展两项以上重大的公共关系活动,以免分散人们的注意力,削弱或抵消应有的效果。

(5) 选择时机时,要考虑公众,尤其是目标公众参与的可能性,避开那些目标公众难以参与的时日。

(6) 选择时机时,要考虑媒介,尤其是大众传媒使用的可能性,避开那些因其他重要新闻而使组织信息无法在媒体报道的时日。

(7) 选择时机时,要考虑当时当地的民情风俗,尽量使组织的活动项目与这里的风土人情相吻合。我国是一个多民族国家,面对不同民族、地区的不同风俗习惯和宗教信仰,时机选择尤应慎重。

2. 空间的选择

公共关系策划,对于空间场景的利用非常必要。一方面应尽可能地考虑如何充分利用环境的有利条件,回避不利条件。例如对当地资源土特产的利用、对地理和人文构成的旅游资源的利用、对特殊民俗风情的利用以及对恶劣气候条件的避开等;另一方面,应尽量去选择便利于公共关系活动实施的场所。具体应顾及以下几个方面。

(1) 空间大小 空间大小视活动参与者与活动所需物资的多少而定。场地过大既是浪费也无美感,会使活动气氛显得冷清;场地过小则显得拥挤、混乱,也容易造成事故。

(2) 空间位置 活动空间的地理位置很重要,选择位置要与活动内容相吻合,大型活动还要考虑与机场、港口、车站的距离。

(3) 空间环境 空间环境主要指公共关系活动场地设置的建筑环境、交通环境、人流环境、生态环境等。

(4) 空间条件 空间条件主要指组织活动场所应当具备的基本设施和基本条件。例如通信设施、医疗急救条件、卫生条件、治安条件、文化娱乐条件、购物条件以及食宿条件等。

(5) 备用空间 备用空间主要指为防止各种因素或条件的偶然变化,策划时应对空间做一些应急和临时性变动的考虑。

(6) 空间审美 空间审美指的是公共关系活动地点场所给人的感官审美印象。它包括建筑的造型、布局和结构;场地设施布置与环境装潢;实物摆设与商品柜台设计;橱窗展示、展品陈列以及活动宣传现场广告的张贴、悬挂、放置等。

（七）人员分配

再好的公共关系策划，最终都是靠人去实施和完成的。因此，在策划时，应对将来的实施人做一个考虑和安排。对人员分配的策划，一般要考虑以下几个步骤。

1. 人员挑选

根据组织公共关系活动规模的大小、内容的繁简、层次的高低、经费的多少等因素，为达到活动开展的效果，首先要对活动实施的人员进行量和质的挑选。

2. 人员培训

为保证策划方案的有效实施，在策划时便需要考虑如何对人员进行培训，应就策划目的、宗旨、方法技巧、应急措施等方面，准备一套行之有效的培训计划。

3. 人员分工

策划中对于将来活动中的各个岗位，事先要对现有人才或培训人才做量才施用的考虑，尽量根据其过去的表现和经验，使之能做到人尽其才，既能发挥特长，又能完成任务。

（八）经费预算

经费预算既是公共关系策划的"目标"，也是对实施经费开支的控制。策划中的精打细算，既可给实施者带来事前心中有数的方便，也使决策者认可策划方案成为可能。美国内布拉斯加大学著名传播学教授罗伯特·罗雷在《管理公共关系学——理论与实践》一书中指出："公共关系活动往往由于以下原因归于失败：第一，由于没有足够的经费，难以为继，关键时刻不得不下马；第二，因经费不足，只得削足适履，大幅度修改原计划；第三，活动耗资过大，得不偿失。"

公共关系活动的经费开支主要包括四大内容。

1. 日常行政经费

例如房租、水电费、电话费、办公室文具用品费、保险费、报刊订阅费、交通费、差旅费、交际费以及其他通信费（如特快专递费等）、资料购置费和复制费等。

2. 器材设施费

如购置、租借或维修各种视听器材、通信器材、摄影（像）器材、交通工具、工艺美术器材，制作各种纪念品、印刷品、音像制品和各种传播行为所需的实物及用品。

3. 劳务报酬经费

包括组织内部公共关系人员的薪金或工资、奖金及其他各种福利费、组织外聘专家顾问的工时报酬（策划费用的高低，一般根据公共关系策划者的名望水平、公共关系活动要求、规模和难易程度事先谈定）。

4. 具体公共关系活动项目开支经费

这笔费用的开支主要根据公共关系活动项目大小来确定。它包括宣传广告费、调查活动费、人员培训费、场地租用费、各种名目的赞助费以及办公、布展、接待参观的费用。

与此同时，策划人员还应考虑活动的机动费用（一般占总费用的20%），以防意外。

（九）审定方案

公共关系活动是创造性的劳动，公共关系方案是公共关系人员创造才华的施展，他们常常针对不同公众、不同公共关系目标，提出各种不同的方案。但是，这些方案未必都那么适宜，那么尽善尽美，也不可能同时被采用。因此，必须再进行方案优化，即方案审定。

方案优化过程，就是提高方案合理值的过程，其目的是增强方案的目的性，增加方案的可行性，降低消耗。自然，方案的优化也要从这三方面去考虑。

公共关系方案经过论证后，必须形成报告书，每一项具体的公共关系计划都必须见诸文字。其报告内容为：综合分析的介绍、公共关系活动的计划和方案的论证报告。

最后，公共关系的方案经组织决策层审核批准，然后付诸实施。

公共关系方案制定的程序可用图6-3来表示。

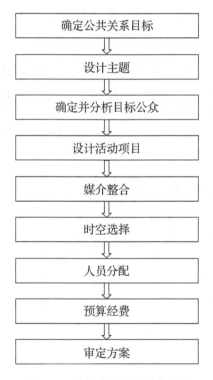

图6-3 公共关系方案制定程序

三、公共关系策划的创意方法

现代策划已经从经验决策转向科学决策，从单一劳动转向集中各方人士共同完成。现代社会知识密集，社会分工如此发达，以至于任何一个人都不可能穷尽其所有的知识，因此，现代社会的策划必然是一个合作的过程、群体智慧的展现过程。它需要调研人员、工程人员、设计师、营销人员、广告人员等协作完成。因此，公共关系策划是一种人才组合的集体策划形式，可以组成一个专项策划小组，通过分头调研、共享信息、独立思考、小组讨论和专人提炼后，再形成一份策划方案。其中分头调研、独立思考和专人提炼体现了发挥个人智慧的作用，而共享信息、小组讨论则体现了群体智慧的作用，这样既能体现各种知识背景的优越性，达到一种个性的发挥，也能体现集体智慧的作用，从而达到一种思维的碰撞和知识的互补。

在整个策划的过程中，策划会议是一种重要形式。在会议中，作为一种艰苦的脑力劳动过程，中外学者根据经验的总结，做了许多探讨和研究，总结了许多策划构思、创造的方式，其中比较实用的是三种构思方法，即头脑风暴法、案例排列法和特尔菲法。

（一）头脑风暴法

头脑风暴法是指通过联想进行构思的方法，其核心是高度自由的联想，一般是通过小型的策划会议，使与会者毫无顾虑地提出各种想法，彼此激励导致产生新的方法。头脑风暴法也称为 BS 法（Brain Storming），原意是指精神病人的胡言乱语，转意为无拘束地思考问题，这一方法实行起来有四项原则，即自由鸣放、不互相批评、欢迎提出多种不同方案、善于总结别人提出的方案。这种小型的策划会议一般不会超过一个小时。

（二）案例排列法

案例排列法是指通过联想方式进行构思的方法。案例排列法主要通过对过去案例进行回顾而激发新的构思，其中要求穷尽各位与会者头脑中的案例。如北京炊具总厂积压了两万把菜刀，通过模仿丰田轿车在火柴盒上做广告及当时流行的有奖销售方法，提出家庭主妇可以凭印有关于炊具厂信息的火柴盒享受打折，结果两万把菜刀一销而空。学会将案例中的方法总结在一起，其实就已经完成了一种新的创造，因为总结就是一种创造。

（三）特尔菲法（也称德尔菲法）

特尔菲法是一种比较先进的调查研究和科学预测方法。它采用许多专家背对背多次进行咨询的方法征求意见，领导小组对每一轮意见进行汇总和整理，再作为参考资料分发给每个专家，请他们分析判断并提出新的论证。由于采用匿名的方式，应邀专家互不了解，完全消除了心理因素的影响，专家们可以参考前一轮预测成果修改自己的意见而无须公开说明，无损自己的威信，而且采用统计方法对结果进行处理，这样反复多次，专家的意见渐趋一致，结论的可靠性就越来越大。

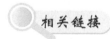
相关链接

特尔菲法的操作程序

(1) 由 CI 设计人员设计出"函询调查表"，选定有关方面专家 10～25 名作为函询对象。

(2) 将调查表寄送给各位专家，让他们在互不见面的情况下自行设计，自由发挥创造。

(3) 收回调查表进行汇总、统计和整理，然后将统计和汇总结果连同调查表再次寄送给函询者，希望他能在他人的启发下提出新的创意。如此往复几次，专家们即可根据统计汇总结果不断改善自己的创意。

(4) 最后拟出若干条评价标准寄送给各位专家,请他们对综合整理的各种见解做出评论。

(5) 进行综合性分析,去粗取精,从多数专家趋于一致的构思或某一独特的创意中得出切实可行的方案。

(6) 支付咨询费用,明确知识产权权益。

四、公共关系策划书的基本格式

(一) 策划书的涵盖内容

根据中国国际公共关系协会主办的"中国大学生公共关系策划大赛"所要求提交的策划案文本,策划书应涵盖以下内容。

(1) 项目背景(项目单位性质,需解决的问题,执行地域等)。

(2) 项目调研(项目 SWOT 分析,项目可行性研究等)。

(3) 项目策划(目标,策略,目标公众,主要信息,传播策略,媒介选择,媒体计划,传播形式及方案要点,预算费用表等)。

(4) 项目执行(实施细节,实施调整,项目进度表,控制与管理等)。

(5) 项目评估(效果综述,现场效果,受众反应,市场反应,媒体监测统计表等)。

(二) 给客户提交或呈现的策划书内容

(1) 首页:目录。

(2) 策划案主体文件:ppt、pps 文件,项目展示。

(3) 项目报告:word 文件或 pdf 文件,由项目背景、项目调研、项目策划、项目执行和项目评估五部分组成。

(4) 其他附件:word 文件、图片、视频、flash、电子杂志等相关展示文件、策划案材料的电子文本。

(三) 常见的策划书格式

1. 前言

说明活动主题的社会背景。

2. 形象分析

通过两个比较——组织与竞争对手比较、宣传项目与公众需求比较来得出结论。

3. 媒介策略

表 6-4 媒介统计表

媒介单位名称	时间	规格	作品内容

4. 活动安排

(1) 日程安排

表 6-5 日程安排表

日期	工作任务	具体要求	执行负责人

(2) 活动安排

表 6-6 活动安排表

时间	项目内容	执行人

5. 经费预算

6. 效果展望

第四节 公共关系方案实施

公共关系方案的实施，是公共关系方案所规定的目标和内容变为现实的过程，是整个公共关系工作中最为复杂、最为多变、最为关键的环节。一项公共关系计划的实施，其重要性足以和制订方案本身相比，从某种意义上来说，甚至比方案的制定更为重要。公共关系评估，就其科学性而言，指的是有关专家或机构依据某种科学的标准和方法，对公共关系的整体策划、准备过程、实施过程以及实施效果进行测量、检查、评估和判断的一种活动。其目的是取得关于公共关系工作过程、工作效益和工作效率的信息，作为决定开展公共关系工作、改进公共关系工作和制订公共关系新计划的依据。

一、公共关系方案实施过程

公共关系方案的实施一般包括实施的准备阶段、实施的执行阶段和实施的结束阶段。

实施的准备阶段包括设计实施方案，制订对各类公众的行动、沟通计划，确定实施措施和程序，建立或组成实施机关等。在实施的执行阶段，实施机关按照已经设计好的实施计划的程序，落实各项措施。在实施的结束阶段，实施机关为下一步的效果评估做好准备。

二、公共关系方案实施过程的特点

公共关系方案的实施是一个完整的行动过程。这个过程呈现如下特点。

（一）创造性

公共关系方案的实施过程绝不是一个简单的照方案办事的过程，而是一个由一系列不同层次的实施者发挥主观能动性的过程。这是因为方案的实施是一个不断变化的、需要调整的动态过程，各种客观环节都在不断发生变化，方案的实施必须适应变化中的情况，实施应该充分发挥自己的积极性、主观性和创造性。从这个意义上来说，公共关系方案的实施是一个对原计划进行艺术再创造的过程。

（二）动态性

公共关系方案的实施是一个思想和行为需要不断变化、不断提速的过程。这是因为，无论一项公共关系方案制定得多么周密、具体和细致，总免不了会与实际情况存在差异；同时，随着时间的推移，实施进展和环境不断变化，实施过程中仍会遇到一些新情况和新问题。因此，组织必须根据新的条件不断调整、修正或改变原定的方案、程序、方法和策略。

（三）广泛性

公共关系方案的实施会对各类公众产生广泛的影响。很显然，任何一项公共关系活动，其目的都是为了改变公众的态度。成功的公共关系活动常常使企业的异己力量变为自己的合作者和支持者，即使有时不能令目标公众从立场上进行彻底的转变，但至少可以在观点、态度等方面产生不同程度的变化。同时，公共关系方案的实施有时还会对整个社会的文化、习俗产生深刻影响。1971年，美国的汉堡包"登陆"日本，不仅使日本民族2000多年以来吃米、吃鱼的习惯发生了变化，而且使其进餐的方式也有了改变，这就是一次成功的公共关系策划所带来的变化。

三、常用的公共关系实施模式

所谓公共关系实施模式，是以一定的公共关系目标和任务为核心，将若干种公共关系媒介和方法进行有机组合，使之形成一套有特殊功能的运作系统。公共关系活动的目标一旦确定，一般来说不要轻易改变。但实现这些目标的具体活动模式可以是多种多样的，同一个目标可以通过不同的公共关系活动模式来完成。

不同的公共关系模式其具体内容也不同，但是无论哪一种模式，一般都有四个构成要素，即目标、任务、方法技巧和功能。公共关系活动的模式多种多样，按照不同的标准，它可以有不同的分类。根据特定的公共关系活动性质划分，公共关系活动实施模式有宣传型公共关系模式、交际型公共关系模式、服务型公共关系模式、社会型公共关系模式、征询型公共关系模式、文化型公共关系模式、网络型公共关系模式；根据组织主体不同发展时期的工作重心划分，公共关系实施模式有建设型公共关系模式、维系型公共关系模式、防御型公共关系模式、进攻型公共关系模式、矫正型公共关系模式。

（一）宣传型公共关系模式

宣传型公共关系模式是指通过宣传说服公众以达到树立组织良好声誉的目的。当一个组织具有完善的自身而知名度过低时，或当一个组织推出新产品、新服务项目时，一般都需要开展宣传型公关活动。一般来说，宣传型公关活动会有两种形式，一种是不借助于大众传播媒介的宣传，如展览会、展销会、经验交流会、提供印刷和影视宣传资料等；另一种是借助于大众传播媒介进行宣传，具体又有两种做法。一是花钱利用广告做宣传，宣传组织的管理经验、经济效益、社会效益和已获得的社会声誉；二是吸引新闻媒介宣传组织和产品，这是一种被称为不用付费的宣传（但正如我们前面所论述过的，这种吸引也是需要成本的），易为公众所接受，如新闻报道、专题采访、专题通讯、经验介绍等。组织可依据新闻报道的规律，寻找公众关心的热点，制造一些新闻，从而吸引新闻媒介前来报道。

（1）宣传型公共关系模式的特点有：①目的明确；②时效性强；③传播面广；④效果显著。

（2）宣传型公共关系模式的基本要求有：①客观，即以客观事实为依据，反对主观想象。若要做到这一点，必须做一些公共关系的调查工作；②真实，即对客观事实的描写不能随意夸大或缩小，要实事求是，反对虚假的宣传；③全面，即从整体的、全局的角度来反映、宣传，反对"坐井观天"的做法，以偏概全；④公正，即进行公共关系宣传时，公共关系人员要站在公正的立场上去宣传事实，即有"公心"，反对感情用事，以个人的好恶感对社会组织或某一事件、人物进行理解和宣传。

案例6-6

美国联碳公司利用"鸽子事件"提高知名度

美国联碳公司52层新总部大楼竣工后，正愁如何向外发布竣工消息，有员工报告说，在楼内发现一大群鸽子，把房间弄得又脏又乱。人们准备赶走鸽子，公关顾问得知后却要求关闭所有门窗，不让一只鸽子飞走。接着，他立即通知动物保护相关组织，让其派人来处理。同时，他还电告新闻机构说，在联碳公司总部大楼发生一件有趣而又有意义的事：人们帮助动物保护组织捉鸽子。新闻界很好奇，纷纷出动前来采访。结果公司职员和动物保护协会在楼内捉了三天的鸽子。其间，各新闻媒介进行了大量的连续报道，有消息、特写、专访、评论等各种形式，吸引了不少的公众。联碳公司总部大楼名声大振，公司也利用这个机会，向公众宣传自己，大大提高了公司的形象。于是，人们形象地把这一事件称为"鸽子事件"。

案例分析：这一事例给我们许多启示。它告诉我们，宣传公共关系可以迅速地提高组织的知名度和美誉度。该公司巧借飞来的鸽子"制造新闻"，扩大了公司的知名度，收到了事半功倍的效果。

（二）交际型公共关系模式

交际型公共关系模式是通过人际交流来开展公共关系的模式，其目的是借助人与人的直接接触，进行感情上的联络，为组织广结良缘，建立广泛的社会关系网络，形成有利于组织发展的人际环境。交际型公关不仅可以广泛地运用于外部公关，同样也可以经常地用于内部公关管理，它能较直接地显现一个组织的人性氛围。如在日本的麦当劳的管理模式中，不仅对员工关爱有加，同时还惠及了员工的妻儿，充分表现了其家庭式的管理模式和充满人情味的公关管理。

交际型公共关系模式的特点包括以下几点。

(1) 个体作用大　交际型公共关系模式是公共关系人员按照组织的目的和要求，通过各方面体现出自我的公共关系素养，施展自己的才能，从而扩建和发展公共关系网络。

(2) 感情色彩浓　各种形式的公共关系活动都存在感情的问题，但交际型公共关系的情感色彩更浓厚。开展交际型公共关系的一个主要目标就是培养组织公共关系人员与公众之间的感情，使之成为朋友，用融洽的感情去维系和推动公共关系的发展。

(3) 灵活性强　交际型公共关系活动虽然也包括招待会、联欢会、座谈会、工作午餐会、宴会、茶话会、慰问舞会等团体交际，但主要是个人交际，包括个人拜访、交谈、祝贺、个人署名、信件来往等。个人交流活动大都是通过沟通进入"情感"的层次，即使是进行面对面的双向沟通，也能根据对方情绪色彩的变化调整沟通的内容、方式和方法，促进交往向规定的公共关系目标接近，更显示出它具有直接性、灵活性强的特征。

需特别强调的是，在开展交际型公共关系活动时，要坚持必要的原则，绝不能使用不正当的手段，如欺骗、行贿等，要明确社会交际也只是公共关系的一种手段，绝不是公共关系的目的，不能将私人间的一切交际活动混同于公共关系。

案例 6-7

温情小方布

有一位乘客独自一人乘坐北方航空公司的飞机去长沙出差。飞机降落之后，他提着随身带的一捆资料，走到了机舱门口。空中小姐在向他微笑道别的同时，递给了他两块小方布，说："先生，请用小方布裹着绳子，不要勒坏了您的手。"人非草木，孰能无情。这位先生备受感动，从此每次出差或带家人出门，总是首选北航。一句话，两块小方布，换来了一生的光顾。

案例分析：交际型公关是一种有效的公关方式，它使沟通进入情感阶段，具有直接性、灵活性的特点和较多的感情色彩，被称为情感营销。其实，真正的情感营销是一种人文关怀，一种心灵的感动。

（三）服务型公共关系模式

服务型公共关系模式是一种以提供优质服务为主要手段的公共关系活动模式。其目的是以实际行动来获取社会公众的了解和好评。提供实实在在的服务是这种公关活动的最好体现，因为最佳的服务就是最好的公关。

1. 服务型公共关系模式的特点

(1) 行动性　社会组织以其特殊的媒介——服务来密切组织与公众之间的关系。优质的服务不能仅靠公共关系部门与公众之间的工作，还需要依靠组织中所有成员、所有部门的共同努力来实现。从这一点可以看出，服务型公共关系是一种最实在的公共关系，它能有效地实现人际间行为层次的沟通和融洽。

(2) 全员性　从前一点中我们也可以得出，服务型公共关系是组织中全体成员都参与的一项公共关系活动，它能使组织全体人员自觉地树立服务型公关意识。使人人都从本职的角度出发，为社会公众日常生活提供服务，把服务的意识和思想贯穿于组织的各项活动之中，形成良好的公共关系氛围。

（3）直接的效益性　开展公共关系的根本目的是提高组织的效益。但一般来说，公共关系的效益具有一定的间接性、滞后性。服务型公共关系则不同，其效益是直接的。原因有两个：第一，服务型公共关系是通过服务来发展公共关系网络的；第二，服务是一种实在的行动，是大家看得见、摸得着的，如某组织免费为人们提供社区生活服务，但人们从某组织的服务中得到了物质和精神上的满足之后，必然会对此产生好感，这种好感无疑会给组织的知名度和美誉度的提高带来巨大的作用和影响，反过来为组织的发展营造了许多良好机遇。

2. 服务型公共关系模式的实现方式

实现服务型公共关系的方式有很多，以组织的服务型公共关系方式做介绍，就有咨询服务、接待顾客公众和访问用户、质量保证服务、现场服务、满足公众心理需要服务、为社区或辖区居民提供优惠服务等方式。

案例 6-8

巴黎希尔顿酒店的周到服务

世界著名的巴黎希尔顿饭店曾经发生过这样一件小事：一位来自美国的女士在此预订了一个豪华套间，刚刚抵达后就出门访客了。这位女士身上穿的、手上拎的、头上戴的都是大红色的，这一明显的偏好被饭店的经理发现了。女士刚一出门，他就命令服务员重新布置房间。等女士回来后发现，整个套间从地毯、壁毯、灯罩、床罩、沙发、窗帘无一不换成了大红色，与女士身上穿戴的颜色完全一致。这位女士心领神会，兴致勃勃地写了张支票，付了1万美元的"小费"。

案例 6-9

真诚到永远——不断升级的海尔服务

多年来，海尔的服务一直在不断升级，1994 年推出无搬动服务，1995 年推出三免服务，1996 年推出先设计后安装服务，1997 年推出五个一服务，1998 年推出星级服务一条龙，其服务的核心内容是从产品的设计、制造到购买，从上门设计到上门安装，从产品使用到回访服务，都不断满足用户新的要求，并通过具体措施使开发、制造、售前、售中、售后、回访6 个环节的服务制度化、规范化。1999 年，海尔专业服务网络通过 ISO 9000 国际质量体系认证，2000 年，星级服务进驻社区，2001 年，海尔空调推出无尘安装服务，2003 年，海尔推出了全程管家 365 服务。海尔服务的每次升级和创新都走在了同行业的前列。

（四）社会型公共关系模式

社会型公共关系模式是指一个组织通过举办各种社会性、公益性、赞助性的活动来传递组织善意信息的过程，其目的是提高组织的知名度和美誉度。

1. 社会型公共关系模式的特点

(1) 内容的公益性　在商品经济较为发达的今天，人们已经有了一个崭新的理念，即组织不仅仅是为了赚钱，还应不断地回报社会。因此，许多组织盈利后，会积极为社会公益事业做贡献，如捐助"希望工程"，建立"基金会"等。

(2) 影响面的社会性　社会型公共关系的内容是公益性的，因此与文明社会所提倡的道德风尚、良好的精神面貌的追求是一致的，往往能够充分得到社会各界朋友的热情关怀和大力支持，并通过大众传播媒体积极倡导，这必然能在很短的时间内扩大组织的影响。同时，社会型公共关系的形式很多，许多形式与人们的兴趣爱好相吻合，更容易引起人们的热情，并予以广泛的传播，从而增强对组织的认识和信任、支持。

(3) 利益的长远性　社会型公共关系的活动，不拘泥于眼前的得失，而是采取"放水养鱼"的策略去征服目标公众，注重于长远效益，为组织的发展努力创造良好的条件，并设法铺平道路。

2. 社会型公共关系模式的传播方式

(1) 以组织机构本身的重要活动为中心展开传播，如利用开业剪彩、周年纪念的机会，邀请各界来宾，渲染气氛并扩大影响。

案例 6-10

通用汽车的老爷车大游行

美国通用汽车公司在某新型汽车发明周年纪念之际，举办了历代汽车"进步大游行"活动。活动当天，在纽约的主要马路上排满了各种式样的老爷车，由穿着考究礼服的司机拿着起动摇柄，开着晃晃悠悠的老爷车，长龙似地从纽约驶向全国其他城市。一路上，所有行人都好奇地驻足相望，热闹非凡。这次周年纪念活动搞得非常成功，不仅使人们对汽车发展史有了较深刻、系统的了解，宣扬了通用汽车公司在汽车发展史上所做的贡献，而且还使人们对该公司所生产的新型汽车有了"最现代化"的认识，扩大了通用汽车公司在社会上的影响。

(2) 以参加各种活动为中心展开传播，如参加各种体育比赛、文艺演出，借此来再次扩大影响。

(3) 以赞助社会福利事业为中心开展的活动，往往能带来较好的传播效果并提高组织美誉度。例如，浙江农夫山泉千岛湖饮用水公司每销售出一瓶水，就从中节约1分钱为贫困山区的孩子修建体育设施、添置体育器材。

(4) 以资助大众传播媒介为中心展开的传播，如立白集团赞助湖南卫视的"我是歌手"节目。

3. 社会型公共关系应注意的问题

淡化商业性，突出公益性；要量力而行，遵循经济性的原则；注意公共关系活动的连续性。

(五) 征询型公共关系模式

征询型公共关系模式是通过采集社会信息掌握社会发展趋势的公共关系活动模式,其目的是通过信息采集、舆论调查、民意测验等工作,加强双向沟通,使组织了解社会舆论、民意民情、消费趋势,为组织的经营管理决策提供背景信息服务,使组织行为尽可能地与国家的总体利益、市场发展趋势以及民情民意一致。同时,也向公众传播或暗示组织意图,使公众印象更加深刻。

征询型公共关系的工作方式有:产品试销调查、产品销售调查、市场调查;访问重要用户、访问供应商、访问经销商;征询使用意见,鼓励员工提合理化建议;开展各种咨询业务,建立信访制度和相应的接待机构,设立监督电话,处理举报和投诉等。

著名的美国通用汽车公司雪佛兰部的车主关系部专门建立了特别用户名册,它任意抽选雪佛兰车用户共 1200 名,聘为用户顾问,分客车和卡车两部分,公司以定期函件联系,征询他们对雪佛兰的产品及服务的意见,并将这些意见提供给公司的业务部门,作为改进与车主关系的指导。

(六) 建设型公共关系模式

建设型公共关系模式是在社会组织初创时期或新产品、新服务首次推出时期,为开创新局面进行的公共关系活动模式。目的在于提高美誉度,形成良好的第一印象,或使社会公众对组织及产品有一种新的兴趣,形成一种新的感觉,直接推动组织事业的发展。建设型公共关系采用的方法,一般包括开业广告、开业庆典、新产品试销、新服务介绍、新产品发布会、免费试用、免费品尝、免费招待参观、开业折价酬宾、赠送宣传品、主动参加社区活动等。

(七) 维系型公共关系模式

维系型公共关系模式是社会组织在稳定发展之际,持续不断地向目标公众传播组织的有关信息,使组织形象潜移默化地根植于公众脑海中,进而长期赢得公众的理解与支持,其做法是通过各种渠道和采用各种方式持续不断地向社会公众传递组织的各种信息,使公众在不知不觉中成为组织的顺意公众。如保持一定的见报率、服务性及信息性的邮寄品发放、逢年过节的专访、慰问,给老客户适当的优惠或奖励等。

(八) 防御型公共关系模式

防御型公共关系模式,是指组织为了防止自身可能出现的危机与风险,以及组织遇到风险时所采取的一系列活动方式的总称。具体又可分为预防型公共关系与应急型公共关系两部分。这种模式适用于组织与外部环境出现不协调或与公众的关系发生某些摩擦苗头的时候,其特点是防御与引导相结合。

在防御型公共关系模式中,公共关系人员应及时地发现各种存在的问题和潜伏的种种危机,找出其深层的原因,针对这些苗头,果断地采取对策,使组织的各项工作适应其外部环境与公众的需要,防患于未然,把"问题"消灭在萌芽状态。

(九)进攻型公共关系模式

进攻型公共关系模式,是指社会组织采取主动出击的方式来树立和维护良好形象的公共关系活动模式。当组织需要拓展(一般在组织的成长期),或预定目标与所处环境发生冲突时,主动发起公关攻势,以攻为守,及时调整决策和行为,积极地去改善环境,以减少或消除冲突的因素,并保证预定目标的实现,从而树立和维护良好形象。这种模式适用于组织与外部环境的矛盾冲突已成为现实,而实际条件有利于组织的时候。其特点是抓住一切有利时机,利用一切可利用的条件、手段,以主动进行的姿态来开展公共关系活动,同时要注意避免环境的消极影响,以减少与竞争者之间的矛盾和冲突,团结更多的支持者和协作者。

(十)矫正型公共关系模式

矫正型公共关系模式是当组织遇到危机时所进行的公关活动方式。如当组织由于客观原因受到公众误解时,组织应该迅速查明原因,及时采取措施,运用各种有效的传播方式消除公众的误解;当有人故意制造谣言损害组织的形象时,组织需要运用传播手段予以澄清和驳斥;当组织出现产品质量、服务态度、环境保护、管理政策、经营方针等方面的失误时,组织公关人员应该尽快通过各种传播媒介,沟通信息、平息风波、求得谅解,使组织化险为夷,维护和恢复组织的声誉。

案例 6-11

周杰伦辱骂保安——三度道歉获央视点赞

2017年4月30日晚,在周杰伦西安个人演唱会现场,一名安保人员把粉丝的灯牌丢掉,这个举动被台上的周杰伦看到了,周杰伦在舞台上用麦克风向该安保人员讲:"你不要乱丢我歌迷的灯牌,你把灯牌还给她。"但该保安没有反应,引得周杰伦大喊:"你可以维持秩序,但你把我粉丝灯牌丢掉做什么?滚出去!你给我滚出去!听见没有。"全场尖叫一波盖过一波,现场一片混乱。

事后,得知安保人员之所以将歌迷灯牌丢掉是因为前排歌迷灯牌挡住了后排歌迷的视线,安保人员是为保护更多歌迷的利益才上前阻止。周杰伦第一时间通过公司官方微博以及演唱会主办方等公开渠道向这位安保人员道歉。文字道歉之后,周杰伦录制了一段道歉的视频,并亲自到安保指挥部,当面向这位安保人员道歉并取得原谅。

这一系列动作帮助周杰伦成功挽回了个人声誉。对此,央视新闻做出评论:说重话不应该,情绪表达也没有在充分了解事实的情况下。但是之后马上通过文字和视频道歉,这是优质偶像之举。优质偶像不是说永远不犯错,而是犯错能及时道歉。

案例 6-12

35次紧急电话

一次,一位名叫基泰丝的美国记者,来到日本东京的奥达克余百货公司。她买了一台"索尼"牌唱机,准备作为见面礼,送给住在东京的婆家。售货员彬彬有礼,特地为她挑了一台未启封包装的机子。

回到任所,当基泰丝开机试用时,却发现该机没有装内件,因而根本无法使用。她不由得火冒三丈,准备第二天一早就去奥达克余交涉,并迅速写好了一篇新闻稿,题目是《笑脸背后的真面目》。

第二天一早,基泰丝在动身之前,忽然收到奥达克余打来的道歉电话。50分钟以后,一辆汽车赶到她的住处。从车上跳下奥达克余的副经理和提着大皮箱的职员。两人一进客厅便俯首鞠躬,表示特来请罪。除了送来一台新的合格的唱机外,又加送蛋糕一盒、毛巾一套和著名唱片一张。接着。副经理又打开记事簿,宣读了一份备忘录,上面记载着公司通宵达旦地纠正这一失误的全部经过。

原来,昨天下午4点30分清点商品时,售货员发现错将一个空心货样卖给了顾客。她立即报告公司警卫迅速寻找,但为时已晚。此事非同小可。经理接到报告后,马上召集有关人员商议。当时只有两条线索可循,即顾客的名字和她留下的一张美国快递公司的名片。据此,奥达克余连夜开始了一连串无异于大海捞针的行动:打了32次紧急电话,向东京各大宾馆查询,没有结果。再打电话问纽约美国快递公司总部,深夜接到回电,得知顾客在美国父母的电话号码。接着又打电话去美国,得知顾客在东京婆婆家的电话号码,终于弄清了这位顾客在东京期间的住址和电话,这期间的紧急电话,合计35次!

这一切使基泰丝深受感动。她立即重写了新闻稿,题目叫做《35次紧急电话》。○

(十一) 文化型公共关系模式

1. 文化型公共关系模式的特点

文化型公共关系模式,是指社会组织或受其委托的公共关系机构和部门在公共关系活动中有意识地进行文化定位,展现文化主题,借助文化载体,进行文化包装,提高文化品位的公共关系活动。社会组织之所以强调公共关系的文化特色,借助于文化形式或文化主题开展公共关系活动,主要是因为文化能对公众行为和组织的形象塑造产生积极影响。首先,文化对公众的行为、观念具有巨大的调控规范作用。人的生活与文化分不开,尤其是现代人,文化会为人的思维定势和行为指令提供行为的参照模式,如果能以文化为桥梁,开展公共关系活动,将有利于公众对公共关系活动的理解与接受。其次,文化对组织形象的形成和完善具有巨大的促进作用。诚然,组织形象的发展与完善主要取决于组织的经营与信誉,但是,有深厚文化底蕴的组织形象将更鲜明、更绚丽。因为组织形象强调稳定性和持久性,而文化可以使组织形象升华,演化成一种超越时空的理想境界。IBM公司倡导的"为职工利益,为顾客利益,为股东利益"的三原则,以及"尊重个人,竭诚服务,一流主人"的三信条都体现了IBM符合市场法则,以人为本的文化境界。这种鲜明的文化特点,使企业的形象更为高大、有效。再次,文化会促使社会的文明进步。

2. 文化型公共关系模式的活动形式

根据公众的文化心态,可以采用不同的活动方法,开展公共关系活动,对公众施加文化

○ 张岩松,王艳洁,郭兆平. 公共关系案例精选精析 [M]. 北京:中国社会科学出版社,2006.

影响。

（1）文化包装　文化包装是大多数社会组织经常采用的一种公共关系活动方式。它运用文化装饰的手段，形成公共关系的文化氛围，以鲜明的文化特性赋予公共关系活动以鲜明的文化色彩。这对提高公共关系活动的文化品位，满足公众的文化需求，具有重要的意义。

（2）文化导引　文化导引是指向公众倡导和传播某些新的文化活动的方式。组织在文化导引中扮演新文化的倡导者，文化风气的传播者与文化形式的创造者，只要组织导引的文化能够符合社会发展和进步的要求，能够满足公众新的文化追求，就一定能被公众所认同和接受。

（3）组建文化基金会　社会组织本着"取之于社会，用之于社会，造福于社会"的精神，根据社会的文化艺术和科技教育发展趋势与公众的文化与教育需求，拨出专款设立文化艺术与科技教育基金会。

案例 6-13

五粮液文化公共关系案例

五粮液历史悠久，素来享有中国神酒的美誉，是中国千年白酒文化的杰出代表。"五粮液"传承 3 000 多年酒文化之精粹，诠释了中国白酒文化与传统中庸文化的相互交融。其独有的酿造工艺更是古老传统与现代科技的完美结合。五粮液品牌连续 11 年成为中国食品行业第一品牌，品牌价值再一次创下新高，达 338.03 亿元，已是中国食品行业的翘楚，更是中国在国际上的知名企业，是我们国家与民族的骄傲。人们对五粮液的评价是：香气悠久，酒味醇厚，入口甘美，入喉净爽，各味谐调，恰到好处。通过文化包装、文化引导，五粮液树立起了良好的企业形象。

（十二）网络型公共关系模式

网络公共关系模式作为一种新型的公共关系模式，是指社会组织借助联机网络、计算机通信和数字交互式媒体，在网络环境下实现组织与内外公众双向信息沟通与网上公众协调关系的实践活动。这种新型的公共关系由于其独特的价值效应，日益受到广泛重视，掌握这种公共关系的运作，对打算在激烈的竞争中夺得机会的社会组织来说具有十分重要的意义。

1. 网络型公共关系模式的优势

（1）扩大组织的知名度，完善组织的形象　网络可以提高社会组织知名度，完善组织形象。互联网提供了一种新的传播媒介方式，它通过一对一的沟通，结合文字、声音、影像、图片，用动态或静态的方式，全方面地介绍社会组织的经营理念、产品性能、服务宗旨、服务内容。而且用户不再是被动接收信息，而是主动接收信息。更重要的是，这种公共关系活动不受时间和地域限制，特别是运用互联网，可以把组织的信息传达到全球各地，使组织得益于国际宣传，树立品牌和自身的国际形象。

（2）提供广泛的传播渠道　网络可以为公共关系活动提供更多的传播媒体和机会。如：

传统印刷媒体的电子版、新媒体、网络广播电台节目、网络电视台、网上会议等,使公共关系活动传播方式更便捷、效果更好。通过网络公共关系,可以创造"虚拟公众代表",提供更为广泛的信息渠道,使组织获得公众市场低成本的竞争优势。

(3) 建立良好的公众关系　网络使组织能有效地掌握公关的主动权,对其公众产生直接而积极影响的同时,与新闻媒介公众建立良好关系。组织可根据记者的需要和提问,通过网络给出详尽的回答,在网上发布新闻,让公众及时了解组织真实的信息。由于使网络公关具有创建组织与公众"一对一"关系的优势,随着与公众进行双向沟通了解公众的需求,可以把握公众对组织的评价,保持组织与公众的长期友好关系。

网络型公共关系除了上述的优势外,还能建立具有个性的组织网络,在网络论坛设立组织站点,提高站点的影响力和组织的知名度,还可消除误导信息,通过网络信息监督的监视,及时纠正对组织的误解,避免组织形象受到损失。

2. 网络型公共关系模式的操作

(1) 网上调查　网上调查是通过社交媒体、论坛或电子邮件,列出产品的性能、特点、质量以及服务内容、服务规范,然后通过网络对本企业的产品和服务进行讨论,以此了解消费公众对产品特性、质量、包装及服务的意见。另外,公关人员还可将产品构想或雏形公告于网络上,以征求全球各地消费公众的意见,及时调查消费公众的产品需求,作为产品研究与改进的参照依据。

(2) 网上设计具有广阔的空间范围　首先,它可以对组织的视觉形象、组织结构、内在精神、服务项目等各方面进行设计,还可以设计虚拟实境,如设立虚拟商店橱窗,使消费公众如同进入实际的商店一般;同时商店的橱窗可因季节、促销活动、经营管理策略需要,轻易迅速地改变设计。其次,可在网络上以首页方式设立虚拟经销商或虚拟公司,提供形象宣传资料和必要的使用维修资料,以及必要的售后服务。同时,可结合相关产业的公司,共同在网络上组织线上展销。另外,还可以在网上设计公众查询系统,方便公众查询组织的各种资料。

(3) 网上推广　网上推广具有与消费者公众需求导向一对一沟通特色,因而效益明显。做好网上推广,是搞好网络型公共关系的关键,常见的网上推广有以下五种方式。

第一,建立虚拟公共关系室。公共关系公司可接受社会组织委托,在网络上举办各项公益活动与赞助活动,塑造社会组织道德人格形象,如急难救助、献血、设立奖学金、赞助体育比赛等。也可利用网络为公益事业服务,例如在汽车制造公司的网络上提供有关交通安全与饮食健康的宣传专栏,并可将公益专栏的网站与公司的网站相链接,借以增加消费者上线的机会。

第二,利用网上交流的功能,举行网上消费公众联谊活动和网上记者招待会,除了可以跨越时空进行沟通,也可以节约公关联谊活动的成本。

第三,利用网络向用户提供新产品信息,开展知识竞赛,赠送折价券与赠品,同时,也可提供线上订购折价与进行线上抽奖,提高消费公众上线搜寻的兴趣及购买产品的意愿。

第四，积极参加网络资源索引，尽可能使客户容易查询到公司的推广资料，以及能快速获得需要的商品信息。

第五，与竞争性的厂商进行网上交流，互相传递信息，增加与潜在消费公众接触的机会。

公共关系模式的选择是公共关系计划与方案制定、实施的重要内容和必要步骤，各种不同的公共关系类型各有特点，在实际选择与应用时，除选择一种为主的类型外，还可把其他类型结合运用，以发挥各种公共关系类型优势互补的整合效应。

案例6-14

2016金旗奖案例：网易游戏《倩女幽魂》品牌与电视剧《微微一笑很倾城》的联动整合营销

作为2015年夏天的现象级电视剧，电视剧《微微一笑很倾城》无疑是暑期收视冠军，东方卫视、江苏卫视收视率均突破1%，优酷播放量突破3亿，微博话题阅读量110亿。定制植入，并成为该剧虚拟世界架构方的"倩女幽魂"网游全线飘红，随着电视剧曝光，社交媒体传播，视频、电视广告的整合营销推广，掀起了"人人玩倩女"的热潮。官方手游"倩女幽魂"连续数日在App Store免费总榜和畅销榜位列前五。品牌关键词"倩女幽魂"搜索量均增长60多倍。众多网友在微博、微信、知乎等社交平台热议倩女。微博上，杨洋塑造的白衣魅者形象，以及剧中主演的倩女角色形象持续刷屏。"倩女幽魂"品牌和电视剧《微微一笑很倾城》深度、全面的影游联动，真正做到了玩家、剧粉、电视剧和游戏的多方共赢，成为年度最佳游戏营销案例之一。

执行时间：2015年9月—2016年9月
企业名称：网易游戏雷火工作室
代理公司：北京嘉利智联营销管理股份有限公司上海分公司

四、公共关系方案实施的原则和方法

（一）目标导向的原则和方法

所谓目标导向的原则是指，在公共关系方案实施过程中，保证公共关系实施活动不偏离公共关系计划目标的原则。控制的过程就是实施人员利用目标对整个实施活动进行引导、制约和促进，以把握实施活动的进程和方向。因此，目标导向原则也叫目标控制原则。

（二）控制进度的原则和方法

控制进度的原则就是根据整个公共关系方案和目标的需要，按照一定的程序，掌握工作的速度，以避免出现畸轻畸重倾向的原则。在公共关系方案实施过程中，由于分工不同，可能会出现各项工作不同步，或某些环节脱节的情况，从而影响整个方案的执行实施，因此需要控制进度，以保证各方面工作同步进行和平衡发展。

（三）整体协调的原则和方法

所谓整体协调的原则，就是在方案实施的过程中，使工作所涉及的方方面面达到和谐、合理、配合、互补、统一状态的原则。最常见的协调有纵向协调，即上下级间的协调；横向协调，即同级部门或实施人员之间的协调。协调的目的，是要使全体实施人员在认识和行动上取得一致，保证实施活动的同步和谐，从而提高工作效率，减少浪费。

（四）选择正确时机的方法

在公共关系方案的实施过程中，正确选择时机是提高公共关系方案成功率的必要条件和关键因素。如果在方案实施的过程中，对时机进行了精心选择与安排，整个计划将借助于恰当时机而得到良好效果，否则，正好相反。

在实施公共关系方案时，究竟应该怎样选择时机呢？

第一，要避开重大节日或利用重大节日。凡是同重大节日没有任何联系的活动都应避开节日，以免被节日活动冲淡；凡是同重大节日有直接或间接联系的公共关系方案，可以考虑利用节日烘托气氛，扩大活动的影响。

第二，要注意避开或利用国内外重大事件。凡是需要广为宣传的公共关系活动都应避开国内外重大事件，以免被重大事件所冲淡；凡是需要为大众所知，又希望减少震动的活动则可选在重大事件发生之时，这样可以借助于重大事件的影响减少舆论的压力。

第三，要注意不宜在同一天或同一段时间里同时开展两项重大的公共关系活动，以免其效果相互抵消。总之，正确地选择时机是实施公共关系方案的一种技巧和方法。

五、公关活动策划的具体步骤

（一）设立领导组或指定负责人

不论是大型公关策划活动，还是日常小型活动，要具体实施，必须有领导人专门负责。大型活动需要成立专门领导组，从最高决策层，到公关策划人员，再到其他各部门的相关管理人员，均要参与进来，以便调动需要的人、财、物；小型活动则要指定专门的负责人，如公关部部长等来负责。只有如此，才能保证公关活动有条不紊、按部就班地进行，得力的领导班子和领导人是公关活动成功实施的前提，因此，它是公关活动实施的第一步骤。

（二）落实专项经费

几乎没有一项公关活动的实施不需要经费，对于大型活动来说，专项经费如果落实不了，则活动的实施就成了一句空话。因此，在活动实施之前，必须先将经费问题落实。社会组织在进行实施工作中，对组织的财务状况要有清醒的认识，并有通畅的调动资金的渠道。

（三）进行人员培训与安排

在实施公关策划方案时，要先对实施人员进行培训。在公关方案的实施中，一般要求实施人员统一标准、完全规范地执行任务，不能个性化或随意完成任务。要让所有实施人员给目标公众以统一和一致的印象,从中体现出组织高度的组织化和纪律性,保证公关活动方案的成功实施。

(四) 公关活动的预演和展示

公关活动策划方案一般都有具体的活动内容,如喜庆型公关活动的节目,公益型公关活动的仪式,甚至日常公关活动的演练等,因而,在公关活动实施时,需要进行事先的预演。预演对于成功举行公关活动十分必要,在预演过程中,既获得了展示活动时的经验,又强化了活动参加者的印象,并能及时对方案中的一些不周全的地方进行调整和完善。预演的规模和次数根据活动策划方案的复杂程度而定。但有一点可以肯定,就是预演进行得越成功,实地表演的成功率就越高。

(五) 指派专人与新闻媒体联络

在公关活动策划方案予以实施时,对新闻媒体要给予格外关注。要指派专人与媒介联络,意在更高效率地将这件事情做好。因为新闻媒体毕竟是组织重要的目标公众,在公关活动的实施中,媒体的对外宣传发挥着重要的功能,指派专人去联络他们,更能照顾、安排媒介公众的特殊要求,创造更方便的条件让他们对组织的公关活动进行全面报道,使公关活动的实施完成得更好。

(六) 准备必要的设施

在进行较大型和重要的公关活动时,设施的安排和配备是不可或缺的,需要的设施主要有会场布置的设备、会议资料、展览的设施、礼物等。

第五节 公共关系评估

一、公共关系评估的作用

在整个公共关系活动程序中,公共关系评估控制着公共关系实践活动的每一个环节,它在公共关系实践活动的准备阶段、实施阶段及影响效果的分析阶段均发挥着重要的作用。主要表现在以下几个方面。

(1) 评估是公共关系工作的重要环节　公共关系工作评估,可以衡量经费预算、人力、物力的配备与开展公共关系活动之间的平衡性,衡量公共关系活动的效益。

(2) 评估是展示公共关系效果的重要方式　公共关系工作实施的效果本身往往表现为一个复杂的局面,既涉及公众利益的满足,也涉及公众利益的调整。一般来说,内部员工很难对它有全面深刻的了解和认识。所以,当一项公共关系计划实施之后,由有关人员将该项公共关系计划的目标、措施、实施的过程和效果向组织领导人、内部员工解释和说明,可以使他们看到开展公共关系工作的明显效果,认识到公共关系对企业发展的重要作用。公共关系评估还可以使组织领导人更加自觉地重视公共关系工作，还可以提高公共关系人员的工作信心。

（3）评估可以承上启下，为进一步开展公共关系活动提供依据 公共关系评估是公共关系工作的最后一个步骤，但又与新的公共关系活动的开拓首尾相连，所以又可能是新的公共关系活动的调查与分析阶段。评估过程中，评估人根据公共关系活动的目标要求，结合各层次各环节的评估结果，以及实际投入、成本与收效进行比较，对本次活动实施成败的各种因素及制定目标依据与实际实施过程的偏差程度进行分析、评价，用于指导今后的公共关系活动，成为进一步开展公共关系活动的前车之鉴。

（4）评估可以为企业管理提供决策参考 通过公共关系评估，可以评估出经过公共关系工作之后的企业形象状况，评估出企业形象各因素（如员工素质、产品质量、服务方针等）与期望值的差距，为企业经营管理决策提供参考。

总之，在进行公共关系活动之后，有必要对于是否达到目标，实现目标的程度如何，开展传播是否有效，投入与收效等进行认真评估，这是公共关系实务不可忽视的一个重要步骤。

二、公共关系评估的方法和步骤

（一）选择公共关系评估的人员

公共关系评估人员的选择是评估效果与质量的保证，不同的人会做出不同的评估结果。评估人员主要有两类人选：一是组织内部的公共关系人员；二是组织外部的公共关系专家。这两者各有优缺点。组织内部公共关系人员作为评估人员，对组织情况非常了解，可以较快地做出有效的评价，并且不需支付评估费，但由于是"自己人"，评估时主观色彩比较浓，在"客观、公正、实事求是"方面容易有所欠缺。组织外部公共关系专家作为评估人员，是"局外人"，所谓旁观者清，容易得出"客观、公正、实事求是"的评价，而且由于专家具有权威性，其评价结果容易使人信服，特别是使组织的领导者信服。但公共关系专家作为评估人员，有可能对组织情况了解不深刻，使评估结果受影响。同时，专家的"评估费"也是一笔不小的开支。

（二）收集原始记录

1. 组织自我记录

组织自我记录主要指组织的公关实施人员所进行的最基础工作。实施人员要对每天工作进行记录、整理，如果条件允许的话，可以一边工作一边记录。

2. 公众舆论的反映

这是来自社会组织之外的媒介记录。主要有两大方面：一方面是组织公关人员主动联络新闻媒体而发表的一些消息、报道、专访、通信，甚至是公关广告及其他文章；另一方面是大众传播媒介自动登载、报道转载的一些消息、报道等。

3. 目标公众的反馈

公关活动方案的实施情况如何，最公允的评价者，应该是目标公众。他们是社会组织实施公关活动的对象，公关活动实施的成功与否，关键在于目标公众的反映。

（三）归纳各种相关资料

当大量繁复、零碎的原始资料放在评估人员面前时，当务之急，是将它们归类、整理。

（四）提出评估标准

这是公关评估中最难的内容，迄今为止，尚没有一个通行的标准来评判公关活动实施效果的优与劣。实施效果的评估是总结性的评估，这一阶段的评估标准与方法有以下几个层次。

（1）了解信息内容的公众数量　阅读程度测定方法的创始人丹尼尔·斯塔齐认为：人的阅读理解程度可以分为三个层次：一是注意，例如被测验者只是注意到这样一则广告，或者说他们已经见到了这一则广告；二是认知，即被测验者对广告的内容略有了解，但是不能够回忆起广告人的名字；三是熟知，即被测验者能够回忆起广告内容的50%以上。我们可以根据这三个不同层次的标准检测"注意到信息的公众"已进入的阅读理解层次。

（2）改变态度的公众数量　这是评估公关活动实施效果的一个更高层次的标准，因为"态度"所涉及的范围广泛，内容丰富复杂，而且不易在很短时间内发生变化，因此，评价一个人的态度不能仅凭一人一事，而要根据一段时间内他在所有有关问题上的立场和观点来分析。

（3）发生期望行为和重复期望行为的公众数量　所谓"发生期望行为"的公众，就是指出现了公关活动所期望的改变行为的公众。

（4）达到的目标与解决的问题　这个评估标准是公共关系活动效果评估的最高标准。公共关系计划目标的实现，可以表现为行为取得理想的组织形象的一流评价率、筹措资金的数额达到预期指标以及销售金额增长的百分比等。应该注意的是，有时公关活动产生的结果并非完全与计划目标一致，但是这些结果同样是积极的，可以认为是达到计划目标的其他表现方式。在这种情况下，这些结果也应该作为评估公共关系活动效果的根据，因为这里面包含了目标与结果的部分吻合。

（5）对社会经济和文化发展的影响　这里指的是通过公共关系工作人员的活动对社会和文化发展产生的积极影响。当然，这种影响要同其他影响一起，共同发挥作用，并在较长的时间里以复杂的、综合的形式表现出来。所以，对这种影响效果的评估并非是公共关系工作人员所能完成的，这是留给社会学家和社会心理学家的题目。

一般情况，公关人员可以通过一定的比例数据，确立公关活动实施效果的情况。从如图6-4所示数字轴可见。

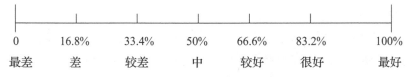

图6-4　公关活动实施效果评价轴

100%是最好、83.2%是很好、66.6%是较好、50%是中、33.4%是较差、16.8%是差、0%为最差。

在一个公关策划方案的实施过程中，其实施的效果如何，可以根据以上的比例数进行基本的推断。这个比例数在用于实施效果的具体评估时，由以下指标构成活动实施效果最不可或缺的因素。

1）覆盖区域　覆盖区域指社会组织开展公关活动中，针对目标公众的区域范围，主要反映参加这次公关活动的目标公众数量。他们的来源和参加情况，使公关活动实施有了一个基本的辐射区域。

2）接待人员数量　接待人员数量指公关实施人员人均接待的目标公众人数。这是对公关活动实施效果的重要考察。从实施人员在活动期间每人每天接待目标公众的情况统计中，可以看到这次公关活动较为具体的一些工作内容和工作成绩，但这仅仅是初步的统计。

3）施加影响数量　施加影响数量主要指发放宣传资料情况，这是社会组织针对目标公众开展公关活动可衡量的因素。在公关活动实施过程中，目标公众会同时接受多种宣传信息的刺激，如参观、观看、听讲、参与活动等，但最可衡量公众受影响的内容，就是对宣传资料的阅读。

4）公关消息数量　公关消息数量是专门针对社会组织的公关活动实施而发表或报道于大众传播媒介的资料。这样的消息主题鲜明、内容集中、针对性强，对目标公众的影响大，是组织极需要的公关手段。在评估公关活动实施效果时，其数量是一个重要的评估指标。

5）专题报道数量　深度报道社会组织公关活动实施的大众传媒资料，对实施公关活动目标有重要作用，因而这方面的报道数量是对公关活动效果的较好的辅助支持，也是衡量、评估公关活动实施效果的重要指标。

6）媒介引用次数　如果一个公关活动实施比较独特、突出、有一定影响力，它自然会被某些媒介关注并引用，因此，媒介引用次数可以从一定程度上看出这次公司活动策划方案和效果在业界的影响力。唯一不足的是，媒介的引用需要时间，短期内可能难以显示，只有在相当一段时间后，引用的次数才能有明显的增加。

7）增加的知道数量　通过对公众反馈的了解，可以获得目标公众由不知道到对组织知道的数量，从直接的对象上明确组织实现公共关系活动初级目标的情况。

8）增加的了解数量　是实现公关活动较高一级目标的指标，对这方面数量的掌握，可以看到活动实施效果的重要进步。

9）增加的信任数量　了解目标公众由一般了解到信任组织的转变情况，是公关活动高级目标的重要指标。这方面数量的变化，会充分体现组织公关实施的效果。

10）增加的忠诚数量　忠诚是公关活动的最高目标。测定这一方面的数量变化，会展示社会组织公关活动实施效果的最佳状态，对组织今后的公关工作有重要意义。

总之，这十个重要的因素是判断公关活动实施效果的基本指标。它们的状态，可以集中反映出公关活动实施的效果，对组织有重要意义（表6-7）。

表 6-7 公共关系活动实施效果评估标准表

评估要素 \ 评估标准	100% 最好	83.2% 很好	66.6% 较好	50% 中	33.4% 较差	16.8% 差	0% 最差
覆盖区域							
接待人员数量							
施加影响数量							
公关消息数量							
专题报道数量							
媒介引用次数							
增加的知道数量							
增加的了解数量							
增加的信息数量							
增加的忠诚数量							
合计							

在这十个要素中，评判它们的基数分为三个方面，第 1~3 个要素以公关活动策划方案的预定指标为标准；第 4~6 个要素以策划方案和业界通行惯例为标准；第 7~10 个要素，以公关活动实施之前的状态为基数，如此来评估公关活动的实施效果。除了这十个要素外，还要有其他原始资料进行相应补充，以进一步充实、完善，但这十个要素不可或缺。

（五）比较实施效果

在提出公关活动实施效果的标准和要素后，公关评估人员该做的就是认真比较预期与实际实施效果之间的差距。在比较差距的过程中，重要的是寻找发生差距的原因。

（六）得出评估结论，形成评估报告

通过对资料的考察，标准的审定和差距的分析，评估人员最终要提出一个基本的结论。这个结论虽然没有太多表述性的定性论断，但要以大量数据无可辩驳地证实实施效果的结果，这实际是真正意义上的总结。

三、公共关系评估报告的内容与格式

（一）公共关系评估报告的内容

公共关系评估报告具有特定的目的。不同的目的，决定了评估的范围和对象不同。因而，公共关系评估报告书的内容就不会完全一样。根据公共关系评估实践的总结，公共关系评估报告的内容主要有以下几个方面。

（1）评估的目的及依据 它是指为什么要进行公共关系评估，通过评估解决什么问题，以及评估所依据的文件或相关会议要求之精神等。

（2）评估的范围 公共关系活动涉及方方面面，为了突出重点，缩短篇幅，利于评估结果的运用，报告书必须明确公共关系评估的范围。

（3）评估的标准和方法 在报告书中，应说明评估的标准或具有可测量的具体化的目标体系，以及评估过程所采用的方法。例如直观观察法、问卷调查法、比较分析法、文献资料法、传播审计法等。

（4）评估过程 简要说明评估过程是怎样进行的，分哪些阶段。从阅读报告书的过程和采用的方法等方面可以判断评估是否科学、系统、规范、完整等。

（5）评估对象的基本情况 在公共关系评估报告书中，必须明确评估对象本身的情况，包括活动或项目名称、开展时间、实施的基本情况与特点等。

（6）内容评估、分析与结论 在评估报告书中写明被评估的公共关系活动、工作或项目的内容，对运行与执行以及效果、效益进行分析，进而得出客观、公正的结论。

（7）存在的问题及建议 评估人根据掌握的实际材料、相关情况，有针对性地提出问题，并提出有利于解决问题的建设性意见。

（8）附件 附件主要包括附表、附图、附文三部分。

（9）评估人员名单 它包括评估负责人，评估人员的姓名、职业、职务、职称等。有时为了利于咨询，评估人还需要把电话、通信地址、邮政编码等写明。

（10）评估时间 由于公共关系活动处于动态的状态下，不同时间评估所得出的结论会不同。因此，评估报告书必须写明评估时间或评估工作开展的阶段。

（二）公共关系评估报告的格式

公共关系评估报告书没有固定的结构格式。按照评估的目的与要求，公共关系评估报告的结构可以采用不同的格式，可以灵活安排结构，结构服从于内容表达的需要。

通常，公共关系评估报告书的基本格式依次包括以下内容。

（1）封面 封面的主要内容包括评估书或项目的题目、评估时间、评估人以及保密程度、报告书的编号。题目要反映出评估的范围和对象，排版应醒目、美观。

（2）评估成员 评估成员反映哪些人参加了评估工作，负责人是谁。

（3）目录 目录用来方便阅读报告书的人。

（4）前言 前言反映评估任务或工作的来源、根据、评估的方法、过程以及其他特别需要说明的问题。也有的评估报告书把评估的方法、过程等写进正文部分。

（5）正文 正文是评估报告书最重要的部分，也是评估报告书的主体。它包括评估的原则、方法、范围、分析、结论、存在的问题、建议等。

（6）附件 附件内容是对正文内容的详细说明和补充，是正文的证明材料。

（7）后记 后记主要说明一些相关的问题。例如报告书传播的范围、致谢人员及相关单位等。

2016 金旗奖候选案例：
英菲尼迪"冲突美学"品牌设计概念全案规划及传播

一、项目概述

自 2015 年 2 月起，在智者品牌管理的策划及推动下，豪华汽车品牌英菲尼迪在中国市场展开了关于品牌设计特色的公关传播。结合品牌独有的设计语言和中国文化中的艺术表现方式，智者品牌管理为英菲尼迪提炼出独树一帜的"冲突美学"设计概念。以 2015 上海车展前夜的"英菲尼迪设计之夜"大型活动为开端，通过组织不同形式的活动以及运用多种传播手段，英菲尼迪持续向公众传递"冲突美学"设计概念。至 2016 年，"设计是英菲尼迪区别于竞争对手的重要特征与优势"的观点在媒体和公众中形成广泛认知，英菲尼迪车型融合"力量"与"浪漫"的设计风格已经深入人心。智者品牌管理所提出的理念被英菲尼迪总部高度认可，作为全球品牌战略的重要组成部分，推广到其他国家及地区的传播当中。

二、项目背景

英菲尼迪近年来在中国市场取得了迅速的发展，品牌知名度及销量都得到了大幅提升。而随着市场竞争的愈发激烈和消费习惯的逐渐成熟，作为一个年轻的豪华汽车品牌，英菲尼迪需要在公众中形成清晰的基于产品特征的品牌标签，以进一步提升品牌和产品的辨识度和美誉度。

在豪华车领域，各大品牌在营销中纷纷主打自己的核心优势，并在消费者心中形成深刻烙印。如奥迪强调"科技"，宝马主打"操控"，沃尔沃突出"安全"，英菲尼迪需要一个差异化明显的定位标签以在众多豪华品牌中脱颖而出。在不断塑造品牌的进程中，英菲尼迪认为"设计"是其差异化竞争、驱动品牌的核心力量。在找准方向后，智者品牌管理又基于英菲尼迪的设计语言进行总结与提炼，梳理出"冲突美学"的概念，以帮助消费者更好理解和认知这套设计语言。为了让媒体充分认知英菲尼迪的设计语言与设计实力，突出与竞品相比的强大差异化，进而影响受众，智者品牌管理为英菲尼迪策划了在 2015 上海车展开幕前夕举办盛大的"设计之夜"活动并由此展开了一系列特色鲜明的关于设计的活动和传播。

三、项目调研

1. 竞争对手调研

在豪华车市场，许多品牌都有自己的标签化特征，如宝马的操控性、奔驰的豪华性、奥迪的科技感、沃尔沃的安全性等等。基于此，智者品牌管理认为英菲尼迪应该迅速在消费者的认知中塑造自己的品牌特征。在与资深媒体人的沟通中，他们也一致认为英菲尼迪需要进一步突出产品的核心亮点，以形成差异化。

一些汽车品牌如凯迪拉克、沃尔沃及宝马已经形成自身鲜明的设计语言，而英菲尼迪还欠缺这样一个能够立刻打动消费者的设计语言名称。

2. 消费者调研

通过对一些具有代表性的消费者的调研，智者品牌管理发现中国的英菲尼迪用户有着明显的年轻化特征。在他们的观念里，彰显个性与品位成为选择车型的重要因素。而提到英菲尼迪品牌，许多消费者的第一联想往往是"漂亮"。他们经常能够在众多的车型中，一眼看出英菲尼迪车型的不同。

3. 跨行业调研

提炼梳理出英菲尼迪的设计语言与概念，与时尚、服装、摄影等行业人士进行深入探讨，论证英菲尼迪设计语言的接受度和内容的可扩展性。这决定了英菲尼迪设计语言传播的广度与深度。

四、项目策划

1. 目标

传递英菲尼迪设计的魅力和独特性，塑造设计作为英菲尼迪差异化竞争、驱动品牌的核心力量，在媒体及社会大众中形成广泛认知，从而提升产品和品牌的知名度与美誉度。

2. 策略

以"冲突美学"为核心概念，凸显英菲尼迪品牌设计的独特性。推出和解读"冲突美学"概念，并延展到英菲尼迪产品，加深公众对品牌和产品的认知，实现对品牌和销售的双促进。通过与时尚、建筑、服装等多个领域的跨界合作，在展现英菲尼迪设计语言的同时让受众感受到与众不同的品牌格调。

3. 受众

指英菲尼迪的目标消费群体、媒体、汽车行业及时尚行业等业内人士。

4. 传播内容

智者品牌管理从概念提炼、体系梳理、内容延展及图片诠释等方面帮助英菲尼迪归纳出"冲突美学"的设计语言。

5. 英菲尼迪设计精髓：冲突美学

对于"敢·爱"的英菲尼迪来说，生命的精彩不是"非彼即此"的取舍，而是一次饱满而灵动的丰富体验。英菲尼迪的设计一直试图在二元的冲突碰撞中构建"和谐"，从而唤起这一体验。秉承"冲突美学"的设计精髓，英菲尼迪不断汲取自然的灵感，将"力量"（力量释放）与"浪漫"（艺术匠心）和谐地融入每一款车型，呈现出极具前瞻性的风尚美感。

6. 英菲尼迪标志性设计特征

√有力坚实的肩线，流畅而雄健的车身。
√弯月形C柱。
√双拱形进气格栅。

√专注有神的人眼造型大灯。
√水波纹式中网。
√风划过沙丘留下的痕迹车顶弧线。
√双波浪对冲肩线。
√如猎豹出击的车身姿态。

7. 媒介策略

大量使用设计类、艺术类媒体，以便将设计概念拉升到品牌高度，展现英菲尼迪的设计水准。

广泛应用生活方式类、娱乐类和跨界媒体，尤其是自媒体平台，增加内容的可读性，延展传播广度，覆盖更多年轻消费者。

挑选核心汽车媒体、商业财经媒体、国际媒体及KOL，用于突出英菲尼迪从品牌战略层面将"设计"作为核心竞争力，在竞品中突围的重要意义。

五、项目执行

传播战役从2015年4月启动，一直延续至2016年7月，通过多个大小项目，持续有节奏地保持传播声量。

1. 2015 英菲尼迪设计之夜

时间：2015年4月18日

地点：上海喜马拉雅美术馆

英菲尼迪三款概念车首次同台，利用朱锫和王亚彬等名人的社会影响力和涵盖艺术、设计、生活跨界媒体平台，对设计之夜活动进行大范围传播，以及对英菲尼迪设计理念进行形象化和视觉化的阐释，令"冲突美学"和"得'颜值'者得天下"一时成为网络传播热词。

2. 2015 英菲尼迪设计沙龙——QX70 绝影版赏鉴会

时间：2015年4月18日

地点：北京紫云轩

英菲尼迪携先锋跑车型SUV QX70绝影版在融合东西方之美的紫云轩举办了一场设计沙龙。来自汽车、艺术、设计等不同领域的人士就英菲尼迪的设计精髓"冲突美学"展开跨界交流与探讨。资深媒体人王洪浩等嘉宾以现场展出的QX70绝影版为示例，从各自的角度为现场来宾生动讲解了融合"力量与浪漫""自然与工业""东方与西方""理性与感性"的冲突之美。

3. 2015 英菲尼迪 QX50 设计体验营

时间：2015年10月22日

地点：北京雁栖湖

英菲尼迪携风尚智能四驱SUV QX50在北京雁栖湖景区举办了设计体验营活动。邀请媒体在自然美景与极限运动中深度体验英菲尼迪QX50人性化为导向的细节设计元素和独特的自然设计美学。

4. 2016 英菲尼迪最新 QX Sport Inspiration 概念车全球首秀

时间：2016 年 4 月 23 日

地点：英菲尼迪北京设计中心

继 2015 英菲尼迪设计之夜对"冲突美学"设计精髓的全情呈现之后，2016 年 4 月 23 日，以"匠心雕琢 力量绽放"为主题，英菲尼迪 QX Sport Inspiration 概念车在北京设计中心全球华丽首秀。同时，英菲尼迪力邀中国著名设计师张驰跨界对话，联袂演绎了一场设计精神与时尚哲学完美融合的视觉盛宴。

5. 2016 英菲尼迪发现之旅

时间：2016 年 7 月 14 至 15 日

地点：日本英菲尼迪厚木设计中心

英菲尼迪首次邀请中国媒体参观英菲尼迪母公司日产位于日本横滨的总部，在英菲尼迪厚木设计中心，英菲尼迪全球总裁、产品战略副总裁、首席创意官与全球执行设计总监和媒体进行深度对话，从设计的角度讲述品牌的起源和发展历程，使媒体对品牌的设计理念有了进一步深入的认知和了解。

6. 在项目传播过程中使用过的自媒体

项目传播中，使用过的自媒体有良仓、视觉志、壹读、新视线、探索者文艺、芭莎艺术。

六、项目亮点

在项目预热阶段，以"悬疑"的风格吸引关注，包括创意媒体邀请函，请媒体在邀请函背面画出印象中的英菲尼迪并在活动现场展示；官方微信、微博分多天推出倒计时系列海报；"向大师致敬"以对中外艺术大师如梵高、王羲之等人的艺术作品拔高英菲尼迪的设计美学地位；"竞品设计亮点对标"以竞品的设计亮点来反衬自身的不同。

在传播过程中，大量利用微信订阅号等新媒体平台以及"英菲尼迪设计之美"H5 及 GIF 图等形式，形象展示设计特征，展现品牌年轻化及创新精神。

以跨界对话的形式引起时尚界、艺术界和汽车界的广泛关注，其他领域从业者的名人效应为英菲尼迪吸引了更多的人气。

"冲突美学""得'颜值'者得天下"等词汇成为汽车行业热词。

在长达一年半的传播周期内，共计有超过 500 家媒体现场参与过设计相关的项目，累计媒体落稿超过 6 000 篇，广告价值超过 2 个亿。

执行时间：2015 年 2 月至 2016 年 7 月
企业名称：东风英菲尼迪汽车有限公司
代理公司：智者品牌管理 WISEWAY

复习思考题

一、概念题

公共关系调研　公关策划　公共关系实施模式　公关评估

二、问答题

1. 公共关系策划的程序有哪些？
2. 公共关系实施模式主要有哪些？试比较不同模式的区别。
3. 公共关系调查方法主要有哪些？在进行不同调查方法的选择时，你认为最主要的标准是什么？
4. 公共关系效果评估的一般程序是什么？
5. 公共关系效果评估包含哪些内容？每个阶段评估的标准和方法是什么？

三、技能训练题

（1）一家刚开业一年的酒店老总，近日给公关营销部布置了一个任务，要求提交一份公共关系活动方案，目标是提高酒店知名度与美誉度。"让酒店在消费者面前多亮亮相，费用投入我会支持的。"老总郑重其事地说。假如你是该部主任，请试做一个公共关系活动计划及实施方案。

（2）请以你所在班级为主体，组织同学做一次"班级形象调查"，具体说明班级在学校同学及老师心目中的"印象"。

（3）请设计撰写一份《早餐情况调查表》，了解你周边同伴的早餐情况（其中应有封闭式和开放式两类问题，并附上致调查者的短信和指导语）。

（4）做一份公共关系策划方案。

第七章 公共关系专题活动策划
——公共关系的驱动器

■ 内容提要 ■

本章主要介绍公共关系专题活动策划中不同公关主题的专项活动，包括开放参观、展览展销、新闻发布会、庆典活动和赞助活动。讲述各类专题活动对组织形象塑造的作用，各类公关专题活动的开展方式、具体程序以及过程中的注意事项等。

2017年金旗奖案例：爱琴海"小店长日"活动

红星商业是红星美凯龙集团旗下进行城市综合体及商业购物中心筹建、招商、运营的资产管理平台，是国内领先的商业不动产全程运营商，旗下拥有两大产品线"爱琴海购物公园"和"爱琴海城市广场"。"小店长日"是爱琴海连续两年启动的全国联动活动，参与活动的品牌开放了所有职位，让儿童的职业体验变得更真实。第二届爱琴海"小店长日"在全国7家爱琴海购物公园同时启动，设置了体验的舞台——整个购物中心的品牌店铺，设计了角色，提供了道具（品牌道具）和旅程路线，让消费者逐步完成进场、进品牌、消费等一系列动作，得到了品牌的支持，也得到了消费者的参与，圆满地完成了一次品牌与消费者的零距离接触。这一活动吸引了超过1 000家国内外品牌的参与，得到了六万组家庭的肯定。连续两年的实践，"小店长日"迎来了更多的品牌参与、更丰富的职业体验、更庞大的家庭群体，证明了这一IP的成功。爱琴海运营团队通过前期活动的设计，让商户真正成为"消费者体验旅程"中的触点与回路，并重点提升了商户关心的消费者停留时间与消费转化率。

所谓公共关系专题活动，是指社会组织为了某一明确目的，围绕某一特定主题而精心策划的公共关系活动。公共关系专题活动是社会组织与广大公众进行沟通、塑造自身良好形象的有效途径。因此，国内外许多组织经常采用公共关系专题活动的形式来扩大影响，提高声誉。

公共关系专题活动对于改善组织的公共关系状态有着极为重要的意义。它往往能够使组织集中地、有重点地树立和完善自身的形象，并扩大自己的社会影响。成功的公共关系专题活动，往往会使组织形象出现意想不到的飞跃，是塑造组织形象的核心驱动器。公共关系专题活动的特殊作用对举办它有着特殊的需求。公关人员在举办活动时，必须掌握一个基本原则，即只可成功，不可失败。成功的专题活动会产生巨大的正效应；反之，不成功的专题活动则会产生巨大的负效应。

第一节 对外开放参观

一、对外开放参观的含义和类型

(一) 含义

对外开放参观是指社会组织通过组织来邀请员工家属、媒体机构及其他相关公众到本组织参观,将内部有关工作场所和工作程序对社会公众开放,以此来传递组织信息,谋求公众的理解、信任与好感,并消除误解的公共关系专题活动。20 世纪 60 年代,英国的化学工业联合会首创了开放组织这一活动方式,并取得了良好的活动效果,之后被广泛地推广。

对外开放参观的内容比较多,根据开放的目的以及参观者的需要与兴趣的不同,可以让公众亲眼看到组织的外部环境、现代化的厂房设备、科学管理、员工的良好素质、为社会所做的贡献、成果展示、员工福利、组织的悠久历史和文化及价值观等。

(二) 类型

组织对外开放参观基本有三种类型。

(1) 经常性的对外开放 即组织将自己的工作场所对外开放,公众可以随时来参观,没有时间和公众类型的限制。

(2) "开放日"的对外开放 即组织规定某一天或者某一时间段为组织对外开放日,欢迎各类公众前来参观,这种开放日一般在每年的同一时间,例如高校对外开放日基本为高考结束之后的招生咨询日,也可设置为周年纪念日。

(3) 特殊情况下的对外开放 当社会舆论对组织产生误会,或组织发生危机时可以邀请相关公众前来参观,眼见为实,这是消除误会、增进沟通的最好方法。例如农夫山泉 2009 年 6 月传出水源地污染问题,导致农夫山泉退货事件的发生,其形象迅速降低。为了挽回形象损失,澄清谣言,农夫山泉于 7 月组织消费者和记者前往农夫山泉水源地千岛湖参观,让谣言不攻自破。当然,组织如果有值得庆贺的事情,例如有新的科研成果、产量突破,也可采取对外开放参观的公关专题活动,让公众切身感受组织的实力和形象。

二、对外开放参观的重要作用

俗话说"百闻不如一见"。对外开放参观是让公众亲眼见证组织真实情况的最佳时机。对外开放参观主要有以下几种重要作用。

1. 可以扩大组织知名度,扩展组织的良好声誉

对外开放参观是向公众展示组织内部运营情况、组织内部工作环境、员工形象的方式,通过邀请外部公众参观,让原来不知道组织的公众知道组织的存在,直观了解组织的情况,可以扩大组织知名度。同时,通过向公众展示组织对社会的贡献以及所获得的成就,可以维护组织的良好声誉,提高组织美誉度。

2. 可以增强与公众的双向沟通，密切组织与公众的关系

对外开放参观是组织与公众直接面对面的交往方式，可以得到最快速的反馈信息，了解公众的看法，做到组织与公众之间的双向沟通，密切组织与公众的关系，广结良缘。

3. 可以澄清事实真相，获取公众的理解

组织在发生危机事件时开展对外开放参观活动，有利于消除公众对组织的误解，得到最真实的信息，获得公众的理解，扭转公众对组织的不良印象。

4. 可以提高社会组织的透明度

社会组织对外开放参观，无疑是主动把自己暴露在公众的视线下，可以让公众直接了解组织各方面的情况，大大提高了组织的透明度。

5. 可以形成一种压力，促使组织总体素质的提高

组织要对外开放参观，就必须注意自己的环境形象、人员素质形象，以便给公众留下一个好的印象。所以，这无形中会对组织产生一种压力，促使管理者努力提高管理水平，也促使全体员工注意自身的言行，使组织的整体素质得以提高。

案例 7-1

英国化工企业联合会的开放日

尽管化学工业是英国较成功的产业之一，每年为英国带来大笔的外汇收入，并直接为 32 万人提供就业机会，但社会公众对化学工业却并不那么熟悉，而且存在着种种误解，评价也很差。1985 年，英国市场和舆论调查国际公司的调查表明：全英人口只有 10% 的人对化学工业有一定的了解，而这些人中对化工产品有好感的比例仅有 29%。为了改变这种状况，英国化工企业联合会策划、组织了一系列的公关活动，其中之一就是"开放日"活动。

"开放日"的前一个月，有关活动的新闻发布会分别在格拉斯哥、利物浦、米德尔斯伯勒、利兹、布里斯托尔和伦敦等城市举行。通过新闻媒体的报道，社会公众对这个活动产生了很大的兴趣。

"开放日"的活动安排并非一味强调教育公众，而是寓教于乐。各开放点的企业除了设置丰富多彩的展馆供来访者参观，向他们介绍化工产品的生产情况和讲解企业的安全防护措施外，还准备了一些娱乐节目，并安排了儿童娱乐场所和茶点处供大家游玩和休息。为了消除公众的不了解，企业以坦诚、公开的态度与公众交流。各开放点与来访者共同探讨化工产品安全生产和运输、环境保护等公众普遍关心的问题，同时，陪同来访者参观的企业管理人员则热情地向大家介绍各种情况，联合会制作的录像片《社区中的化工产品》也被许多开放点企业所采用。事实表明，全英化工企业的这一"开放日"活动，在很大程度上消除了公众对化工企业的疑虑和恐惧心理。被调查者承认，"开放日"的参观活动是促使他们转变对化学工业态度的一个关键因素。

案例 7-2

参观大亚湾核电站站址

1986年,正当我国内地决定在广东大亚湾建造核电站时,苏联切尔诺贝利核电站突然发生核泄漏,造成严重的人员伤亡和环境污染。面对核泄漏惨状,我国香港各界、各阶层人士纷纷陈词议论,反对在与我国香港毗邻的大亚湾建造核电站。一时风雨满城,舆论哗然。为了证实大亚湾核电站的安全可靠,我国内地在加强舆论宣传的同时,邀请我国香港选民代表参观大亚湾核电站站址,并在现场向他们介绍了各种安全的防御措施和多方面的核能知识。这些代表回到香港后,社会和新闻界的许多反对意见就渐渐地销声匿迹了。

案例讨论:试分析以上两个开放参观案例的意义。

三、对外开放参观的程序

1. 确立主题,明确目的

对外开放参观必须有明确的主题,即通过参观活动组织要达到什么样的效果?给公众留下什么印象?有何目的?参观人数是多少?

一般组织的对外开放参观是为了强调组织所获得的成绩,对社会所做的贡献,以及消除公众对组织的误会。

2. 邀请参观对象

一般要确定参观人数,以便做好具体安排,要明确邀请哪些公众参加,是否需要媒体报道,如何邀请等问题。例如,可以通过在媒体上刊登广告宣传和相关信息,让公众通过拨打电话或发送电子邮件等方式主动报名参加;或者自主拟定参观人员,发邀请函邀请,并打电话确认是否参加。

参观活动的对象既要考虑参观者的代表性,又要重视特定的目标公众,同时也要考虑组织的承受能力。如果参观者像潮水般涌来,组织就可能疲于奔命和应付,因此对参观对象要仔细选择和确定。参观活动的对象主要包括以下几种。

(1) 目标公众:包括客户、经销商、消费者、原材料供应者、生产协作者、运输部门等。

(2) 一般公众:包括社会团体、学校、文化单位、研究机构、社会各界代表、职工家属、社区居民等。

(3) 股东公众:包括股东、券商、证券专家和从业人员,证券主管部门等。

(4) 党政部门:包括各级党政部门、主管部门、上级部门等。

(5) 其他相关部门:包括银行、金融机构、保险公司、新闻媒介、司法部门、环保部门等。

(6) 社会名流:包括专家学者、各类明星、新闻人物等。

(7) 国外投资者、外国客商、观光者等。

(8) 各类慈善组织和社会福利团体等。

3. 选择开放时机，安排时间

组织不但要考虑开放参观的时间，也要考虑整个参观活动所需的时间。开放参观的时间最好安排在一些特殊的日子，如周年纪念日、企业开工日、节日等。如上海电视台每逢元旦、中秋节、春节便邀请本台职工家属来电视台参观，让他们为自己的亲属在这里工作而感到骄傲，使他们支持并协助本台职工的工作。

组织要有足够时间准备对外开放参观活动。规模较大的开放参观活动需要3~6个月的准备时间，如果还要准备大规模的展览会，编印纪念册或排练其他特别节目，则需更多时间，这时就需要注意时间安排的合理性，要尽量避开假期，并考虑好天气、季节的变化等。

4. 对外开放参观的规模

参观活动开展之前要确定参观规模的大小，从而做出相应的安排。如果只是少数几个人参观，可以陪同他们到几个部门去，并介绍情况，赠送资料和纪念品等；如果是较大规模的团体参观，最好制订一个计划，安排好接待次数、每次参观人数和开放时间等。一次接待15个人比较恰当。每天接待2~3次，有专人伴随进行讲解，并回答参观者所提出的问题。

5. 成立负责机构

一般开放参观要有专人负责，需要成立一个专门机构，组成人员以企业领导、公关人员、策划人员、人事部成员、媒体部成员为主。每一个参观环节都要有专门的负责人和工作人员。

6. 做好宣传工作

要使对外开放参观成功，就要事先准备好宣传材料。包括组织的情况介绍、简易的参观说明等，还要搞好环境卫生，装饰参观地点，布置场景，陈列实物等。参观之前可先放宣传片或幻灯片进行介绍，帮助参观者了解组织的主要概况。然后再由向导陪同参观者沿参观线路做进一步解释和答疑。同时还可以准备送给参观者的制作精美的小册子，让公众不忍心扔弃，作为纪念物品保存，也可以赠送参观者纪念礼品。

7. 安排参观路线

参观路线必须提前安排好，包括制作向导图及标志，标明办公室、餐厅、休息室、医务室、厕所等相关地方的具体位置，有专人做向导，必要时进行讲解。如有保密和安全需要，应注意防止参观者越过所限范围。

8. 做好接待工作

应安排专门的接待人员负责签到、登记、讲解、导引等，热情友好，服务周到；安排合适的休息场所和茶水饮食，做参观者贴心的服务人员，以塑造员工的良好形象。

9. 做好后勤服务保障

后勤服务包括参观者的交通工具、餐饮、住宿、路上的安全保健工作等，有完善的后勤服务，参观活动过程中，组织就可以高枕无忧了。

10. 费用预算

要做好费用预算,包括参观者的交通费、住宿费、餐饮费、分发给参观者的材料费、前期的宣传费用等等,要量力而行。

11. 征求意见和反馈信息

参观结束后要做好欢送工作,可以由组织领导亲自欢送以表尊重,最重要的是要征求参观者的意见,了解他们对此次参观活动的评价和看法,可以通过电话、电子邮件、座谈会等形式征集,并将意见和反馈信息进行整理、分析。

四、注意事项

组织的对外开放参观是一件很繁杂的工作,但作为公关专题活动,其作用和意义是不言而喻的,也因此成为很多组织进行公关实务工作的选择。

对外开放参观活动细节工作比较多,要注意每个细节的任务安排,最关键是主题的确定和时机选择,以及确定好具体的参观人数,做好前期准备工作,以防万一。

第二节 展览展销

一、展览会的特点及类型

展览会是组织通过运用各种传播媒介,以直观性物品陈列来展现组织成果、风貌、专利、技术及产品的一种有组织的集中展示活动。

(一)特点

(1)多样性　展览会信息载体呈现多样性的特点,即包括视觉信息、听觉信息、触觉信息、嗅觉信息、味觉信息等,使公众深受感染。

(2)整合性　一般来说,展览活动中会涉及的媒介包括:文字注释、印刷宣传资料、介绍材料等文字媒介;讲解、交谈和现场广播等声音媒介;照片、幻灯片、录像片及电影等音像媒介;实物媒介和现场表演、示范等动作语言媒介,各种媒体交叉整合传播,可以发挥整合的传播力量。

(3)直观性　展览会通常以实物展出为主,还有现场的演示,真实、生动,公众也可以进行尝试、体验,能有助于加深公众的印象。

(4)互动性　展览会在现场有专人讲解,可以与公众直接进行面对面的沟通,互动性强,公众的问题可以马上得到解答,还可以获得从经销商、代理商不易得到的信息,组织也可以在现场获得公众的建议和意见,有利于组织改善工作。

(5)集中性　展览会一般聚集了同一个行业中的所有商品和组织,也可能有来自不同行业、不同地区的商品,甚至有来自国外的商品。聚集在同一个场合下,可以让公众自由挑选比较,货比三家,可以节省大量的信息传达时间和费用。

(6) 冲击性　展览会召开期间会吸引政府部门、媒体、大批相关厂家的光临,新闻媒体的报道能扩大展览会和参展组织的影响力。同时,展览会往往能带动展览会场地周边行业的发展,拉动当地的各种需求,例如广交会召开期间,吸引了来自国内各个地区以及其他国家和地区的各个厂家聚集在一起,拉动了展览会周边的酒店、餐饮、交通需求,刺激了当地的经济发展。

(7) 新闻性　展览活动是一种综合性的大型活动,除本身能进行自我宣传外,还能够成为新闻媒介追踪的对象,成为新闻报道的题材。通过新闻媒介的报道宣传,展览活动的宣传效应将大大扩展。

(8) 高效性　展览活动可以一次展示许多行业的不同产品,也可以集中同一行业的多种品牌来展示,是一种高度集中和高效率的沟通方式,它为参观者提供了更多的机会并节省了大量的时间和费用。

(二) 类型

展览会类型比较多,按照不同的划分标准可以将展览活动分为以下几种类型。

1. 按照展览会规模划分,有大型展览会、中型展览会、小型展览会和微型展览会

大型展览会一般由专门的机构举办,有产品展览的组织可以报名参加,展会规模可以大到"世界博览会"。大型展览会一般指的是国际性或全国性的展览,例如广州每年举办的"中国出口商品交易会"、机构杭州的"国际动漫博览会"等。

中型展览会一般由当地政府组织主办,邀请当地或周边城市相关组织参加,近年来这类展览会形式比较多,例如宁波市政府主办的"中国食品博览会"。

小型展览会一般是由组织举办,由一家企业或几家企业联合牵头,展示自己的产品,展览内容比较单一,地点一般选择在酒店内举行。

微型展览会是小型展览会的缩小版,是指商店橱窗展览和流动展览车的展览,如一些企业自设的样品陈列室。

2. 按照展览会性质划分,有宣传教育性展览会、商业贸易性展览会和文化艺术性展览会

宣传教育性展览会,是为了宣传某种观点、思想或者信仰,或者让人们了解一段史实,当然也可以是一种公关的展示会。这类展览又可以细分为科普展(以普及科学知识为目的,如人体知识展览、天文知识展览)、教育展(以教育、训诫、引导为目的,如爱国主义教育展览、禁毒教育展览、反腐败教育展览)、宣传展(以宣传某项法律、政策、工作、活动为目的,如保密法宣传展览、扶贫工作宣传展览、疾病防治宣传展览、世界无烟日宣传展览)等。

商业贸易性展览会,即以交流商业信息、直接推销商品、洽谈贸易业务为主要目的的展览。这类展览又可以分为消费展(即直接向消费者展示和推销消费品的展览,如日用消费品展销会、家用电器展销会)、贸易展(即以交流商业信息、洽谈投资、贸易和技术合作为主要目的的展览,如招商投资洽谈会、高新技术展示洽谈会)等。贸易展往往是会议和展览两种活动相辅相成,常被称为"展会"。

文化艺术性展览会，主要以展示文化遗产、传播先进文化和艺术、进行文化艺术创作交流为宗旨的展览。具体又可以细分为文物展（以展示历史文物为目的，如青铜器展览、古币展览）、风俗展（以展示地方或民族风俗人情为目的，如少数民族风俗展览）、艺术展（以展示艺术创作成果、交流艺术创作经验、研讨艺术创作规律为目的，如画展、电影展、摄影展、民间艺术展）等。

3. 按照展览会项目划分，有综合性展览会和专题性展览会

综合性展览会通常是由专门性的组织机构或单位负责筹办，企业按规定参加的一种全方位的展示活动。它的规模一般很大，参展项目多、参展内容全面、综合概括性强。

专题性展览会通常是由企业或行业性组织，围绕某一特定专题而举办的展示活动。与综合性展览会相比，其内容较为单一、规模较小、无综合性，但更要求展示的主题鲜明、内容集中而有深度。像"中国酒文化博览会"，就是专门以展示酒为核心，通过酒来展示企业文化和中国传统的酒文化。

4. 按照展览会场地划分，有室内展览会和户外展览会

室内展览会较为隆重且不受天气的影响，设计布置也较为复杂，所需要的费用也会较高。

室外展览会的设计布置较为简单，场地也较大，所需要的费用也不会太高，但是展览效果直接受到天气情况的影响，一般花卉、大型机械设备等不适宜在室内放置的展品都可以在户外进行展览。

5. 按照展览会地点是否固定划分，可以分为固定展览会和流动展览会

固定展览会是指在一个地点不变的展览，常常指组织自己举办的小型展览会，对于一个要接待各种参观团体的组织来说，拥有一个永久性的固定展览是最理想不过的。某些国际性的著名企业都在国外的国际贸易中心设有固定的展览室。

流动展览会指那些巡回展览，它借助于各种交通工具和拆卸、组装自如的组合柜架，将展览从一地转移到另外一地，还有的组织干脆利用交通工具作展览场地，即利用飞机、轮船、火车等作为展场的展览会。

二、展览会的重要作用

展览会的目的是介绍组织的成果，展示组织的产品和技术等，在组织的公共关系交往中发挥着独特作用。

1. 从微观看，可以塑造组织的形象

展览会借助多种媒体，以多种信息载体的方式展示组织的历史、发展、业绩、产品和服务，在展览会现场可以与公众直接沟通，增强说服力，增进公众对组织的了解，提高组织的知名度和美誉度，塑造组织的良好形象。

2. 从中观看，可以提高组织的经济效益和社会效益

一个地区或区域通过展览会的召开，可以聚集旺盛的人气，会展本身就能产生直接的经济利益，包括展馆租金收入、广告赞助及其他会展服务收入，除此之外，还能拉动当地其他产业的发展。

会展业还能产生社会效益，有利于当地城市的建设发展，有利于产业结构优化升级，同时会展的召开，可以提供很多就业岗位，缓解当地的就业问题。

3. 从宏观看，可以提高国家形象

随着中国经济实力和国际地位的提高，中国许多城市主办了众多的展览会，这正是中国宣传自我形象的良好时机，有助于我国赢得国际社会的认同。同时，中国很多组织也会参加国际上主办的展览会，可以与世界人民进行良好的宣传沟通，展示中国的实力，提高国家的知名度和美誉度，塑造国家形象。

案例 7-3

2017 年金旗奖案例："一带一路"倡议背景之文化传播——M 地铁·影廊

京港地铁在为乘客提供可靠安全、高效便捷的出行服务的同时，持续打造现代城市的出行空间。2016 年，京港地铁发起文化类公益项目——M 地铁·影廊，充分利用地铁媒体空间，打造京城首个地铁影廊，让乘客在出行的碎片化时间内，足不出地铁而能感知、体验各类风情文化。

结合国家"一带一路"倡议背景，2016 年 6 月，M 地铁·影廊推出"欢·乘京港线乐·享丝路情"主题影像展，2017 年该项目在"一带一路"国际合作高峰论坛举办前，推出"@所有人 看路，看世界"2017 丝路主题影像展，通过打造主题车站、主题列车，举办赏片会、摄影大咖分享会，策划旅游、美食等更贴近大众的主题，以图片、影像、音乐、故事分享等形式，向公众介绍了丝绸之路沿线国家的风土人情，丰富乘客的出行体验，提升公众对京港地铁的品牌认知度，该项目得到了媒体的广泛关注。

案例讨论：M 地铁·影廊项目的成功之处在哪？

扩展案例7-1倡议
"一带一路"倡议背景之文化传播——M地铁·影廊全案

三、展览会的程序

展览会是公共关系专题活动之一，展览会有很多公关工作需要完成，要落实在每一个程序中，因此从筹划准备阶段开始，就要渗透公关意识。为了有效地组织展览活动，应该注意以下几方面事项。

1. 分析必要性和可行性

对于组织举办展览会或者参加展览会要进行科学充分的分析，如果不分析其必要性与可行性，可能会导致费用开支过大，或者浪费不必要的人力、物力和财力，起不到举办或者参加展览会应有的作用。

2. 明确主题和目的

展览会都有明确的主题和目的，展览活动的主题就是展览的目的和意义。或以贸易为主，或以宣传教育为主，或是宣传组织形象，或是提高知名度，根据主题再决定展览会沟通传播的方式，只有主题明确才能提纲挈领，保证将所有的图表、实物、照片及文字等有目的地组合成一个有机的整体，使参观者一目了然，从而强化参观的针对性。

3. 宣传展览会，确定参展单位和项目

展览会的举行需要各种传播媒体进行宣传，以吸引参展单位。可以在报纸、电视、广播、网络、专业杂志上做广告宣传，也可制作宣传手册对目标和重点参展单位进行派发。同时也可以通过直接给有可能参展的组织发邀请信，重点单位主动上门联系等方法吸引有关组织参展。邀请信内容与宣传内容基本一致，要尽快确定参展单位、参展项目和展位需求情况。

4. 确定参观者类型

展览会要事先策划好到底有哪些公众可以参加。参观者类型也会影响组织的信息传播手段，例如老年人和年轻人接受信息的传播方式就不同。同时还可以邀请一些研究学者、专业人士参加展览会，在现场进行研讨或者讲座等，不仅体现展会的专业性，也能给公众提供一些专业知识。

5. 选择展会的时机和地点

时机要考虑气候季节给人的舒适性，例如夏天天气炎热人们不喜欢外出，不适宜召开展览会，冬天天气寒冷人们也拒绝外出，因此选择气候宜人的春天和初秋会比较好，一般四五月份，十月份和十一月份都是比较好的时间。同时时间还要考虑选择在产品销售季节，以增强展览效果。

地点选择一般宜选择在交通便利、停车方便、周围环境好、设施齐全的场所。

6. 培训相关工作人员

展览会工作人员技能的高低、职业素养的好坏对展览活动的成功与否有直接的关系。因此，需要事先对展览会的工作人员进行良好的公关培训。培训的内容可以是展出项目的专业知识及礼仪知识等，以保证工作人员既能了解最基本的专业知识，也能做到仪表端庄，热情、自如、礼貌地与参观者交谈为宜，同时还能提供展品业务方面适当的咨询服务。

7. 宣传资料准备和展厅布置构思

展会最重要的任务是宣传企业和产品，传递信息，进行沟通。组织单位要准备好相应的宣传材料，包括展览会平面图、展览会的背景资料、前言及结束语、参展品名目录、参展单位目录，设计与制作展览会的会徽、会标及纪念品、主题画、海报、说明书、宣传小册子、幻灯片、录像带等各种材料。

展厅布置要根据展览主题要求和参加展览的具体内容进行整体的规划和构思，确定总体设计图。再根据总体设计图，设计与制作各展区的展品、展板布置小样，待确定后再做成实样。特别是在展览大厅的入口处，应该设置咨询台和签到处，并张贴展览大厅的平面图以作为参观的指南。

8. 制定费用预算

展览活动的费用一般包括场地和设备租金、电费、设计费、材料费、装饰费、工作人员的劳务费、交通运输费、保险费、通信费等。对于上述的所有费用都应该进行预算，并应体现厉行节约、量力而行、留有余地的原则。

9. 联络媒体

展览会要提高影响力，必须要成立一个专门对外的信息发布机构，负责与媒介的联络，该机构要利用一切能够调动的传播媒介，使参观者可以通过多种渠道获得组织的有关信息，并把展览会中发生的许多有价值的东西写成新闻稿发表，从而扩大展览活动的影响力。对外新闻发布机构的工作内容主要有：在展览会地点和时间确定后，以举办新闻发布会的形式发布消息；邀请新闻界人士参加开幕式，尽可能多地在报刊、广播、电视上报道开幕式的消息和实况；安排好新闻发布室，并准备新闻报道所需要的各种辅助宣传资料。在展览会期间，也会不断地出现有新闻价值的事件，要及时邀请记者采访报道，以扩大影响力。

10. 提供相关服务

展览会的成功需要多部门共同努力，要事先做好与其他部门的协调和沟通工作，提供相关服务。如处理对外贸易业务的部门、附设产品订购的洽谈室以及文书业务、邮政、检验、海关、交通运输、停车场等。

11. 效果测定

为了测定展览的效果，可在出口处设置参观者留言簿以征求参观者的意见，同时也可以结合展览会举办座谈会，请参观者谈谈自己的感受，也可以在展览会后登门访问或发出调查问卷，了解展览的实际效果。当然，测定展览效果的最直接的指标是订货合同及金额，除此之外，还可以通过专家的评价、新闻媒介的报道和参观者的人数来表现。

效果评估的主要方法

展览会效果评估是指展览会结束后，充分了解公众对展览会的意见和建议，测定展览的实际效果，为以后的展览会提供参考。展览会效果评估的具体方法主要有以下几种。

1. 进行有奖测验

根据展览内容，有重点地制作填空题、选择题、判断题或问答题，当场测验，当场解答，当众发奖。这种方式既活跃了展览会气氛，也起到了一定的宣传作用，同时为展览效果的评估提供了必要的依据。

2．设置公众留言簿

可在展览会出口处设置公众留言簿，主动征求公众的意见。

3．举办公众座谈会

可以召开公众座谈会，请观众畅谈观后感想，征求他们对本组织的意见或建议。

4．借助记者采访

展览会期间，组织者可以邀请一些记者对公众进行采访，听取公众的意见。

此外，还可以通过登门访问、问卷调查等形式评估展览会的实际效果。

四、展览会过程中的注意事项

（1）做好服务接待工作，要热情周到、细致诚恳，以体现组织人员的基本素质和修养。

（2）宣传资料派发至每一个参观者手中，要让参观者进入展厅就了解组织和展览，应该及时送上宣传资料以便参观者随时阅读。

（3）为参观者细心讲解产品，讲解员要用真诚的话语感染参观者，向参观者展示产品的价值，并保持与参观者的互动，随时解答问题。

（4）为增强互动沟通，可以开展有关活动，如安排现场演示，举办相关的知识测验、竞赛和小型文艺表演，赠送奖品、纪念品等。

（5）确定参展单位、参展项目和展览会的类型。可以采取广告和给有可能参展的单位发邀请的方法吸引单位参展。广告和邀请信要写清楚展览会的宗旨、展出项目类型、对参观者人数和类型的预测、参展的要求和费用等，应给潜在的参展单位提供决策所需的资料。

（6）选择展览会的地点。在地点的选择上，首先，要考虑的是方便参观者，如交通方便、易寻找等；其次，要考虑展览会地点周围环境是否与展览会主题相得益彰；第三，要考虑辅助设施是否容易配备和安置等。

（7）培训工作人员。展览会工作人员的素质和对展览技能的掌握，会对整个展览效果产生重要影响。必须对展览会工作人员如讲解员、服务员等进行良好的公关训练，并对每次展出的项目进行最基本的专业知识培训，以满足展览会的要求。

（8）成立专门对外发布新闻的机构。专门的机构要负责制订新闻发布的计划和组织实施计划，负责与新闻界联系的一切事务。

（9）准备展览会所需的各种辅助宣传材料。如拍摄相片和录像、制作各种小册子和目录等。

（10）准备展览会的辅助设备和相关服务。如处理对外贸易业务的部门、附设产品订购的洽谈室以及文书业务、邮政、检验、海关、交通运输、停车场等。在入口处应设置咨询台，贴出展览会平面图，作为参观者的指南。

（11）设计制作展览会徽志，备好展览会纪念品，提前印好入场券并分发出去，准备好售票的地点和窗口等。

第三节 新闻发布会

一、新闻发布会的含义与特点

(一) 含义

新闻发布会，顾名思义就是发布新闻的会议，最关键的就是有新闻可发，而作为信息的新闻必须具有新闻价值才能吸引记者的到来。

新闻发布会是社会组织为了向公众宣布重要信息或对已发生的事件做出解释而召集新闻记者，并由发言人进行客观而公正报道的有效沟通方式。新闻发布会采取记者提问发言人回答的主要形式，其目的是信息传递，协调组织、媒体与公众之间的关系，为组织创设良好的舆论环境，从而为组织赢得更多的理解和支持，树立组织的形象。

(二) 特点

1. 新闻发布会邀请对象的特殊性

一般公关专题活动邀请的对象基本为普通公众或者社会知名人士和政府领导，而新闻发布会的对象则是非常特殊的媒体记者，作为媒体公众的特殊性和双重身份使新闻发布会的作用和意义不同于其他专题活动。因此，对记者这一职业的了解和对即将邀请的相关媒体的特点了解是事先要准备的功课。

2. 新闻发布会的双向信息沟通更活跃

新闻发布会相比其他专题活动而言，信息的双向沟通特点更加明显，因此新闻界的记者参加新闻发布会就是为了获取具有新闻价值的信息而进行刊登报道，同时，组织也是为了传达信息，满足记者的提问要求而主动召开新闻发布会，两者之间的一问一答，比较具有互动性和实时的沟通交流，能使信息更加透明化。

3. 新闻发布会对新闻发言人的要求比较高

记者是无冕之王，一般记者的提问水平都是相当高的，提出的问题可能比较犀利、比较深入、难以回答，如果回答不出来不但达不到新闻发布会的目的，还会大大损害组织的形象和声誉，因此，对主持人和新闻发言人的要求就比较高，要求主持人和新闻发言人的临场发挥能力强，随机应变能力强，思维敏捷，反应迅速，口才好，回答问题有技巧，而且要非常熟悉组织的一切事务，能流利而巧妙地、有重点地回答记者提问。这样才能达到新闻发布会的目的，给记者留下深刻的印象，促进组织形象的提升。

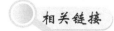

关于新闻发布会与记者招待会的区别

新闻发布会与记者招待会是有区别的,但现在国内对二者的称呼有些混用。外交部每周举行两次新闻发布会,虽然频繁,但对此基本也没做区别。外交部新闻发布会也常被其称之为外交部记者招待会。

实际上,新闻发布会,顾名思义,是发布新闻的活动。一般由发言人先发布新闻,再回答记者提问。而记者招待会往往不先发布新闻,立足于回答记者提问。

新闻发布会一般指政府或部门发言人举行的定期、不定期或临时的新闻发布活动。规格较低,活动时间较短,一般半小时至一小时左右。如外交部新闻发布会、国台办新闻发布会等等。记者招待会更适用于中央领导、部长或部门领导人。如总统记者招待会、总理记者招待会、部长记者招待会或大使记者招待会等。

新闻发布会现在的趋势是由发言人自己主持、自己发布新闻、自己点记者提问、自己回答提问。但记者招待会一般会设一个主持人,主持人不回答问题,回答记者提问的是由他请来的总理、部长或其他领导。不过也有例外,如美国总统的记者招待会,不设主持人,也不设座位,而是由总统本人站着回答问题,并亲自点记者提问。

记者招待会时间一般较长,会持续一个多小时或更长。回答问题的范围也会更广泛。因记者招待会权威性更高,所以更受媒体和公众重视,记者出席的人数更多,影响也更大。因对方位尊权重,出于礼貌,记者一般会很收敛,不会发生在新闻发布会上常见的唇枪舌剑。

二、新闻发布会的重要作用

1. 传播信息迅速,有利于协调关系

当组织确定有重要信息需要发布时,通过新闻发布会发布信息是最及时、迅速和准确的方式,可以避免流言和谣言的产生,保证信息真实准确。新闻发布会上记者的问题也是公众所关心的问题,通过提问和回答能把问题解释得更清楚透彻,有利于协调组织与公众、媒体之间的关系,保证社会和组织的稳定。例如非典危机事件催发了新闻发布会制度在中国的全面展开,政府一些重大政策变化和突发事件都会选择通过新闻发布会邀请中外记者参加,对他们尖锐的问题提出回答,不隐瞒、不回避,体现了领导人的作风。

2. 新闻发布会可以引导社会舆论

新闻发布会是组织利用媒介与公众进行沟通的例行方式,作为一种两极传播方式,它是先由组织将信息告知记者,再由记者所属的新闻机构将信息告知公众,通过众多媒体与记者的信息报道引导社会舆论。因为在新闻发布会后,参加发布会的新闻机构和记者势必会纷纷报道相关的信息内容,此时已经发挥了媒体的议程设置功能,即媒体决定了人们看什么信息内容,什么内容是最重要的,因此如果组织希望能在短时间内引导社会舆论,形成社会讨论的焦点和中心,那么就可以使用新闻发布会这一公关专题活动。

案例 7-4

中信银行信用卡中心 2016"中美旅游年"

作为在商旅信用卡市场精耕多年的踏浪者,中信银行很早就颇具前瞻性地提出了"要出国,找中信"的国际化经营战略。值此"中美旅游年"之际,中信银行信用卡中心更是紧抓这一国家政策性利好的机遇,深化与 Visa 及途牛旅游网等十大伙伴的合作,隆重推出"中美旅游年"主题信用卡以及赴美旅游一揽子金融服务计划,为消费者打造"行者无界"的高端出国旅游消费体验。

围绕"中美旅游年"主题信用卡的丰富特色权益,中信银行盛大举行了"中美旅游,始于中信"新闻发布会,以及"美国西部狂野 0 元之旅"大型事件营销活动。二者相辅相成,互为呼应,在大力回馈消费者的同时,更制造话题、持续造势,深化了中信信用卡国际化品牌形象,提升了产品知名度及好感度,巩固了其在境外商旅市场的领先地位。

案例讨论:中信银行信用卡新闻发布会的传播效果如何?

三、新闻发布会的程序

(一)会议前的准备工作

1. 确定会议主题

新闻发布会的主题必须具有新闻价值,否则记者就会因不感兴趣而不来参加,或者参加了却不报道,那么就达不到发布会的目的。一般新闻发布会的主题有两类:一是为了发布和解释重大事件,例如组织有重大方针政策的调整改变、组织领导人的更改、组织的兼并、公司上市等,这些重大事件有时也关系到其他公众的行为和生活,因此有必要通过新闻发布会予以公开传播,提高组织知名度。二是组织面临棘手问题或重大突发事件时需要澄清事实,减少误会,争取谅解。例如重大的公共危机事件、组织内部的暴力纠纷事件、重大交通意外事故等,这些事件都是公众非常关注的舆论焦点,组织有必要出面澄清谣言,或者诚恳道歉、认错,以使公众正面、客观地评价组织,挽回组织形象。

2. 确定时间和地点

新闻发布会的时间和地点也是十分重要的。

(1)时间 一般应选择周一到周四的工作日,不要占据记者的休息时间和假日时间,避免所在地有某个更重要、更吸引媒体记者前去报道的社会活动时间,避免与其他组织同时召开新闻发布会,一般新闻发布会的时间最好在一个小时以内。通常认为,举行新闻发布会的最佳时间,是周一至周四的上午 9 点至 11 点,或是下午的 3 点至 5 点左右。在此时间内,绝大多数人都是方便与会的。之所以将周五排除在外,主要是因为周末随之而至,此刻人心涣散,对新闻报道往往不予重视。

(2)地点 地点选择应考虑给记者提供方便,可以是市中心,也可以是与会议内容、规格相吻合的场所，地点选择对发布会的成功有很重要的推动作用。例如，北京很多知名企业召开新闻发布会时会选择人民大会堂，代表了组织的政治地位和社会影响，交通也便利。不管是何种规模的新闻发布会，只要地点选择符合以下几个要求就可以：一是交通便捷、停车方便；二是设备齐全，如摄像、幻灯、电视播放设备等，通信设备也要完善，例如无线网络宽带、电视电话是否可用等；三是环境优雅、会场安静、没有噪声干扰。

地点选择好之后，还要注意会场的环境布置，如气温、灯光等问题都要考虑周全，会场布置要使会场既体现组织文化或管理理念，又能使记者及其他来宾产生宾至如归的感觉。会场一般应该设有签到处，只在每个记者席上准备好有关的书面资料，使记者们能够了解所发信息和发布会的全部内容。

3. 确定主持人和发言人

在准备新闻发布会时，组织必须安排好主持人与发言人，这往往决定了新闻发布会的成功与否。一般主持人由组织公关部经理或组织的办公室领导等担任，主持人的作用在于把握主题范围，掌握发布会的进程并控制会场的气氛，从而促进新闻发布会的顺利进行，主持人个人外在形象素质要好，要见多识广，反应灵活，语言流畅，善于把握大局，具有丰富的主持会议的经验。

新闻发布会的发言人是会议的主角，通常由组织最高领导者或者主要负责人担任，因为决策者了解组织的整体情况及方针、政策，讲话具有权威性，或者邀请专职的新闻发言人。必要时，还可以安排一位或几位专业技术人员，做主要发言人的现场助手。发言人必须思维敏捷，有较强的灵活应变能力，学识渊博，修养良好，能言善辩；有较强的口头表达能力，言行举止彬彬有礼，与媒体关系好。

同时还要确定具体的材料准备人员、发布会现场的服务人员和礼仪接待人员，引导记者入场，准备好资料发放，同时还要安排一名摄影师专门拍摄会场情况，以备将来做宣传或纪念之用。

4. 准备相关材料

在准备新闻发布会时，组织要准备好给记者有关新闻发布会内容的资料的打印稿、图片、照片、数据等，主要有以下几种。

（1）发言人的发言提纲　内容要围绕主题，全面准确真实生动，一般发言提纲是由熟悉组织的成员组织发言起草并围绕发布会主题写作而成。

（2）报道提纲　事先把组织情况介绍、会议背景资料、新闻发布会相关图片、数据等，打印出来发送给每位记者，以供记者写新闻稿之用，并且将组织的联系方式和传真号码等写上，以便记者将来核实之用。

（3）宣传辅助材料　发布会需要的与主题和内容有关的文字、视频、实物、照片、录音等有助于信息发布的辅助材料。

会前应该将会议主题、发言稿和报道提纲的内容在组织内部通报一下，以统一口径，防止在会上出现自相矛盾的现象，从而引起记者的猜疑。不过，不要事先向外界透露任何重要的消息。

5. 确定媒体邀请

召开新闻发布会是将组织有关信息传达、告知给新闻媒体，邀请的记者范围应根据问题涉及的范围或事件发生的地点而定，所邀请的记者的覆盖面可广一些。

首先，要了解各新闻媒体的特点，电视、广播、报纸等媒体的特点都不一样，根据媒体特点以及该媒体的报道方针，来判断该种媒体与组织的经营内容、与本次新闻发布会主题是否有关或者吻合。

其次，要考虑该媒体的知名度和影响范围等。新闻发布会是为了扩大组织影响力，但也视具体情况而定，一般先邀请影响力大、报道公正客观、具有权威性或与本单位关系向来较为友善的新闻单位参加。

同时，选择媒体不能有所偏颇，要一视同仁，将所有媒体都考虑到。例如有价值资料的发放，报纸、广播、电视、杂志、网络的记者都要邀请到，记者的类型要全面，要有文字记者、摄影记者等。

确定名单后要提前一周向记者发出书面邀请，让记者充分安排时间。因为并非所有的记者都能到会，最好在邀请函上附一张回执。在邀请函上应将新闻发布会的内容及时间进行说明，并一定要确切地落实对方能否出席。最好是打电话后，再派人亲自将请柬或邀请函送过去，以当面确定他们是否能够前来。

6. 预演

如果条件允许，最好进行一次预演，以保证届时新闻发布会能顺利进行，如果是来宾较多、影响较大的新闻发布会，事先则一定要进行预演，开会前应当研究一下有可能被提问的主要问题，考虑每一个可能提出的问题，预备好相应的答案，写一份问答提纲，可以使发言人在现场正式回答提问时表现自如，不慌不忙。

7. 准备参观和宴请

在发布会前后，可以配合主题组织记者进行实地参观、采访。为了使新闻发布会收到最大的实效，在财力允许的情况下，可在会后安排宴会或工作餐，可以增进相互沟通，联络感情，在轻松愉悦的氛围下及时获得反馈信息。

8. 制定费用预算

应根据会议的规模和规格做出费用预算。发布会费用一般包括：场租费、会场布置费、印刷费、礼品费、交通住宿费、音像器材费、邮费、通信费等。注意在制定费用预算时，要留有余地，以备急用。

（二）会议中的工作

1. 做好来宾的接待工作

来宾的入场、就座、资料发送、倒茶水等基本服务工作要派专人接待。

2. 会议中主要程序

首先是主持人讲话、宣布会议开始。主持人讲话在宣布开会前进行，一是介绍和欢迎与会人员，向来宾介绍出席会议的领导、重要嘉宾、各新闻机构及其记者，向到会者表示欢迎；二是介绍会议主题、目的和背景；三是介绍发言人情况，如姓名、职业和职位等。其次是发言人发言。组织发言人的发言要紧扣主题、实事求是，不夸夸其谈。一般安排一位主要发言人发言，若安排多人发言时，应排好顺序，发言内容上不要重复。第三是回答记者提问。会议发言人和主持人应相互配合。记者招待会在进行过程中，应始终围绕着会议主题进行。这就需要会议的发言人和主持人配合一致，相互呼应。一要引导记者踊跃提问。当记者的提问离题太远时，要善于巧妙地将话题引向主题；二要友好地对待记者的提问。即使记者提出很片面、很偏激，甚至带有挑衅性的问题，也要友好对待，既不能失控发怒，也不可拍案而起，要以平缓的言语、确凿的理由友好地纠正或反驳；三要对涉及机密不可发表的有些资料和数据，婉转地向记者做解释；四要发布准确无误的信息，若发现错误应及时予以更正。五要按分工范围，做到责任分明，同时也要随机应变，遇到回答不了的问题时，应告诉记者如何去获得圆满答案的途径，不可不计后果随意说"无可奉告"或"没什么好解释的"，这会引起记者的不满和反感。第四是主持人简短评述会议，对与会者致谢，并表达日后继续合作的意图。第五宣布闭会。

3. 会议中要发挥主持人和发言人的作用

主持人要控制整个会场的气氛、节奏和时间，引导记者踊跃提问。如当记者的提问离开主题太远时，主持人要能巧妙地将话题引向主题。

发言人的任务则主要是主旨发言、答复提问。通过回答问题将话题引到会议的主题上来。如对于不愿发表和透露的内容，应委婉地向记者做出解释。如遇到回答不了的问题时，应告诉记者如何去获得圆满答案的途径。如果出现发言人不能回答或无法避免的问题时，应该果断而得体地申明本次新闻发布会不会探讨某个特殊的问题，请记者们谅解。当然，新闻发布会上一般要保证有问必答，但有些问题可能会超出你的准备范围且无法回答，对这种情况应该事先有心理准备，可以避正答偏，将话题引导到自己准备得比较充分的问题上来，如果碰到棘手的问题，要做好真诚作答的准备，表示你的真诚。对待记者的态度要真诚、主动。切忌吞吞吐吐、张口结舌，或者有意卖弄口才、口若悬河，切忌随便打断或阻止记者的发言和提问。在新闻发布会结束前，要提示"请提最后一个问题"。

新闻发布会的议程要求是议题紧凑、节奏明快，发布会时间一般宜控制在一小时以内。

（三）会议后的评估工作

1. 整理会议记录

新闻发布会结束后，要尽快地整理出新闻发布会的记录资料，包括所有的文字、图片、图像材料，对新闻发布会的组织、主持和发言等方面的工作进行总结、归档，以吸取经验教训。

2. 搜集记者报道并做分析

新闻发布会后，要马上搜集与会记者是否发布了相关新闻稿，并检查报道内容是否与发布会目标相符，对报道进行归类分析，一般分为正面报道、中性报道和负面报道，以此作为以后举办新闻发布会的参考依据。如果出现了负面报道，则应该及时做出正确的应对策略，调查原因。一般来讲，对于不正确的或歪曲事实的报道，应该采取措施向新闻机构加以说明，澄清误解，向报道机构提出更正要求，如果是批评性报道则应该吸取教训，虚心接受，并且希望对方能进行督促，及时改正自己的错误，表示道歉。同时要对已发稿件的记者打电话致谢。

3. 了解与会者对新闻发布会的评价和反应

要了解与会者对这次会议的评价如何，是否有不足之处，以便下次改进。

新闻发言人制度

组织机构的新闻发布制度是从国家的新闻发言人制度中衍生出来的。新闻发言人制度是当今世界大多数国家推行的一种基本信息发布制度。这项制度的首创者是美国总统富兰克林·罗斯福。1933年，罗斯福执政后为挽救严重的经济危机而采取了被称为"新政"（the New Deal）的施政纲领。此后罗斯福为了推动"新政"的顺利实施，就"新政"的推行情况定期约请广播电台的记者到自己的办公室或寓所，以"炉边谈话"的形式向社会发布新闻，从而开创了新闻发言人制度的先河。

我国政府在1983年4月开始设立新闻发言人制度，国务院设新闻办公室和新闻发言人。此后每年的全国人大会议和全国政协会议期间，和举行其他重大活动时都要举行大规模的中外记者招待会。这一体现公开性和透明度的行之有效的政治制度也在工商企业界和其他社会服务领域得到了普遍的推广。

与国家的新闻发言人制度一样，组织机构新闻发布制度的实施，不仅为组织的信息传播开辟了一个更具有权威性的途径，而且对促使工商企业和其他社会组织由传统的封闭型经营模式向现代开放式经营模式的转变具有特别重要的意义。

案例 7-5

金旗奖候选案例：飞利浦 9000 系列电动剃须刀新品发布会活动

全新面世的飞利浦9000系列电动剃须刀，诞生于飞利浦荷兰Drachten研发中心——全球最大最先进的电动剃须刀研发和制造基地，历时7年专注研发，在贴面、切削、多功能、护肤和清洁五大方面，全方位革命创新，带来非凡剃须体验，成就飞利浦迄今为止最尖端的电动剃须刀作品。飞利浦公司举行盛大新闻发布会，围绕"驾驭和科技"的传播主线，通过极具话题热点的创新布置和创意环节设置，让来宾们直接感受到全新9000系列的"最尖端"氛围。从呼应"驾驭"主题的大型飞机户外静态展示，到科技感十足的75周年时空隧道，再到270°U型环幕，配合三屏互动的全息模式产品科技解析，都让来宾感受到非同一般的先进科技力量和尖端技术魅力。发布会取得巨大成功。

事件名称：飞利浦9000系列电动剃须刀新品发布会活动
执行时间：2014年9月12日
代理公司：北京福莱希乐国际传播咨询有限公司

四、新闻发布会的注意事项

（1）主题必须具有新闻价值。新闻发布会的主题必须具有新闻价值，而不是组织认为是重要的新闻就召开新闻发布会，这样就算记者出席了会议也不见得会报道。

（2）会议议程和时间一定要严格控制，不能拖得太长，且会议必须围绕主题进行，如发现离题应尽快回归到主题。

（3）发言人和主持人之间应该互相配合互相支持，口径一致。应以尊重记者为原则，态度真诚，不能发布虚假消息。

（4）会议过程一定要有备忘录，最好以文字、视频、录音的形式呈现。

（5）对于不愿发表和透露的内容，应委婉地向记者做出解释，记者一般会尊重东道主的意见。不可以"我不清楚"或"这是保密的问题"来简单处理。

（6）遇到回答不了的问题时，应告诉记者如何去获得圆满答案的途径，不可不计后果，随意说"无可奉告"或"没什么好解释的"，这会引起记者的不满和反感。

（7）不要随便打断或阻止记者的发言和提问。即使是记者带有很强的偏见或进行挑衅性发言，也不要显出激动和失态，说话应有涵养，切不可拍案而起，针锋相对地进行反驳。

相关链接

西方国家政府新闻普遍采用新闻发布会的形式发布，则始于美国。第二次世界大战后，媒体的影响力渐强，传媒在西方国家甚至成为立法、司法和行政之外的第四种力量。从20世纪50年代开始，美国在白宫设立了新闻办公室和发言人。此后，各国政府也纷纷效仿，用这种做法引导舆论，树立自己对内对外的形象。

从西方国家的实践来看，政府很难在一切问题上获得公众的赞同，常常会受到各个方面的指责。在这种情况下，把政府的职能活动视为公共关系活动，有效地开展这种活动，树立良好的公众形象，就能赢得公众的舆论支持。新闻发言人制度其实就是政府公共关系框架的一个组成部分。在公众中塑造良好的形象，获取公众的参与和支持，就成为现代政府施政的重要方式。据美国全国政府传播者协会估计，在美国，各级政府大约有4万名政府传播者。

第四节 庆典活动

一、庆典活动的含义与类型

（一）含义

庆典活动是指组织为了引起公众的关注，扩大组织知名度，专门利用重要节假日、庆祝日或重大事件举行的庆祝活动或典礼活动。

对于组织来说，有许多值得纪念的日子，是代表着喜庆、体现组织实力的好日子，许多组织就会积极利用这种日子做公关专题活动，可以展开公关宣传攻势。一般庆典活动邀请的对象以社会名流、媒体记者为主，也有内部公众与其他外部公众的参与，可以借助社会名流提升组织的知名度和美誉度，也可以通过记者提高组织的社会影响力，庆典活动喜庆而热烈的气氛与环境也能给公众留下美好的印象。

（二）类型

组织的庆典活动形式多种多样，主要包括以下几种。

1. 节日庆典

主要是指组织在社会公众重要节日时举行或参与的庆典活动。包括国际性节日，如国际妇女节、国际劳动节、国际儿童节、世界无烟日、世界粮食日、315国际消费者权益日等；民间传统风俗节日，如端午节、中秋节、重阳节、植树节等；地方性节日或以地方特色命名的节日，如国庆节、中国春节，西方的圣诞节、狂欢节、泼水节，各地方的杨梅节、枇杷节、菊花节等；行业节日，如记者节、护士节、教师节等。

2. 开幕庆典

是指就某一事件第一次与公众见面，以展现组织的文化、宗旨以及精神风貌等，扩大社会知名度和影响力的一种庆典活动。它通常包括：公司、企业、宾馆、商店、银行正式启用之前的开幕庆典；各类商品的展示会、博览会、订货会、交流会、运动会等正式开始之前的开幕典礼；重要工程动工修建之初的开工典礼、奠基典礼、破土典礼；意义重大的新产品投入生产的庆祝活动等。

3. 周年庆典

是指一个国家或者组织内部确定的阶段性纪念其成长经历的庆祝活动，一般都是在逢五、逢十周年以及它们的倍数时庆祝的。例如复旦大学、北京大学等知名学府的百年校庆，中华人民共和国六十周年国庆庆典，这类庆典活动可以吸引记者的报道，扩大组织的社会影响，也可以借助这一时机总结以往的经验。

4. 庆功庆典

指组织遇到某一具有"里程碑"性质的特殊事件或特定日期值得特别纪念的庆祝活动，以提高组织的知名度。例如某个重要合作项目洽谈成功的签字活动，或者表彰先进和英勇事迹与人物的庆祝，或者庆祝组织的产量和销售额突破多少而达到可喜的业绩等而举办的庆典活动。

当然无论是哪种类型的庆典活动，都要求做到喜庆、热烈、活跃，让来宾发自内心地感到愉悦，同时也要体现组织开展庆典活动的真诚，而不是纯粹为了获得记者的报道而开展的，细节要考虑周到，全方面地为来宾和公众着想。

二、庆典活动的重要作用

庆典活动是组织经常用来吸引新闻媒体采访的一种公关专题活动，而且组织的庆典活动几乎囊括了所有的类型，组织愿意花精力、财力、物力和人力投入到庆典活动中，也正说明了庆典活动对组织的重要作用。

1. 庆典活动可以提高组织的知名度

组织举办庆典活动都会邀请媒体记者出席，是希望他们能对庆典活动和组织进行报道，提高组织的知名度，扩大组织的社会影响力。

2. 庆典活动可以提升组织的美誉度

庆典活动一般展现的都是组织良好的一面，例如体现组织的经济实力、研究实力、组织内部人员的先进事迹、英雄人物、组织悠久的历史传统等，这些都有利于组织美誉度的提升，同时组织还会邀请社会的知名人士作为嘉宾，他们作为社会的意见领袖，对组织有良好的评价和印象，也能帮助组织提升形象。

三、庆典活动的程序

庆典活动一般时间不会很长，形式也不是很复杂，但整个活动必须始终围绕庆祝，在一种热烈、愉悦、欢快的气氛烘托之下进行，这样才能彰显组织的实力，提高组织的形象，体现庆典活动的目的。活动过程所涉及的细节内容较多，每一个环节之间必须要连贯，否则一个细节失误就会使整个庆典活动失去光彩，因此活动计划要周详，责任人要实时监督。

（一）前期准备工作

1. 调研

在庆典活动之前，要调查组织所在地的公众对组织的态度和意见，了解庆典活动中目标公众的兴趣、爱好所在，这样在安排庆典具体活动项目的时候才能满足公众的要求，特别是要了解那些与组织关系紧密的首要公众的心理需求，安排一些他们感兴趣的活动。例如是否安排参观活动、娱乐助兴节目，宴会的菜式和口味等，让公众充满期待而来，满意而归，这些都是庆典活动成功的前提。

2. 前期宣传工作

宣传庆典活动主要是为了吸引社会公众的注意力，宣传庆典活动的时间地点等，为庆典活动做好良好舆论的铺垫。

（1）媒体宣传　选择报纸、电视、广播、网络等媒体，对庆典活动的时间、地点等内容做大范围的宣传，提高知名度，以吸引公众前来参加，提高人气。

（2）邀请相关媒体　在庆典活动召开当天，需要媒体来现场进行采访，因此要事先与媒体沟通好，为组织做正面的传播，提高组织的影响力。

3. 确定活动时间和形式

确定活动具体的日期和时间，同时要确定庆典的形式，是以比较正规的大会形式，或小宴会形式，或联欢会的形式还是其他的形式来举行，形式的选择应与组织的性质、实力、目标公众的喜爱形式及想要取得的社会效应联系在一起。

4. 活动负责人确定

由于庆典活动过程中要注意的细节特别多，也关乎各部门之间的配合，因此在活动开始前就要确定总负责人和具体活动项目的负责人。活动执行人员、后勤人员、办公室人员等，要各司其职。策划人员负责活动的整体构想；执行人员负责活动实施中的各种材料准备；文案写作人员负责稿件撰写；接待人员安排具体内容；后勤人员主要负责对接嘉宾的司机、宴会的厨师等；办公室人员可作为活动的后备人员，负责一些零碎的工作。

（二）确定邀请嘉宾，发出邀请

嘉宾一般包括政府官员、社会名人、社区领导、同行业代表、新闻记者、内部成员等，嘉宾身份的高低与数量的多少由庆典的规模和影响决定。不管是哪种嘉宾，都要认真填写请柬并装入精美信封，提前2周务必将请柬送到嘉宾手上，以示尊重，活动前3天再进行电话确认。

第一，要确定嘉宾的排序。假如邀请嘉宾较多，一定要注意次序的安排，遵守一些基本原则。首先，按嘉宾地位高低来排列，如果嘉宾所代表的组织地位相近则可以采取其在组织内的职务高低来排次序，其次，也可依据组织的社会地位和影响力来排序，或者直接按嘉宾的姓氏笔画或者首写字母顺序，再次，可以按照嘉宾到达现场的先后顺序排列。

第二，要确定好剪彩的嘉宾和致辞嘉宾。一般剪彩嘉宾可请来宾中地位较高、声誉较好的社会名人一起剪彩，当然也可请内部员工或者普通公众剪彩，也可收到意想不到的效果。致辞嘉宾要具有较好的口头表达能力，在行业中有一定代表性则更好。致辞事先由组织准备好，要言简意赅，意思表达清楚即可，不可太复杂、太过冗长。

第三，要确定主持人。主持人可由嘉宾担任，也可由组织内部表达能力强的领导担任，也可邀请专业主持人，一般主持人要仪态端庄，反应敏捷，熟悉活动流程。

（三）相关物质材料的准备

庆典有很多基本物质需要准备。

（1）准备相关文字材料　庆典活动需要的致辞、领导演讲词、报告、本组织的宣传册、活动程序表、嘉宾名单、指路牌等都需要事先准备好，同时还要准备好发给记者的相关活动材料、组织介绍等相关文字材料，要认真撰写并装档案袋分发给记者，便于记者写稿时有针对性。

（2）硬件材料的准备　场地布置所需要的各种工具、音响设备、条幅、宣传画、标语、彩旗、馈赠嘉宾的精美礼品、活动的饮品饮料、车辆安排等。特别是赠送的礼品要与本组织的特色和本庆典活动联系起来，要具有纪念价值，同时要把礼品作为宣传载体，在礼品上或者礼品包装上印上本组织的名称、标志等。

（3）场地布置　场地要营造出热烈、欢快、愉悦的气氛，可以使用气球、彩虹门、花篮、花卉植物、红地毯等增加气氛。活动用的音响设备、照明器材一定要事先试用过，嘉宾签到台要用鲜花布置。

（四）安排庆典活动程序

庆典程序安排要求紧凑、周密，一般为：主持人宣布庆典活动开始，升国旗、奏国歌（有的活动还要升公司旗、奏公司歌）、主持人介绍各位主要嘉宾、嘉宾致辞、领导讲话、演讲、剪彩、来宾交流、座谈。

（五）接待工作

接待工作体现组织内部成员的礼节、风度和工作能力，是组织和成员体现素质和修养的一个重要环节，因此要事先安排好所有的接待环节和接待人员。一定要有专人负责来宾的接待服务工作，所有员工都要以主人翁的身份热情待客，有求必应，更重要的是要分工负责、各尽其职。如果是接待重要嘉宾，需要本组织领导人亲自出面迎接，其他普通来宾，由礼仪小姐负责，事先准备好休息室、接待室。每个活动环节都要由专人负责领位。

（1）签到　有专人负责来宾的签到，并将相关的组织宣传材料和本次庆典的相关材料分发给来宾，扩大组织的知名度。

（2）接待　宾客签到后，礼仪小姐为其佩戴胸花，并由接待人员引导至备有茶水、饮料的接待室，让他们稍事休息，本组织人员应陪同交流。礼仪小姐最好化淡妆以示尊重来宾。

（3）入场　入场应由专人负责将嘉宾由休息室领至嘉宾正确位置。

（4）宴请和嘉宾留言册　宴请派专人负责领至宴请场所。嘉宾留言册要事先准备好红色或金色锦缎面高级留言册和留言用笔。

（六）善后工作

庆典活动之后，组织还可安排助兴节目，以交流感情、沟通信息、提高组织的形象。一般的宴请，可以是正式宴请也可以是自助餐、酒会的形式；安排参观，或者其他助兴文艺节目，例如文艺表演、传统舞狮节目等，向嘉宾赠送礼品，有些还邀请嘉宾题字留念，可以留作纪念，以增进感情、宣传组织。

庆典活动之后，还应进行效果评估，要总结经验，吸取教训。

（1）收集传播媒体以及公众舆论的有关反应。

（2）制作庆典活动的声像资料。

（3）写好庆典活动的总结报告。

（4）做好新闻报道剪报资料的存档工作。

专题知识

庆典活动中各职位的分工情况

（1）领导组的任务　对整个庆典活动进行整体构思、策划、领导、协调、检查各部门和各环节的工作落实情况。

（2）宣传组的任务　负责活动的对内和对外宣传，设计制作组织标识、宣传品、招贴画、广告词、主题词、条幅等，营造良好的氛围。落实摄影摄像、摄像印制、美工制作、广告设计、乐队调音、国歌光盘、烘托喜庆气氛的唱片、录音带、新闻报道资料准备、与记者联络等。

（3）秘书组的任务　撰写、打印各种文稿，包括邀请信、演讲、致辞、报告和讲话稿；材料准备、装袋、分发；嘉宾邀请、迎宾礼仪、主持司仪等。

（4）后勤组的任务　首先，是嘉宾接待，包括食、住、行、参观、游览、考察、娱乐的安排。其次，是布置会场，应以隆重、热烈、大方、得体为原则来布置会场。主席台及主宾位置应放在会场前方突出显眼的部位，并根据庆典活动的需要放置桌椅、台布、摆置鲜花和茶具、悬挂横竖条幅或张贴主题词、宣传画，以及安装调试好音响扩音器材、空调等设施设备。也可在室外悬挂气球、宫灯、插彩旗。第三，其他物品的准备，如剪彩用的彩带、剪刀；纪念品表彰用的奖品、奖金、荣誉证书；奠基、植树用的铁锹；收受礼品用的登记簿；赠送客人的纪念品；供公众提意见、建议用的留言台（簿）等。第四，负责清洁、勤杂、电工等后勤工作。

四、注意事项

（1）庆典活动时间不长，所以形式不能太复杂，要做好充分的准备工作，认真策划、注重细节，要有完整详细的计划安排。

（2）庆典活动不宜铺张浪费，要提倡适度、节省。如果太过铺张也会给公众留下不好的印象，在经费上要合理支出。

（3）庆典活动的整个程序要保持热情、隆重、喜庆的气氛，公关人员要头脑冷静，工作热情，为组织创造良好的形象。

（4）庆典活动之后要及时进行评估，总结得失，征求意见。要对有关庆典活动的新闻报道进行搜集并分析，总结媒体是如何报道的，对组织是如何评价的，有利于以后的工作。

第五节　赞助活动

赞助活动是目前组织最常使用的一种公关专题活动，因为通过对社会、对公众、对弱势群体的资金赞助能体现组织所做的贡献，为组织的不断发展创造和谐的社会环境，而这也是组织作为社会公民应尽的义务和责任。

一、赞助活动的含义与类型

（一）含义

赞助活动是指组织或个体为赢得政府、公众的支持通过无偿地提供资金、物质、技术或劳动力等对人们所关心的各种社会公益事业做出贡献，以提高社会声誉、树立良好社会形象的公关专题活动。赞助的主体一般以组织为主，尤以商业企业最为常见。通过赞助，商业企业可以协调组织与政府、社会公众与被赞助者之间的关系，提高组织知名度，达到多赢局面。

(二) 类型

赞助活动作为组织最重要、最常规的公关专题活动,存在于组织的许多公关实务活动中。根据不同的标准,赞助活动可以分为不同的类型。

1. 从赞助的对象角度对赞助类型的分类

(1) **赞助文化文艺事业** 组织赞助文化事业,可以提高公众的文化素养和道德情操,传承中华民族的优良传统,促进社会主义精神文明建设,培养组织与公众的良好情感,提高社会效益。

(2) **赞助体育事业** 组织赞助体育事业是赞助活动中比较常见的,因为各类体育盛事众多,体育事业关注的公众群体较多,公众的参与热情也比较高,影响面广泛,而且体育活动的投入产出比与其他活动相比也是较大的。企业若想通过支持一项公众关心的活动表现其社会责任感,求得公众的喜爱和信任,体育活动肯定是最好的赞助活动之一。体育赞助的形式很多,捐赠、组建俱乐部、以组织名义举办体育比赛等。最早的奥运会体育赞助商是可口可乐,在荷兰阿姆斯特丹召开的第九届奥林匹克运动会,第一次出现了可口可乐在奥运会上的身影。开幕式上,当打着 U.S.A 旗帜的美国队上场时,人们还不知道他们外套上印的"Coca Cola"是怎么一回事,可是当口渴的人们散场后,却发现周围的商店、小摊子上到处都是印有"Coca Cola"标志的饮料。多年以后,可口可乐总裁伍德罗夫说道:"没有什么比体育更能吸引那么多人的注意,对于我们服务于大众的饮料行业,借助于体育也许是迅速风靡世界的最好办法了。"

(3) **赞助科学教育事业** 科学教育是立国之本,组织应用赞助方式投入资金、物力等来帮助中国教育事业的发展。赞助形式主要有:以提供资金的方式赞助学校的硬件设施建设,例如多媒体教室、实验楼、科学馆、图书馆的建设等;提供学生奖学金、设立贫困学生基金,鼓励学生努力学习,掌握知识技术;设立科研基金给教学科研老师、专家学者以激励他们的科研事业,进行创造性研究,合作进行产学研研究;还有的组织就直接以合作办学的形式来扶持中国的教育事业。

案例 7-6

2017 年金旗奖案例:朗盛化学"洁净水,滋润未来"
大学生水资源保护和利用调研竞赛

"洁净水,滋润未来"大学生水资源调研竞赛由特殊化学品公司朗盛携手《WTO 经济导刊》开展。第一届竞赛于 2015 年 6 月启动,朗盛资助了 5 所高校的 10 个团队共 49 名学生开展调研。继第一届竞赛取得圆满成功后,朗盛在 2016 年的第二届竞赛中将范围扩大到 9 所高校,15 个团队的 67 名学生,两届竞赛累计得到公众投票数超过 2.5 万张。2017 年,第三届水资源调研竞赛的参赛学校已经从往届的长江中下游地区扩大至全国范围,来自清华大学、上海交通大学、同济大学、武汉大学等 12 所高校的 18 个项目入选,并将进行长达 3 个月的水资源调研竞赛,优秀项目案例还将入选将于今年发布的国内第一本以协同创新的视角阐述、立足全球视野、行业发展和中国实际来阐述水治理的公开出版物白皮书中。

企业名称: 朗盛化学(中国)有限公司

(4) 赞助社会公共事业　社会公共设施的建造不仅是政府的责任和义务，对于组织来说，也应该提供帮助，可采取赞助的形式，直接造福社会、造福人民，赢得公众与舆论的赞赏。如出资修建公路、公园、农贸市场、桥梁，改善公众医疗卫生条件，改建农村供水供电系统等。

(5) 赞助社会福利事业　组织可通过赞助社会福利事业体现组织对社会的责任心。比如给残疾人、孤寡老人、儿童、民工等提供物质上的帮助和精神上的抚慰，如捐助社会上的残疾人、孤寡老人、穷人、儿童和失业者，援助受灾和经济落后地区等。

2. 从赞助的主动性角度对赞助类型的分类

(1) 组织被动参加赞助，即对其他组织或企业的赞助邀请和请求做出响应，酌情给予对方一定程度的赞助。

(2) 组织主动发起赞助，即一个组织为实现某项公关目的而主动发起的赞助活动。

目前这两种形式在现实生活中都比较常见。赞助电视剧、电影或者音乐会等一般可能以组织被动参加赞助的为多，但也有企业认为某个节目比较受欢迎而且刚好又和企业文化相符，也会主动发起赞助。随着社会的发展和组织对赞助活动作用意义的认可，主动发起赞助将会越来越多。当然赞助活动也要选择合适的受赞助单位或个人，必须符合我国的宪法和法律，绝对不允许从事违法乱纪活动，同时，赞助活动也必须与本组织的经营理念、公共关系目标相适应，而不是与其背道而驰。

二、赞助活动的重要作用

据统计，在世界经济最发达的美国，每年用掉的商业赞助支出达 40 亿美元之多，而全球商业赞助的数额则达 100 亿美元之多，其中以体育赞助的比例最大，约占 66%。一个赞助活动的成功推广体现了组织的一种社会责任意识。如 CCTV 2002 年经济年度人物专门设立了社会贡献奖，邵逸夫因其对内地几十亿元的教育捐款而获得此殊荣。世界首富比尔·盖茨也承诺要将他的几百亿美元的资产还于社会，也体现了一种与社会共存的意识。

1. 赞助活动能体现组织对社会责任和义务的承担

任何组织和个人都是社会的一个子系统，从社会当中吸取成长的养分，也应反哺于社会，因此组织要承担社会责任与义务，为社会的发展做出贡献。组织通过赞助活动可以实现这一任务，表明组织作为社会成员乐于承担社会责任，愿意扮演好社会公民的角色，追求组织的社会效应。同时，通过这些赞助活动，也为组织赢得了知名度和美誉度，从而获取社会公众的信任。

2. 赞助活动能提升组织的形象

组织通过赞助活动让公众看到组织的经济实力，其实是一次具有良好效果的传播活动，在增强组织传播的说服力，提高组织知名度的同时，也能大大提高组织的整体社会地位，提升组织的形象。在得到公众信赖的同时，也能刺激组织产品和服务的销售，获得组织的经济效益。

3. 赞助活动能融洽社会关系

组织开展赞助活动，多数是对社区公益事业、福利和慈善事业的赞助，能够密切与社区有关公众的联系，融洽社会关系。

4. 赞助活动能增加经济效益

组织开展赞助活动，能够提高组织的知名度和影响力，加深与公众之间的感情，融洽社会关系，会给公众留下深刻的印象。公众会从对组织的良好印象，联想到组织产品的良好形象，有利于组织经济效益的增加。

案例 7-7

可口可乐公司 100 周年庆典

为了策划好可口可乐公司 100 周年纪念日专题活动，可口可乐公司使出了浑身解数，仅用 4 天的时间，可口可乐公司就用最盛大、最壮观的庆祝活动来装点公司总部所在地——亚特兰大。14 000 名工作人员分别从办理可口可乐业务的 155 个国家和地区飞往亚特兰大；302 辆以可口可乐为主题的彩车和 30 个行进乐队从全国各地迂回取道开进亚特兰大，夹道欢迎的群众多达 30 万人，公司向这些群众免费供应充足的可口可乐；亚特兰大市市长安德鲁和可口可乐公司总裁戈伊祖艾塔一起引导游行队伍，其后是 1 000 人的合唱团和 60 种乐器的交响乐队，他们引吭高歌着可口可乐的传统颂歌——"我愿给世界买一杯可口可乐"；亚特兰大市洞穴状的奥姆尽中心四周竖立着巨大的电视屏幕，通过电视屏幕，观众们可以看到在现场举行的可口可乐公司的百年庆典场面。为了响应可口可乐公司"跟上浪潮"的最新广告口号，伦敦的典礼策划者准备一次推倒 60 万张多米诺骨牌，这一活动把亚特兰大、伦敦、里约热内卢、内罗毕、悉尼和东京连接起来，各个地点的通信卫星相互联系，当多米诺骨牌天衣无缝地一浪一浪倒下去并在伦敦到达终点时，一个巨大的百事可乐罐出现了，多米诺骨牌爬上最后一个斜坡，引起一次小型爆炸，百事可乐被炸得粉碎，顿时，全世界可口可乐公司的职员都欢呼起来。

可口可乐公司的这一精彩庆典变成了人们津津乐道的长久话题，而这正是可口可乐公司举办百年大庆所追求的效果。

三、赞助活动的程序

1. 赞助前的准备工作

首先要明确赞助的目标，确定赞助对象以及类型，了解赞助对象的基本情况、社会信誉等；其次要考虑所赞助的活动与本组织的特点是否吻合，能否让公众自然联想到本组织，赞助活动是否对组织产生有利影响，及其所带来的社会影响，分析组织能获得的经济效益和社会效益；同时也要考虑到媒体报道的可能性，是否会成为社会热点。

赞助要考虑几个问题：赞助活动是否合法？为什么赞助？赞助哪个行业？受赞助者口碑如何？赞助活动是否与本组织目标符合？受益人是谁？赞助费用如何落实到受益人？受影响的公众如何分布？赞助费用有多少？赞助形式如何？赞助的时间是怎样安排的？赞助可能获得的效果是什么？

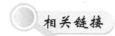

选好赞助对象

选择赞助对象应该从企业的公共关系目标和经营政策入手,从被赞助的公益事业的具体情况出发,从而确定企业的赞助对象、赞助政策及具体办法。企业开展赞助活动最根本的要求是使企业和社会同时受益,必须防止出现赞助与企业的公共关系目标和企业的整体目标相脱离的现象。首先,要考虑所赞助的活动与本组织能否很和谐自然地使公众联想在一起,能否对本组织产生有利的影响。其次,要考虑所赞助活动的社会影响,如媒介报道的可能性、报道频率和报道的广泛性,受益人是谁,受影响的公众的分布情况,影响的持久程度,活动本身能否引起人们的注意,能否产生"轰动效应"等。再次,要考虑本组织在活动中与公众见面和直接沟通的机会有多少,以及赞助费用的多少和赞助的形式。最后,应考察赞助活动对本单位的产品销售有无赞助价值。如果发现值得赞助,便可着手落实赞助。

2. 制订赞助计划

在赞助前的准备工作以及对几个相关问题了然于心后,要着手准备制订赞助计划,赞助活动成功与否也取决于计划是否详细与周密。组织应制订出与赞助前准备工作相符的赞助计划,包括明确赞助宗旨、赞助对象范围、赞助形式和内容、费用预算、具体实施的步骤、赞助活动时意外情况的应对等。

3. 审核计划

计划制订后,在正式实施之前要进行一次评估与审核,确定计划是否具有可行性,从而制定出具体的实施方案。赞助审核一般由组织负责公关专题活动的部门负责执行,在审核时必须要关注几个问题:赞助的时机是否适当?赞助的具体方式是否可行?赞助会对组织产生多大的积极作用和负面影响?社会舆论会如何评价赞助活动?

经过综合审核之后,假定赞助项目可行且有利于组织和社会的发展,即可将其付诸实施。假如赞助项目毫无任何社会效益,则应当坚决不让其实施。

4. 组织实施

审核完成之后,应该立即组织专门公关人员负责赞助活动的具体实施。

5. 传播赞助信息

公共关系人员应该把组织的赞助政策,通过适当的传播渠道和传播方式,传递给可能向本组织提出赞助要求的单位。

6. 效果评估

赞助活动完成后,应进行效果评估,要总结经验,吸取教训。
(1)评估公众评价与反响。
(2)评估赞助计划完成情况。
(3)制作赞助活动的声像资料。

(4)做赞助活动总结。

(5)做好新闻报道剪报资料的存档工作。

总之,在赞助活动结束之时,要评估赞助活动是否达到预定的目标,是否完成每个细节的任务,如果有未完成,要调查原因以便下次能改进。要写成效果评估报告,对赞助的全过程进行回顾和总结,评价效果,为以后的赞助研究提供借鉴。

金旗奖案例:2017 上海国际电影节万达之夜 WANDA FILM'S NIGHT

上海国际电影节是中国第一个获国际电影制片人协会认可的全球 15 个国际 A 类电影节之一,已成为亚太地区最具规模和影响力的电影盛会之一,也是中国最受关注的国际电影节。国内众多影视公司纷纷选择在上海国际电影节期间举办发布会,发布公司一系列的最新动向。"万达之夜"是万达电影一年一度的盛典,主要在上海电影节期间发布片单。以往的万达之夜主要以酒会形式发布片单,本届盛典希望以创新形式突出万达电影的战略布局以及全新片单。

作为全球收入最多的电影企业之一,万达电影全产业链矩阵为超级 IP 的商业变现提供全方位资源供给,"IP+"战略将为 IP 培育、IP 孵化、IP 商业增值提供强大动力;随着中国电影产业规模的迅速扩大以及大量网络电影、网剧的新生,人才的短板是电影产业未来发展绕不过去的关键点,"菁英+"战略助力电影行业核心人才扶植;万达电影"W+"战略聚拢电影行业最头部合作伙伴,与好莱坞六大电影公司陆续建立了战略合作关系。基于以上背景,"万达之夜"全程围绕激活电影全产业链的"IP+"战略、面向优质影人潜力股的"菁英+"战略、以万达为核心的合纵连横的"W+"战略展开。

6 月 19 日,2017 年度"万达之夜"盛典在上海国际电影节期间举行。此次盛典以"W+"为主题,彰显万达电影全产业链布局,"W"又由"双 V"组成,意指在该盛典上签约双方的互利共赢。2017 年度"万达之夜"由北京万达传媒有限公司全程承办,全面把控活动策划、创意、商务运营等。与以往发布会不同的是,今年的"万达之夜",万达电影首次呈现了完整的战略布局,并以娱乐和仪式感两种氛围反复切换全场议程,既有万达电影各公司的集体亮相,也有战略伙伴的登台捧场,更有重点剧组的到场宣传,首次对外展现出一个完整的万达电影生活生态圈。

(1)前期预热 6 月 19 日,典礼开始前 2 小时移动端快速曝光,抢占传播先机。制作活动预热海报,通过社交媒体扩散传播;在新浪微博设置#619 万达之夜#话题,并开启转发抽奖活动聚集粉丝、炒热话题,吊足业界和媒体胃口,为活动引爆做好铺垫。

(2)中期引爆 6 月 19 日~6 月 20 日,24 小时全网声量引爆。正面舆论占位利用社交媒体进行盛典直播的海报传播;通过电影粉丝受众集中的时光网全程直播;在新浪微博#619 万达之夜#话题下进行图文直播,剧组、明星、制片方在线上频繁互动,持续引爆话题热度,聚集粉丝围观与讨论,引发裂变传播。

(3)后期扩散 6 月 20 日~6 月 21 日,48 小时深度解读,强调行业意义。盛典结束后,娱乐类、营销类垂直媒体及核心门户网站及时对"万达之夜"进行后续报道,传播包括万达电影"W+"战略、万达影业最新片单、"万达之夜"活动亮点在内的深度稿件;万达传媒、万达影业等微博账号在#619万达之夜#话题下与媒体大V、电影粉丝积极互动,让"万达之夜"的传播效果持续且深入。

(1) 效果综述　本次"万达之夜"达到了非常好的现场展示及社会传播效果,成为本年度上海国际电影节期间独具风格的盛典,堪称上海国际电影节的"顶级分会场"。活动总曝光量近8 000万次,主流媒体550多篇新闻稿全面覆盖。当晚,"万达之夜"在时光网同步直播,获得38万观看量;新浪微博#619万达之夜#话题吸引大量讨论并获得560万+阅读量,超过一半的媒体自主发稿位置为头条、首页,引起了强烈的社会反响。

(2) 现场效果　当晚,国内外电影界著名投资商、制片商、发行商以及知名导演、演员、多个剧组均出席盛典,七个剧组穿插亮相,盛典现场星光熠熠;"IP+""菁英+""W+"各环节一轮接一轮的商务签约,彰显万达电影在业界的强大实力;万达电影发布最新片单,引发电影业内人士的阵阵喝彩。

(3) 受众反应　7大热门剧组、20多位人气艺人、27部重磅新片、奥斯卡提名大片《雄狮》主演意外亮相……都让"万达之夜"盛典看点十足,直播平台、微博平台上影迷对晚会的关注度和评论数空前。

(4) 市场反应　万达电影产业链上中下游众多商业客户通过"万达之夜"这个平台达成多项战略签约,仅以全程承办"万达之夜"盛典的万达传媒为例,其就与招商银行信用卡、滴滴出行等分别达成亿万级别战略合作,签署战略互惠协议,约定在万达商业体系内投放常规广告的同时,也会在各自拥有的资源领域相互开放。

企业名称:万达文化产业集团
万达影视传媒有限公司
北京万达传媒有限公司
代理公司:北京万达传媒有限公司

案例思考题:分析上海国际电影节万达之夜的成功之处。

复习思考题

一、概念题
公共关系专题活动　对外开放参观　展览展销　新闻发布会　庆典活动　赞助活动

二、问答题
1. 公关专题活动包括哪几种?各自对组织的作用是什么?
2. 赞助活动有哪些步骤?
3. 新闻发布会的特点是什么?
4. 组织在什么情况下可以进行对外开放参观?
5. 庆典活动的程序是什么?

6. 展览会具体有哪几种类型？你最熟悉哪一种？请做出评价。

三、技能训练题

1. 请以小组为单位为气象局制订一个"开放日"活动计划。
2. 请你为某商场策划一次节日专题活动方案。
3. 假设你是某汽车公司公关部的经理，请拟定一份赞助一位车手无后援自驾车的 30 日环游中国大陆的计划书（要点：项目的缘起、赞助的意义、赞助内容、车手的义务、相关公关宣传报道计划、其他内容等）。
4. 请以小组为单位策划一次班级风采展。
5. 模拟记者招待会：由学生模拟新闻发布人和会议主持人，其他学生充当记者提问，教师和两位学生组成评委会进行观看评分。要求学生事先准备好值得发布的新闻信息和书面材料，记者发言要踊跃、尖锐，新闻发布人的回答要及时、全面透彻、有针对性。目的在于训练学生主办记者招待会及传递信息的能力。

第八章 公共关系组织机构与人员管理
——公共关系任务的执行者

■ 内容提要 ■

本章主要介绍公共关系组织机构的建立、特点；公共关系从业人员的素质、职业要求。通过本章学习，掌握公共关系组织机构的组建技能和运作技能。

引导案例

为何还要住"金陵"

一位来自中国台湾的客人来到金陵饭店公关部售票台前。"早上好！"公关小姐很有礼貌地站起来打招呼。"我要三张后天去上海的91次软卧票。"客人不耐烦地说。见客人情绪不好，公关小姐立即将订票单取出，帮客人签订，当写到车次时，公关小姐习惯性地发问："先生，万一这趟车订不到，311、305可以吗？它们的始发时间是……"没等公关小姐说完，客人连说"不行！不行！我就要91次。"公关小姐又强调了"万一"，但这番好心反而把客人惹火了："什么万一，万一！你们是为客人服务的，就不能这么说。"这时公关小姐意识到自己的说话方法不妥，立即转换语气说："我们一定尽最大努力设法给您买到。"这时客人脸上才露出了笑容。第二天，客人来取票时，根据头天打交道的情况，公关小姐改变了公事公办的态度，笑眯眯地说："先生，您的运气真好，车站售票处明天91次车票好紧张，只剩三张票，我全拿来了，看来先生您要发财了。"客人闻听此言，立即转身跑去买了一大包糖请公关小姐吃，临走时高兴地说："下次来南京，一定还住金陵。"

随着社会的发展，公共关系职能化、职业化、专门化的特点越来越明显，现代社会需要专门的组织机构来从事公共关系实务工作。公共关系的组织机构就是专门执行公关任务、实现公关功能的行为主体，是公共关系工作的专业职能机构。公共关系的组织机构包括内设的公关职能部门、专业的公关公司和独立的公关社团组织。

第一节 公共关系组织构成与运作

根据公共关系的历史和实践，可以将公共关系组织机构分为三类：①公关协会、学会、研究会等群众性的公共关系社团组织；②公关咨询公司、公关传播中心等经济实体，即专业的公共关系公司；③公共关系部、公关广告部等组织内部的公关职能部门。

一、组织内公关机构

当公共关系作为一种独立的组织管理职能被接受之后，组织就需要建立起与之相适应的机构来担负起这方面的责任。组织内部的公关机构是为不断完善、深化组织的公关管理而出现的，并逐渐演变成为组织管理机构的一个必要的组成部分。组织内部公关机构，是指组织内部针对一定的目标，为开展公共关系工作而设立的专业职能机构，也被称作公共事务部、公共信息部、公关广告部、社区关系部等。专门的公共关系机构需要承担采集信息、监测环境、咨询建议、参谋决策、社会交往、协调关系等工作。

公共关系机构是否能在组织中很好地发挥作用是公共关系工作能否很好开展的保证。

（一）组织内公关机构在组织管理中的地位

从公共关系的管理功能来看，公共关系只是整个组织管理系统中的一部分，是组织管理系统的一个子系统，即协调适应的子系统。

在组织内部管理上，它的位置应是介于管理子系统和非管理子系统之间，以及各管理系统之间的。公共关系部门要协调经理层和各职能部门，协调各职能部门、管理部门与非管理部门等之间的各种关系。它应向这些部门提供各种信息，协助他们分析，影响他们的观念和态度，帮助他们做出正确的决策，以维系整个组织的和谐运行。

在组织外部经营上，它又是处于组织与其外部公众环境的中介位置上。它要协调组织与外部公众相互沟通、相互影响的关系。它对外代表组织，对内代表公众，通过传播沟通以保持组织与公众的双向交流，以维系组织的发展与整个环境的发展相协调。

由此可见，公关组织机构的位置应介于决策层与各职能部门、管理阶层与非管理阶层之间，同时也应介于组织与其外部公众之间。只有这样，公共关系部门才能充分发挥其在管理中的作用。

（二）组织内公关机构的设置模式

在实际的公关实践中，组织一般采用以下三种主要的公共关系机构的设置模式。

1. 一般小型组织设置公关机构时所采用的模式

这种机构规模小，结构简单，一般只有两个层次。这种组织机构对组织大型活动、处理大的公关问题常有困难，一般是依靠外聘顾问或代理公司来协助解决。进入这一类机构工作的公关人员需要的是多面手，要多才多艺。小型组织设置公关机构的模式如图 8-1 所示。

图 8-1 小型组织设置公关机构的模式

2. 一般中型组织设置公关机构时所采用的模式

这种机构一般有三个层次,内部分工已较明确,配备有一定专业知识和技术的人员。在应付大型公关活动时,虽不一定要依赖外部力量,但对一些专业技术要求较高的工作,仍需借助外部专业公司的帮助。中型组织设置公关机构的模式如图8-2所示。

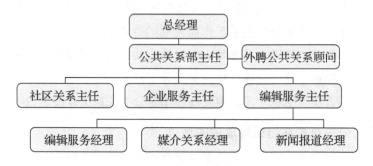

图 8-2 中型组织设置公关机构的模式

3. 一般大型组织设置公关机构时所采用的模式

这种机构一般分为四个层次,内部分工细致明确,结构庞大复杂投资大。但好处是对一般的公关问题,本机构都有能力及时地自行解决。当然,如果需要举办超大型、跨国的或规模庞大的公关活动,还是需要有专业公关代理机构的协助。

(三) 组织内公关机构的职能

公共关系部与组织内部的人事部门、计划部门、业务部门、财务部门一样,是重要的职能部门。公共关系部在组织内充当的角色有以下几种。

(1) **公共关系部是组织的信息情报部** 公共关系的首要职能就是采集信息,组织通过对这些信息的收集和整理,了解现状,预测趋势。组织内部的许多部门的运作都不能离开信息,但是不是每个部门都必须去做各自方面的信息调查,这样会削弱这些部门的工作效率。建立信息网络系统的工作在公共关系部。这方面的工作主要有:了解内部公众对组织的意见和建议;了解社会政治、经济、文化的现状及变化,并预测未来趋势;了解外部公众对本组织方针、政策、行为的反映等。

(2) **公共关系部是组织的决策参谋部** 公共关系在决策的过程中不是贯彻执行部门和做出最后决定的部门。公共关系部门要站在组织目标和社会需要的立场上采集、整理、分析信息,综合评价各职能部门的活动已经或者可能引起的社会效果,提供可选择的决策方案,协助决策层进行决策。公共关系这一职能的发挥,要求组织决策的民主化和科学化,而且需要组织的决策者亲自领导这一部门或担任这一部门的负责人。

(3) **公共关系部是组织的宣传部、外交部** 一个组织要获得公众的了解、理解和信任,取得公众的支持与合作,需要不断地向公众宣传组织的政策,解释组织的行为,增加组织的透明度。

二、公共关系公司

公共关系公司,又称公共关系咨询公司、公共关系顾问公司,它是由各具专长的公共关系专家组成,运用专门知识、技能和经验,受客户委托,专门从事公共关系活动和咨询的服务性机构。

公共关系公司诞生于 20 世纪初的美国。被后人称为"现代公共关系之父"的艾维·李于 1903 年首创了具有公共关系公司性质的事务所。1920 年 N·W·艾尔正式开办了公共关系公司。公共关系公司在克服美国 20 世纪 30 年代经济危机中所发挥的作用,使得它在社会中的地位被确定。

(一)公共关系公司的特点和职能

1. 公共关系公司的特点

公共关系公司从事或代理公共关系业务有如下特点。

(1)观察分析问题具有客观性　由于公司与委托办理业务的组织单位没有直接的利益关系,公共关系公司的人员不是客户的员工,因而可以从外部冷静地观察问题,实事求是地分析问题,对问题做出客观的估价。

(2)提出的建议和方案具有权威性　公共关系公司多是由专家组成,而这些专家有着丰富的公共关系实务经验,所以,他们提出的建议和方案更有说服力,容易受到决策者的高度重视。

(3)信息来源的广泛性和渠道的网络性　公共关系公司长期从事公共关系实务,已经建立起一套比较完善的信息网络,同政府部门、社会团体、新闻媒介等有密切联系,信息来源广泛,渠道畅通,客户可以充分地利用有关信息,作为决策的依据。

(4)公共关系活动整体规划的经济性　对于中小企事业单位,设立专门的公共关系部有可能导致非经济性,即成本大于所带来的收入。而且,对于规模较大的公共关系活动的整体规划,委托公共关系公司代理也是比较合算的。

2. 公共关系公司的职能

按照客户对公共关系公司的特定要求,公共关系公司的主要工作如下。

(1)确立目标,调查研究　根据客户所要实现的公共关系目标,通过市场调查等手段,调查研究影响公共关系目标实现的因素,分析公共关系现状,提出解决问题的办法。

(2)制订和实施计划　在调查研究的基础上,帮助客户制订有效的公共关系计划,经过可行性研究后,逐项落实实施。

(3)提供咨询服务,作为决策参考根据　针对客户要求,有针对性地提供咨询服务,向委托单位提出解决问题的具体方案。

(4)代理公共关系业务　为客户进行公共关系策划,代理专门的公共关系业务,帮助客户树立信誉,塑造形象。

(5)提供全面的公共关系服务　为客户全面规划实施公共关系工作。对于公共关系公司来说,一定要避免超越自己的特定职能,不能从事直接的企业相关工作,比如具体的商品贸易或开办自己的生产企业,否则,就会在公众心目中失去公平服务的形象,而仅仅成为狭隘的利益集团。

(二) 公共关系公司的工作原则

公共关系公司所从事的工作,一方面涉及委托单位或个人的信誉和形象,另一方面要对社会公众负责,因此,公司在工作中应自觉遵守如下原则。

(1) 自觉遵守国家法律、法令和有关方针政策,这是最基本的原则。

(2) 公共关系公司在合作时期或合作关系结束之后都应为客户保守机密,并不干涉客户的内务。

(3) 一切为客户着想。公司的宗旨应是信誉第一、服务第一、客户至上。

(三) 外部的公关公司与组织内公关机构的优劣势分析

为了加深对外部的公关公司与组织内公关机构这两种机构的认识,在实际的公关实践中能有意识地扬长避短,合理地使用这两种机构,以便最大限度地发挥各种机构的作用,有必要综合地对这两类公关机构的长短、利弊进行比较分析。

1. 看问题的客观性

外部的公关公司旁观者清,看问题会较客观。公关公司是应聘而来,原是局外之人,它与组织年深日久的积弊没有纠葛,也不受组织人事关系的束缚,更不必担心得罪领导而丢饭碗。因此,外部公关公司对事物判断较少带主观或感情色彩,同时也敢于直抒己见并提出疑问,或提出反对看法。而组织内部的公关部门却常会由于"身在此山中",而"不识庐山真面目"。有时会由于受到某种压力或为某种目的,患得患失地违心逢迎某种观点,从而造成看问题或处理问题的主观偏狭。

2. 服务的专业水平

公关公司拥有一批具有各种专业知识并且自身经验丰富的专家,比起组织内部的公关部门,具有明显的人才优势。因此,公关公司可提供较全面的服务,在公关调研和策划,法律事务,新闻、广告、美术设计,文字声像等资料制作上都有较高的专业水平。在处理危机、应付复杂局面、解决舆论问题等方面都比组织的公关部门实力强、办法多、经验丰富。组织的公关部门常由于人员专业水平低或配备不齐而无法开展正常的工作。

3. 社会联系的广泛性

公关公司的经营是以整个社会作为舞台,它受聘于众多的客户,面对各种各样的公众,同社会的各个方面有着广泛的联系。因此,它有较全面的信息资源,较广泛的社会通信网络,信息灵、视野宽,相比较而言,它考虑问题会更全面更长远,对社会发展趋势的判断会较准确。而组织内部公关部门的社会活动面和联系面较窄,对社会认识的广度不及公关公司,但是,它在社会联系方面也有它的优势。例如,对本行业、本组织公众的了解会比公关公司更深入,对本行业、本组织的现状和所面临问题的感受会比外部公关公司更深切。

4. 意见受重视的程度

外部公关公司由于有较丰富的经验和一些成功的业绩，有一定的知名度和权威性，它提出的意见和方案较之组织内部公关部门的咨询建议，更易为组织的决策层重视和接受。不少公关部常由于经理缺乏领导素质、人员缺乏专业训练，而缺乏应有的权威性，导致得不到管理部门应有的重视。

5. 管理的灵活性

外聘公关公司只是组织管理的依托力量，咨询并不是要取代管理决策。外聘顾问提出的意见不一定要采纳，采纳不采纳，采纳多少，也不会成为负担，不会影响组织内部士气或人事关系等问题。遇到意外事件，需要投入大量人力时，也不用组织临时增加编制，或造成临时组织培训人员的负担，外聘顾问有较大灵活性。

6. 服务的及时性

组织内部的公关部门在紧急的情况下，可做出快速的决策和反应。平时也能不断及时地与管理部门咨询各种问题，有利于组织公关工作的持续和稳定的发展。外聘公关公司，在这方面就较差，特别是中、小城市的组织聘请中心大城市的大公司全权代理公关业务，这一弱点就更为明显。

7. 职工的参与感

组织内部的公关部门组织的活动较易引发组织职工的参与感，有利于培养职工的公关意识。

8. 费用开支的合理性

中小组织如果自己建立较齐全的公关部门，独自承担自己组织的所有公关事务，从支付的费用上看是较不合算的。特别是开展较大的活动时，所需的各种东西样样要添置，更是浪费。反之，如果是大型的组织把所有事物全部委托外部公关公司做，同样也不合算。大型组织每年有巨额公关投资，投资的大部分费用应用来发展自己的公关部门，大部分的公关工作可以自己开展。而对于专业性、技术性要求较高的业务，再委托常年的顾问或外部专业公司代理或协助解决，这样会更有利于组织公关管理的提高，更符合组织发展的长远利益，也可节省一些公关开支。

从以上分析可见，组织外部的公关公司和内部的公共关系部门在开展公关工作上各有长短利弊。因此，在公关实践中应注意趋利避害，扬长避短，使这两种机构的作用形成互补的关系，以提高公共关系工作的质量。此外，以上的分析是就一般情况而言的，对于具体公关公司和具体的公关部，其各自的水平高低参差不齐，绝不可一概而论。因此，在评价具体对象时，还应对具体对象做具体的分析。

> **相关链接**

公关公司：用还是不用？

用公关公司的理由有以下几种。

（1）专业的公关技能和规范化的服务流程。

（2）以第三方、咨询者的角度看待并处理问题。

（3）节省开支。企业不必支付聘用全职员工所需的所有开支，如职业培训、福利和办公设备等。

（4）高峰季节性的项目使用内部的公关雇员难以按时完成。

不用公关公司的理由有以下几种。

（1）企业没有额外的公关预算。

（2）公关公司缺乏对企业传播策略性方面的建议。

（3）公关公司的从业人员流动性大，业务能力也亟待提高。

企业在决定是否聘用公关公司前不妨先问自己下列几个问题。

（1）企业聘请公关公司到底要解决什么问题？

（2）公关公司是否熟悉企业所处的市场环境，是否有经验或成功案例？

（3）公关公司人员的资历和素质如何？

（4）公关公司收费多少？企业又愿意支付多少？

（5）公关公司可以为企业达到什么样的结果？

案例 8-1

中国公共关系 TOP5 企业之一：迪思传媒集团

迪思传媒集团（D&S Media Group，以下简称迪思）成立于1996年，是中国公共关系行业第一批立足于中国市场，为客户提供整合营销顾问服务的专业机构，是中国公共关系行业的开创者。D&S，源于民主与科学（Democracy and Science）的英文首写字母。迪思，崇尚民主创新的思维方式、科学严谨的工作方法，致力于为员工创造一个平等、开放、相互尊重、相互协作的工作环境，让员工快乐而高效地工作，这种高度人性化的企业文化，给迪思所有员工创造了极大的发展机会与自我发挥空间。迪思自2001年来已连续18年荣膺中国公共关系TOP5，被业界誉为中国公关行业的"黄埔军校"。2014年，迪思成功跻身中国4A会员单位，并且现任中国4A（2018年度）理事单位，成为中国公共关系、广告双TOP公司。图8-3为迪思集团视觉标志。

图8-3 迪思集团视觉标志

作为一家跨行业的实效整合传播公关公司,迪思致力于用专业、完整、高质、快捷的服务帮助国内外企业培育易为中国市场接受的品牌形象,保持其和相关受众群体的有效沟通,使其公司和产品信息能够及时、准确地传递给所有目标受众,从而以最大效率拓展中国市场。20多年来,迪思伴随中国各行业的发展,在行业认知和业务实践方面拥有深厚积淀,构建了以客户需求和行业要求为导向的专业服务体系,服务领域涉及品牌战略咨询、公司市场研究、品牌及产品公关传播、危机管理、财经传播、互联网营销等。同时,迪思在汽车、金融、消费品、生物制药、IT高科技行业、房地产等多行业,跨领域积累了丰富的专业经验和良好的业界口碑,服务众多知名企业并广受好评。此外,迪思还拥有大量资深实战顾问专家,遍布媒体传播、品牌管理、数字营销、整合传播、舆论口碑、危机公关等各个领域,可为企业提供各类公关相关培训。图8-4为迪思集团服务过的部分客户。

图8-4 迪思集团的部分客户

迪思拥有9家全资子公司,由包括公关、广告、活动、网络营销、体育营销等近1000多名专业精英构成,服务网络覆盖京津冀、长三角、珠三角等经济区,并设立天津、武汉、杭州、深圳、重庆五个办事处。迪思覆盖全国的自主服务网络,能够为客户提供各种全面、及时和精准的服务,通过线上线下共同发力,帮助客户提高知名度、增强美誉度、维护忠诚度,实现企业业务的持续增长和持久发展。图8-5为迪思集团的组织架构。

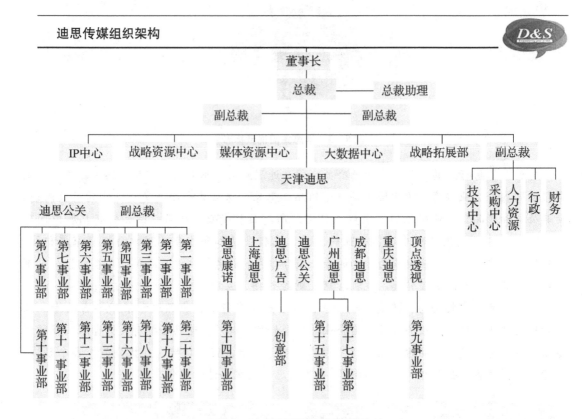

图 8-5 迪思集团的组织架构

在公关领域的深厚积淀不仅让迪思的业务全面获得客户的高度认可，更斩获无数行业殊荣，获奖无数。例如，因实效出众而斩获"虎啸奖"年度营销驱动力大奖，因极具公众影响力而斩获"金旗奖"金奖，因创意杰出而斩获"中国杰出营销奖"，因擅长数字营销而斩获"TMA 移动营销大奖"等业内重量级奖项。2017 年迪思在近两年的营收增速也保持在年均 20% 以上，2017 年营业收入 7 亿元。

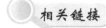

TOP 公司和最具成长性公司榜单

中国公关网 2017 年度公司排行榜包括 TOP 公司和最具成长性公司两个榜单，其中 **TOP 公司 30 家，最具成长性公司 10 家**。该榜单以自愿参与调查活动、提交完整数据、能够接受考察核实的公关公司为评选对象，以"TOP 公司评选标准"为评选依据，通过加权指数计算产生最终结果。图 8-6 为 2017 年中国公共关Q和最具成长性公司名单。

中国公关网还对这 30 家公司的业务进行了分类，图 8-7 为 2017 年中国公共关系 TOP30 公司业务类型构成。

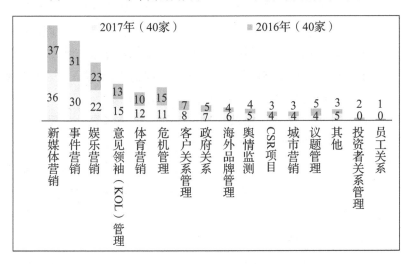

图 8-6　2017 年中国公共关系 TOP30 公司和最具成长性公司

图 8-7　2017 年中国公共关系 TOP30 公司业务类型构成○

三、公共关系社团

公共关系社团泛指为实现组织目标而自发组织起来的从事公共关系理论研究和实务活动的群众团体，主要包括公共关系协会、学会、研究会、俱乐部、联谊会等。

（一）公共关系社团的特征

公共关系社团作为非营利性的群众组织或社会团体，其自身的性质决定了它具有以下特征。

（1）人员组成的广泛性　公共关系社团的成员，由热心于公共关系事业的各行各业人士组成，既包括其所在地区的企业、新闻、科技、文教、法律、党政机关等单位的人士，又包括社团所属行业中有代表性的单位，具有行业分布的广泛性和人员构成多层次、职业的差

○ 数据来源 http://www.chinapr.com.cn/p/1353.html

异性等特点。

（2）组织结构的松散性　现在公共关系社团没有统一的组织模式，组织之间也非隶属关系，组织内部结构根据组织自身需要而灵活设置。

（3）工作内容的服务性　服务是公共关系社团的宗旨。通过提供及时、实用、优质、高效的服务，既可满足社会对公共关系的需求，又可提高社团的知名度、信誉度和权威性。

（4）非盈利性　公共关系社团本身并不是一个经济实体，不应以盈利为目的。它不能直接从事贸易活动，这是它与公共关系公司的区别之一。

（二）公共关系社团的类型

自公共关系扎根于我国以来，公共关系社团主要有以下几种类型。

（1）综合型社团　主要指不同地域范围的公共关系协会，它们自筹活动经费或为民办官助。其职能多是服务、指导、协调、监督。

（2）学术型社团　主要包括公共关系学会、研究会、研究所等学术团体。它们主要是总结公共关系的经验，研究公共关系的理论问题，对公共关系实践进行理论指导。

（3）行业型社团　由于行业的不同，公共关系工作的特点也有所不同，公共关系组织的行业化，在国际上已成为一种发展趋势。行业型社团在组织上保证了公共关系事业得以在某一行业深入发展，是一种很有潜力、大有前途的公关社团形式。

（4）联谊型社团　这种社团形式松散，没有条例，名称各异。主要作用是在成员之间沟通信息，联络感情，建立良好的人际关系。

（5）媒介型社团　通过创办报纸、刊物等传播媒介，并以此为依托组建起来公共关系社团。利用媒介探讨公共关系理论，普及公共关系知识，交流公共关系经验，传播公共关系信息，树立公共关系形象。

（三）公共关系社团的工作内容

（1）联络会员　社团要与自己的成员建立经常性的联系，同时也要与其他公共关系社团建立起横向的联系，形成网络系统，建立合作关系。

（2）制定规范　社团的一项基础性工作就是要制定、宣传公共关系从业人员的职业道德行为准则并检查执行情况。

（3）专业培训　公共关系社团会将专业培训作为一项经常性的工作。

（4）提供公共关系技巧和管理方面深造的机会。

（5）编辑印制出版物　编辑出版公共关系方面的书籍、报刊，是宣传公共关系知识的重要手段。

案例 8-2

2017 年度全国先进公共关系组织：杭州市公共关系协会

杭州市公共关系协会系由杭州市民政局批准，于 2009 年 4 月 18 日在浙江省人民大会堂成立的一级法人社会组织，现任会长由杭州市人大常委会党组副书记、副主任许勤华同志担任、法人代表由执行会长兼秘书长刘江同志担任，主要组成人员为机关公务员、高校教授、医学卫生界专家、知名企业负责人等。协会由顾问委员会、危机干预专家委员会、学术委员会、健康委员会、理事会和秘书处组成。

杭州市公共关系协会立足职能，积极搭建政企、社团及社会各界交流平台，促进相互沟通和有效合作，助力杭州市经济社会发展。自成立以来，协会的健康委员会多次举行专家义诊，为需要帮助的人民免费提供帮助；协会还参与协办每半年举行一次的经济形势分析会，为一些企业分析经济形势，排忧解难。协会已经连续成功举办了八届在境内外有较大影响力的"西湖公共关系论坛"，通过每年发布"杭州市年度十大公关事件"等一系列公共关系主题活动，提高全社会对公共关系专业领域的认知，在提升杭州城市知名度、美誉度方面做出了积极贡献，为社会各界所充分肯定。

同时，协会被中诚信品牌实验室评定为AAAAA可信社会组织，2017年度中国社会组织影响力50强（排名第39位），2017年度全国先进公共关系组织等。

附：2017年杭州市十大公共关系事件。

（1）"最多跑一次"跑出便民服务"新速度"。
（2）中国首家互联网法院在杭州成立，实现涉网纠纷在线审。
（3）杭州推行医保共济政策，实现家庭医疗共同保障。
（4）杭州启动老小区加装电梯工作，提升居民生活品质。
（5）杭州荣获"美丽山水城市"称号并入选全球15个旅游最佳实践样本城市。
（6）阿里巴巴成立达摩院，千亿巨资谋局解决人类挑战。
（7）杭州人才净流入率和海归人才净流入率均居全国城市第一。
（8）青春不散场，梦想正起航——第十三届全国学生运动会在杭州成功举办。
（9）临安撤市设区，杭州成为江浙沪市区陆域面积最大城市。
（10）"在杭州，信用也能当钱用"——杭州首创共享信用服务亭。

第二节 公共关系人员职业素质与能力

一、公共关系人员的职业素质

公共关系从业人员是公共关系职业活动的主体核心。公共关系工作能否有效地开展，是否具有创造性活力，这在很大程度上取决于公共关系人员的素质条件。素质是人的心理发展的生理条件。这里既有先天因素，也有后天因素，两者互为因果关系。也就是说，素质的培养应该在考虑先天因素的基础上，予以有选择、有目标、分阶段的努力和发展。所谓公共关系从业人员的素质，首先，应该是一种现代人的全面发展的素质；其次，结合公共关系职业的特性，它专指以公共关系意识为核心，以自信、热情、开放的职业心理为基础，配之以公共关系专业知识结构和能力结构的一种整体职业素质。

对于公共关系人员的基本素质问题，公关界提出过各种不同的看法。有人把它概括为"公共关系人员应是个善于发现问题，又善于解决问题的人"。也有人认为公关人员最基本的素质应达到四会，即"会听、会写、会说、会画"。也有人认为，公关人员必须兼备广告人加新闻记者的素质。不少人把它概括为：政治家的眼光、企业家的精明、科学家的严谨、记者的敏感、外交家的风度……几乎是兼有各类职业人员素质的精华，这样的素质要求是一种理想化的要求，在现实中恐怕很难找到这样高素质的人才。

公共关系人员的基本素质要求如下。

（一）公共关系人员的公共关系意识素质

公共关系意识属于一种现代经营管理思想、观念和原则，是公共关系实践在人们思维中的反映，且由感性认识上升为理性认识。公共关系意识需要通过学习逐步培养。良好的公共关系意识可以使公共关系人员的公共关系行为处于自觉的状态中，使他对环境变化的反应、适应和协调，有一种能动、开放、创造性的机制，所以能很好地从事公共关系策划工作，也能创造性地完成公共关系实施的任务。

公共关系意识是一种综合性的职业意识，它大致由以下几个方面的内容构成。

（1）塑造形象的意识　塑造形象的意识是公共关系意识的核心。公共关系思想中，最重要的是珍惜信誉、重视形象的思想，具有塑造形象意识的公关人，清醒地懂得知名度和美誉度对自己组织的生存和发展的价值。他们会时时刻刻像保护眼珠一样维护组织的形象，甚至视其为组织的生命。

（2）服务公众的意识　任何组织的公共关系工作都必须着眼于公众。当组织利益与公众利益发生冲突时，满足公众利益应该是第一位的。具有服务公众意识的公关人，时时处处为公众利益着想，努力满足公众方方面面的要求。这样的人，才是在实际上明确地了解了公共关系工作的方向。

（3）真诚互惠的意识　真诚互惠的意识是公共关系的功利意识，不能否认公共关系工作的功利性。社会组织通过公共关系追求自身经济效益和社会效益的最佳统一，必须建立在彼此尊重、平等合作、互惠互利的基础上。

（4）沟通交流的意识　沟通交流的意识本质上是一种信息意识。沟通交流的意识属于现代社会的民主意识。

（5）创新审美的意识　塑造组织良好形象是一个创新审美的过程。组织的良好形象一旦塑造起来，就需要相对稳定。但稳定应该是一种积极的稳定。公共关系是一门科学和艺术，指的是它有客观规律可循，有相对稳定的操作程序；而说公共关系是一门艺术，指的是它有突破固定程式、追求无重复的创造的特点。唯有创新，才能使良好形象保持永久，才能塑造具有个性的组织形象。

（6）立足长远的意识　塑造组织良好的形象，不是立竿见影的事，而是需要通过长期努力，不断积累，才能取得成功。急功近利，只关注短期效益的做法，都是与公共关系思想不相符的。

（二）公共关系人员的道德品质素质

对公关人员在道德品质方面的素质要求，主要有以下三个方面。

（1）公正的品德。

（2）真诚的态度。

（3）服务的精神。

公共关系人员的职业活动，使他们处于对内代表客户，对外代表组织的特殊地位。公关人员必须公正地为组织和公众服务，他既不能为了组织的利益而损害公众的利益，也不能因为从公众那里得到好处而损害组织的利益。此外，在传播中要公正地报道一切事实，绝不为迎合任何人的利益或需要而传播有违于事实的信息资料。

（三）公共关系人员的思想政策素质

对公关人员在思想政策水平方面的具体素质要求，主要有两个方面：①有较高的思想水平，能善于发现问题和分析判断问题；②有较高的政策水平，能掌握国家和组织的各项有关政策。

公关人员的思想水平和政策水平常常会决定公关工作的质量。如，思想水平的高低，决定对问题的敏感程度；能不能及时地发现问题，关系到对公关问题处理时机的把握；分析判断问题的准确程度和深浅程度，关系到是否能有的放矢地采取有效的公关行动；掌握国家和组织的各项有关政策，才能保证各项活动都能在国家的方针、政策允许的范围内进行，才能保证公关活动能与整个社会的发展、组织的发展协调一致。

（四）公共关系人员的理论知识素质

对公共关系人员在理论知识方面的具体素质要求，主要有两个方面：①要有较高的理论知识水平；②要有较广博、扎实的学科知识。公共关系人员所从事的工作，相当大的部分是从事信息咨询活动，是为人出主意的。这种工作的性质要求从事这一工作的人员必须具有较高的理论知识水平。如果不具有高于一般人的知识水平，咨询便无从说起。

（五）公共关系人员的心理素质

公共关系人员的心理素质是公共关系人员基本素质的基础。简单地从人的性格角度来探讨公共关系人员的心理素质是不全面的。应该从公共关系职业对人的心理要求这个角度入手。概括起来说，对公共关系人员的职业心理要求大致有以下三个方面。

（1）自信　公共关系人员虽然能在一定程度上预测到工作的结果，但还是需要冒一定的风险，这就需要有自信。而这种自信应该建立在周密的调查研究、全面了解情况的基础之上，而不是盲目自信。

（2）热情　热情能使公共关系人员兴趣广泛，对事物的变化有一种敏感，且充满想象力和创造力。一个对什么都没兴趣、对一切都很漠然的人不能胜任公共关系工作。公共关系人员也需要凭借热情的心理，来与各种各样的人打交道，拓展工作的渠道。

（3）开放　公共关系工作是一种创造性很强的工作，这种工作要求人们以开放的心理，不断接受新的事物、知识和概念，才能大胆创新；并且，具有开放心理的人，能宽容、接受各种各样与自己性格不同的人，并与他们建立良好的关系。开放的心理，可以理解为心胸大度，高姿态，能冷静面对困难和挫折。

二、公共关系从业人员的能力结构

公共关系人员的能力主要指工作能力。美国公共关系学者斯科特·卡特利普、艾伦·森特和格伦·布罗姆在他们所著的经典性公共关系著作《有效公共关系》中，曾将公共关系工作概括为这样十个大类：写作、编辑、与新闻媒介的联络、特殊事件的组织与筹备、演讲、制作、调研、策划与咨询、培训、管理。对大多数公共关系人员来说，他们只需具备从事公共关系工作的一些基本能力就可以了，只有少数公共关系人员才需具备某些专门技能。

公共关系人员基本能力有以下几个方面。

(1) 较强的文字和口头表达能力。

(2) 良好的组织能力　公共关系计划、方案的实施，工作千头万绪、具体繁杂，没有良好的组织能力是很难顺利做好工作的。

(3) 健全的思维和谋划能力　公共关系人员要对零乱的事物、现象进行综合的分析和思考，以找出实务的本质，确定组织公共关系问题所在，这些都需要健全的思维和判断能力。公共关系人员对可能发生的问题和将来要发生的问题要有全面的谋划能力。

(4) 敏锐的观察能力　在进行调查研究或问题分析的时候，需要有敏锐的观察能力，从平静的表象中发现潜在的变化。

(5) 很好的自制自控和灵活应变的能力　公共关系人员在与他人打交道时，要有一种忍让的精神，但并不是放弃原则。这必须要有很好的灵活应变的能力。

(6) 善于与他人交往的能力　从某种意义上说，公共关系人员是社会活动家，他们无疑应具备与各种各样的人交往的能力。

(7) 掌握政策、理论的能力　公共关系人员做公共关系工作不是凭感情、直觉行事，而是需要在掌握政策和理论的前提下，从事自己的一切业务活动。

三、公共关系从业人员的职业准则

(一) 公共关系从业人员的职业道德

任何职业都有特有的职业道德，公共关系人员要塑造组织的良好形象，更要遵守公共关系工作的职业道德。公共关系职业道德，是在实践中逐渐形成的对职业行为的道德要求。公共关系这一职业的特性决定了公共关系的职业道德，第一，从事这一职业的人需要有高尚的道德品行（塑造良好的社会形象）；第二，这一职业的道德标准更高一些（个人的行为代表了组织的形象）。

公共关系工作职业道德主要包括以下几点。

1. 恪尽职守，真诚老实

塑造组织的良好形象，为组织的生存和发展创造良好的环境，对公共关系事业的发展做出贡献，是公共关系人员的基本工作和根本任务。要尽心尽责，充分履行本职工作的社会责任、经济责任和道德责任。不能违背法律法规，也不能泄漏组织机密或做有损于组织形象、信誉的事情。

另外，公共关系人员在对待职业的态度上，要体现出客观真实的原则。公共关系的"真实性原则"要求公共关系人员真诚老实、讲真话、讲实话、注重透明、注重公开；其次，公共关系人员说话要表里如一、实事求是，不可投机取巧。

2. 努力学习，有效工作

做好公共关系工作要凭实力，不仅要有公共关系理论和实务知识的全面掌握，还要在实际工作中将理论运用于实践，积极钻研业务，才能维持工作的高水准。

3. 廉洁奉公，不谋私利

公共关系工作是服务于公众、服务于组织、服务于社会的工作，每个公共关系人员只有为公众、组织、国家谋利益的服务，而没有谋取个人私利的权利。因为工作的关系，公共关系人员会有比较多的社会关系，但是要始终立足于组织一员的立场，而不能把个人利益放在首位。否则，则不是一名合格的公共关系人员。

4. 公道正派，谦虚团结

公共关系工作是一个具有社会性的职业，不管从组织的角度，还是从社会的角度，公共关系人员都有一定的公众性。所以，公共关系人员首先必须为人正直，公私分明，做事不能为了达到目的而牺牲原则。

另外，公共关系工作是一种群体工作，必须要把内部关系搞好，要团结合作，互相信任和尊重，宽以待人。

（二）公共关系从业人员的职业准则

有关公共关系职业道德问题的探讨，是公共关系职业发展中的一个热点。在多年来的探讨过程中，产生了众多的公共关系"职业准则"。在众多的公共关系组织制定的职业准则中，《国际公共关系道德准则》的影响最大。正如英国公共关系协会前主席赫伯特·劳埃德所说的，很多国家的公共关系组织都采用该准则，或以此作为规范稍做变动，以适应自己国家的需要。除了《国际公共关系道德准则》外，《英国公共关系协会职业行为准则》和《美国公共关系协会职业标准准则》的影响也比较大。

1. 国际公共关系道德准则

《国际公共关系道德准则》由国际公共关系协会名誉会员、法国人卢恩亚·马特拉特起草，于1965年5月12日在雅典召开的国际公共关系大会上通过，所以又称《雅典准则》。1968年4月17日，国际公共关系协会德黑兰会议对该文件进行了修改。

2. 英国公共关系协会职业行为准则

《英国公共关系协会职业行为准则》是一份诞生较早、影响较大的职业准则。根据它1991年的版本，共有17项条款，英国公共关系协会对每一条款都提供注释性说明，以供公共关系从业人员理解和实施。

3. 美国公共关系协会职业标准准则

美国公共关系协会是在1954年通过《美国公共关系协会职业标准准则》的。它主要由原则宣言和条例两部分内容构成，另附有有关解释。

4. 中国国际公共关系协会（CIPRA）会员行为准则

中国国际公共关系协会于2002年12月由会员代表大会审议通过《中国国际公共关系协会会员行为准则》，并于2003年1月1日起实施。该《准则》对CIPRA会员的道德规范从7个大方面，做出31条具体规定。其主要内容如下。

（1）在信息传播的行为规范方面　提出要符合国家法律的有关规定；要做到完整、真实、准确；不隐瞒、欺骗公众，有纠错责任；不以"红包"向媒体行贿等。

（2）在为客户提供专业服务的行为规范方面　如实告知自己实力，规范服务流程、质量、收费；不隐瞒所代理服务的机构；不利用为客户服务的机会搭顺风车宣传自己；除非得到授权，不同时服务于两个有利益冲突的组织等。

（3）在为客户保守机密的行为规范方面　提出应该为客户保守过去、现在及将来的秘密；保守机构及雇员隐私；提示客户泄密的义务；严禁利用他人机密牟利等。

（4）在化解利益冲突，建立信任的行为规范方面　提出应该做到个人服从组织、组织服从公众利益的准则；应避免个人利益与行业利益的冲突；有责任、义务提示可能影响组织的利益冲突，帮助解决本行业可能存在的利益冲突等。

（5）在行业竞争的行为规范方面　提出遵守公平竞争原则，通过提高专业技术和服务水平来进行竞争；严禁欺骗组织、诋毁对手；维护知识产权等。

（6）在人力资源开发、人才流动的行为规范方面　提出有义务培训员工，与同行分享经验和成果；不通过猎取人才来获得客户；流动人员应保守原公司秘密和保护知识产权，不主动争夺原公司客户资源等。

（7）在维护、提升本行业职业地位的行为规范方面　应该宣传传播公共关系知识，提高专业水平，正确诠释成功案例和经验；维护、巩固行业的职业地位等。

2015金旗奖案例：李锦记希望厨师项目

一、项目背景

李锦记希望厨师项目是一个由李锦记发起，集聚各方力量，资助经济困难地区青年学厨圆梦、为中餐业发展培养未来之星的公益计划，是李锦记"思利及人"的核心理念和"发扬中华优秀饮食文化"的企业使命的重要实践之一。该项目于2011年正式启动，每年从全国经济困难的地区公开招募有志从事中餐烹饪的青年，全额资助（全额学杂费＋生活补助＋交通补贴）其就读国家正规职业高中中餐烹饪专业，学制三年，毕业后获得正规中专毕业证书。

在经济困难地区，青年是一个家庭乃至一个地方的希望。希望厨师项目资助经济上有困难的青年学习中式烹饪，培养一技之长，有望通过他们带领其家庭脱贫致富，为经济困难地区的发展送去希望。同时,项目旨在培养更多新生代厨师,促进中餐文化的传承和创新。

目前项目已捐资千万,在北京市劲松职业高中和四川成都市财贸职业高级中学两所职高开班办学。五年来,李锦记已在全国范围内资助了350多名有厨师梦想、在经济上有困难的青年,项目覆盖四川、贵州、云南、甘肃、内蒙古、陕西、山西、山东、河南、河北、湖南、湖北、江西、黑龙江、吉林、广东、广西、海南18个省份。

二、项目调研

李锦记希望厨师项目小组对项目可行性展开了翔实的调研。

调研主要围绕以下几点展开。

(1) 对全国贫困地区做现状调查。

(2) 对贫困地区初中毕业适龄儿童的出路做调查(升高中、打工、学手艺等)。调查发现,有很多孩子因为家庭的原因,无法继续接受教育,被迫放弃学业,在家务农或者外出打工。

(3) 职业教育调查。调查发现,职业教育是国民教育体系和人力资源开发的重要组成部分,是广大青年打开通往成功成才大门的重要途径,肩负着培养多样化人才、传承技术技能、促进就业创业的重要职责。近年来,国家越来越重视职业教育,提倡"劳动托起中国梦"。

(4) 餐饮行业从业人员素质和就业现状、厨师需求调查。调查发现餐饮行业高素质、专业化的人才较少,专业技术人员严重不足,同时餐饮人才供需不平衡,复合型管理人才也比较缺乏,餐饮业员工跳槽引起的人员流失也很严重。厨师为紧缺型人才,就业前景良好。

(5) 合作职业高中的学校背景调查,包括硬件设施和师资力量调查,学校就业率调查。北京和成都两所学校均为国家级重点职业高中,师资力量雄厚,毕业生供不应求,深受四星、五星级酒店欢迎。

三、项目策划

1. 项目目标

捐资助学,带领经济上有困难的青年习一技之长,脱贫致富;培养中餐业优秀人才;发扬中华优秀饮食文化——李锦记酱料集团使命。

2. 策略

李锦记希望厨师项目并非是一次性的慈善捐赠,而是一个企业全程参与、重在"育人"的长期工程。李锦记成立了希望厨师项目小组,负责项目的策划、执行和对希望厨师的跟踪管理,实现全程务实、透明的项目运作。

每年面向全国招生,对项目申请人展开公正的笔试、面试、家访工作,择优录取。

针对在校学生,展开持续关怀,定期发放生活费,组织文化活动和各类餐饮活动。

针对已经毕业的学生,进行维护管理,展开俱乐部活动。

3. 目标公众:

具备初中学历,15~19周岁,体格和素质符合要求的经济上有困难的有志青年。

4. 主要信息

三年中餐烹饪学习(二年在校学习+一年下店实习)。

学厨圆梦,脱贫致富,托起个人、家乡、中餐业的希望。

思利及人,授人以渔。

5. 传播策略

配合每年启动招生、面试、开班等阶段,开展线上、线下传播,借助传统纸媒、网络媒体、微博、微信、视频门户网站、电视台等形式,在全国范围内进行传播,辐射城市人群,推荐人选。

通过邀请主流媒体及公益媒体参与面试、家访等环节,及项目开班仪式、毕业典礼等活动进行报道和宣传,引起公益圈的互动性讨论、交流。

通过地方政府、地方媒体辐射贫困地区人群,宣传项目,邀请参与。

6. 媒体选择

平面媒体:全国和重点区域主流综合类、公益类、教育类、社会类媒体,如人民日报、中国青年报、新京报、京华时报、南方都市报、华西都市报、潇湘晨报、公益时报、社会与公益等。

网络媒体:新浪公益、新华网、中新网、人民网、中国网、美通社、优酷、土豆、56、爱奇艺等门户网站。

新媒体:微博、微信、KOL。

电视媒体:北京电视台、各合作伙伴地方电视台。

四、项目执行

5—6月	启动招生,接受报名。
7月	筛选报名材料、笔试、面试、家访。
8月	确定录取名单。
9月	学员入学。
9月—次年6月	在校学生、已毕业学生活动开展及跟踪管理。

五、项目评估

1. 效果综述

李锦记希望厨师项目运营至今,集团已经捐资千万助学圆梦。项目帮助了很多经济困难的青年,通过学习厨师技艺,实现顺利就业,改写命运。目前,2011级19名学生和2012级53名学生已经从北京劲松职业高中毕业,其中,很多优秀的学生顺利进入诸如北京香港马会会所、中央电视塔、全聚德、国贸饭店、中国大饭店等四星、五星级酒店工作。

项目以"授人以渔"的造血式公益模式,不断得到更多包括政府、企业、公益组织、媒体等社会各界人士的关注。2011年年底,李锦记借由该项目获得"京华公益实践奖";2012年1月,该项目入选"中国企业十大典范公益项目";2012年12月,李锦记希望厨师项目荣获"2012企业社会责任(CSR)十佳案例奖"和"健康中国2012公益行动奖"。

2. 受众反应

被本项目资助的学生快乐学厨、心怀感恩。以下是希望厨师的部分心声。

"来到李锦记希望厨师班,是我这辈子最重要的一个决定。我觉得只要自己努力,未来很有希望。"

感谢给我们"渔网"的李锦记,感谢老师对我们的谆谆教导,我相信通过自己的努力,一定能改写自己的命运。

"本来以为女孩学厨没什么出路,当看到学姐们在面点和冷拼比赛中获得各种奖项,就业单位争着要,我觉得当初选择对了,以后她们就是我学习的榜样。"

"也许我们没办法选择出身,但我们一定能够掌握自己以后的命运。来到李锦记希望厨师班,我更坚定了这一信念,因为看到了希望的曙光。"

"李锦记带我们参观知名餐饮企业,看升旗、爬长城,让我们在学校的生活很充实。"

3．媒体统计

以2015年本年度媒体报道为例,截至9月17日,李锦记希望厨师项目共传播报道300多篇次(包括纸媒和网媒,含转载量),广告价值1200多万。同时项目借助官方微博、微信及视频门户网站进行积极有效传播。

六、项目创新

李锦记希望厨师项目不是一次性的慈善捐赠,而是一个企业全程参与、重在"育人"的长期工程。它与李锦记的企业使命"发扬中华优秀饮食文化"相对接,更注重项目的可持续性,同时以创新思维整合企业优势资源和社会需求,坚持"授人以渔",搭建造血式智力扶贫,帮助经济困难地区青年看到人生希望。

事件名称:李锦记希望厨师项目
执行时间:2011年至今
企业名称:香港李锦记酱料集团

复习思考题

一、概念题

公共关系组织　　公共关系公司　　公共关系意识

二、问答题

1. 公共关系公司的业务范围大致是怎样的?
2. 请简要评价一下组织内部公关机构和外部机构的优劣、利弊。
3. 公关从业人员应具备哪些意识?

三、案例思考题

某公司的王小姐是一位出色的公共关系人员,她恪守"顾客永远是对的"信条,处处为顾客着想。有一天,来了一位顾客买东西,碰巧他想要买的东西卖光了,王小姐在接待时发现了此种情况,就过去歉意地说:"先生,对不起,你要的东西刚卖完,请你过几天再来看看。"顾客听了以后不是太高兴,就开始嚷嚷道:"怎么搞的,这么大的公司都没有,你们应该将这一天要卖的东西准备好,这么不懂顾客心理……"当她正要开口向他解释时,旁边一位营业员抢先说:"先生,你说话怎么这样难听。"那位顾客听了火气更大了,并继续与营业员对峙着,眼看旁边看热闹的顾客越来越多了……

面对这种局面,假如你是那位王小姐,该如何圆满处理这个问题?

第九章 公共关系礼仪
——公共关系形象的重要标志

■ 内容提要 ■

本章主要介绍公共关系交往礼仪与公共关系仪式礼仪，另外对公共关系人员个人形象塑造做了较具体的阐述。通过公关礼仪教育与训练，使公关人员不仅掌握礼节方面规范化的动作和姿态，还掌握礼节程序上的规范，从而提高公关人员的形象能力。

你会坐吗？——一次公关部长聘任考试

一家公司准备聘用一名公关部长，经笔试筛选后，只剩8名应试者等待面试。面试限定他们每人在两分钟内对主考官的提问做出回答。当每位应试者进入考场时，主考官说的是同一句话："请您把大衣放好，在我面前坐下。"

然而，在进行面试的房间中，除了主考官使用的一张桌子和一把椅子外，什么东西也没有。

有两名应试者听到主考官的话以后，不知所措，另有两名急得直掉眼泪，还有一名听到提问后，脱下自己的大衣，搁在主考官的桌子上，然后说了句："还有什么问题？"结果，这五名应试者全部被淘汰了。

剩下的三名应试者，一名听到主考官发问后，先是一愣，旋即脱下大衣，往右手上一搭，躬身致礼，轻轻地说道："这里没有椅子，我可以站着回答您的问话吗？"公司对这个人的评语是："有一定的应变能力，但创新开拓不足。彬彬有礼，能适应严格的管理制度，可用于财务和秘书部门。"另一名应试者听到问题后，马上回答道："既然没有椅子，就不用坐了。谢谢您的关心，我愿听候下一个问题。"公司对此人的评语是："守中略有攻，可先培养用于对内，然后再对外。"最后一名考生的反应是，听到主考官的发问后，他眼睛一眨，随即出门去，把候考时坐过的椅子搬进来，放在离主考官侧前约一米处，然后脱下自己的大衣，折好后放在椅子背后，自己就在椅子上端坐着。当"时间到"的铃声一响，他马上站起来，欠身一礼，说了声"谢谢"，便退出考试房间，把门轻轻地关上，公司对此人的评语是："不着一词而巧妙地回答了问题；性格富有开拓精神，加上笔试成绩佳，可以录用为公关部部长。"

礼仪是人类文明的重要标志，在人们的日常生活与工作中，几乎一切行为都可以同它联系起来。如果美德是精神上的一种宝藏，那么使它们生出光彩的则是良好的礼仪。凡是一个能够受他人欢迎的人，他的动作不但要有力量，而且要优雅大方，这样，才会得到他人的认可与赞赏。

第一节 公共关系人员个人形象塑造

一、公共关系人员职业形象的内涵

形象主要是由内涵和外延两大要素构成的。形象的内涵就是指一个人的道德品质与学识修养。道德品质是人内涵的基础。古人云：欲修身必先利其德。在市场竞争的时代，要生存，要立足，还必须有学识修养。学识带给你底蕴，人们说，腹有诗书气自华，就是这个道理。外延是形象中不可缺少的一个内容。外延指什么呢？一个是能力，对于公共关系人员来说就是人际交往、待人接物的能力。另一个是形象的外在视觉效果，也就是说你的穿着打扮、言谈举止与表情姿态。因此，形象就是一个人的社会责任感、道德感、学识修养、个人心理特征和语言风格、仪表仪态、举止动作等诸方面因素的总和。

二、公共关系人员职业形象的修炼

（一）自我尊重，充满自信

树立良好形象，从心理学上讲就是公共关系人员的自我尊重。"欲得人重，必先自重。"自信是人们对自己才干、能力、知识素质、性格修养，以及健康状况、相貌等的一种自我认同和自我肯定。那么，公共关系怎样才能表现出庄重热情、精神饱满、充满自信呢？首先，公共关系与相关公众要维持良好的眼神交流、直挺的姿势、轻松且自信的走路方式、速度适中的言谈和在恰当之际表现出一个微笑或眼色，相关公众会认为你是一个有自信且易亲近的人。其次，公共关系人员办事要干净利落、工作要周密安排。这样就会给相关公众留下充满自信与可以信赖的深刻印象。当然，自信心源于平时的修养、丰富的知识和经验，以及工作前充分的心理和物质准备。但自信并不是自傲，不是夸夸其谈自以为是，更不是狂妄自大目中无人。只有做到自信与谦虚的统一，才能赢得相关公众的尊敬和信赖。

（二）着装要合适

服饰是个人外表的重要组成部分，公关人员的服饰是否得体将直接影响其在公众心目中的个人形象。服饰是人们在适应外界环境的过程中形成和发展起来的，而外界的环境主要由自然环境和社会环境组成。因此，服饰具有自然功能与社会功能。服饰的自然功能主要指它具有保暖功能和审美功能。对服饰的基本要求是清洁、整体、得体。清洁要求衣服上不能有任何污迹，特别是衬衣领子、袖口要保持清洁，皮鞋要擦亮。整齐要求衣服洗涤后要熨烫平整，裤子要烫出裤线，不能皱皱巴巴、歪歪扭扭，给人以邋遢的感觉。扣子掉了也要马上补上。得体主要包括三个方面：合身、合时、合适。合身要求量体裁衣，衣服的尺寸大小要与自己的身高体型相适应。合时指服饰穿着要适合环境、场合、季节。适合环境指服饰穿着要因地制宜，入乡随俗。适合场合指正式场合要穿正式的服装，随便的场合穿随意的服装；适合季节指不能冬服夏穿、夏衣冬穿。合适指服饰的款式、颜色要适合自己的身份、地位、年龄、长相、身材及肤色，另外，服饰之间也应配套、协调。

服装的场合大致可分为正式场合和一般场合。正式场合主要包括：国家庆典仪式、国宴、国家领导人接见、国王登基、元旦国家领导人团拜、大使递交国书、授勋仪式、各种庆典仪式、宴会、招待会、舞会、婚礼、葬礼、去剧院听音乐会、看戏以及在办公室上班。其他时间，包括下班回家、上街、郊游、远足、乘火车、汽车、轮船旅游，均为一般场合。

女士在白天上班或参加比较正式的活动，一般应穿套裙或长裙，裙子的长度一般应过膝。不能穿无袖或背带式的裙子以及超短裙。晚上参加宴会、舞会可穿露背或不露背的长裙。其他场合可以根据自己的喜好选择各种款式的裙子。女子在穿裙子时，一定要穿足够长的袜子，保证在任何时候都不会将袜口露在裙摆外面。另外，穿裙子时一定要保证不露出内衣裤。如果裙子料子薄而透，一定要穿衬裙和衬衣。

（三）仪容要端庄

整洁、美好的仪容让人联想到公关人员办事认真、踏实，从而可以帮助公关人员赢得公众的信赖。因此，仪容的修饰对经常与公众打交道的公关人员来说是非常重要的。仪容的修饰主要包括以下几个方面：头发要经常梳洗修剪，保持头发清洁、发型整齐。男士的鬓发不能超过耳朵，女士的刘海也不能留得太低。面部保持清洁。男士要注意把胡须刮净，女士面部洗净后，可以化个淡妆。保持口腔清洁。早晚刷牙，饭后漱口。如吃了葱、蒜、腐乳等有气味的食物，要注意去味。手要常洗，指甲要常剪。良好的卫生习惯往往反映一个人的修养，因此，公关人员应注意养成良好的卫生习惯。在公共场合，不做一些不雅观的小动作。如挖鼻孔、搓污泥、剔牙齿、掏耳朵、剪指甲等。打喷嚏、咳嗽时，要注意卫生。人都免不了要打喷嚏、咳嗽，但最好不要当着别人的面做。如无法避开他人时，应及时把头歪向一边，并赶紧掏出手帕或手纸将鼻子和嘴捂住，尽量压低声音。如果来不及掏手帕，也要用手将嘴和鼻捂住。做完后，最好说声"对不起"。不随地吐痰、擤鼻涕和乱扔垃圾。痰和擤鼻涕都应先处理在手纸上，然后扔进垃圾筒。保持地毯、地板的清洁。进入地面干净的室内，应在门口擦干净鞋底或换了鞋子再进去。

（四）举止要大方

(1)"站如松、坐如钟、行如风"是我国古人对良好的站、坐、行姿态的规定。那么，具体地说，公关人员应有怎样的站、坐、行的姿态呢？良好的站姿要像松柏一样挺立，给人以挺、直、高的感觉。标准的站姿应该是：头正，颈直，两眼向前平视，下腭微收；双肩要平，微向后张；挺胸收腹，上体自然挺拔；两臂自然下垂，手指并拢自然微屈；两腿绷直，两脚跟并拢，脚尖张开成45°～60°；身体重心穿过脊柱，落在两脚中间。在工作时，虽不用如此标准，但应全身挺直，挺胸收腹，给人以精神饱满的印象。两脚可稍分开，但一般不超过10厘米。两手可以搭握在一起，放在小腹前，或两手在背后交叉。在公众场合，公关人员应避免如下站姿：身体靠墙或靠桌，给人一种懒洋洋的感觉；两手叉腰或双臂交驻叉在胸前；双腿交叉或两腿分得很开；身体不停地抖动或晃动；双手插入衣袋或裤袋。

（2）良好的坐姿要像钟一样端正不斜，给人以端正、舒适、高雅的感觉。具体要求应该是：上身保持正直，挺胸直腰，背部不靠椅子后背；臀部不要坐满；两手自然弯曲，手扶膝部，或交叉放于大腿上，或一手放在椅子或沙发的扶手上，一手放大腿上；两脚并拢或稍微分开。入座时，动作要轻、缓、稳。

（3）良好的走姿应轻盈、敏捷。步履轻盈给人以斯文、优美和庄重的感觉。而步履敏捷则给人以健壮、活泼、精神抖擞之感。具体要求应该是：起步时身体稍稍前倾，身体重心落于前脚掌；行走时昂首、挺胸、收腹，两眼平视前方，两臂放松，自然摆动，前摆稍向里折；两腿要直，两膝间不应有空隙，要保证膝关节和脚尖正对前进方向；跨步均匀，步伐稳健。

（4）起立的礼仪。当有应该表示敬重的人走进屋子时，应起身相迎；当有应该表示敬重的人离开屋子时，应起身相送。除非屋里有十位以上的人，而应敬重的人又没有看到。如是主人，无论在单位还是在家里，有客人上门或离去时应起身；如在餐馆或办公室，有应敬重的人走近你的桌子，要起身。另外，有人介绍或与人握手时，应起立。再有，在庄严肃穆的场合应起立，如奏国歌，升国旗等。

（5）入座的礼仪要点。如果在场有敬重的人站着，就不能坐下。譬如是主人，客人没有入座，主人不能先坐下；再如与长者谈话，如他站着，则只能站着谈话，一直到谈完为止。如果有应敬重的人没座位时，应让座。入座时，不能擅占尊位，即要把尊位让给受尊重的人坐。在公共场所，一般以最为舒适、方便、不易为人打扰的位置为上座。在轿车里，一般以后排右边为尊位，其左次之，其中间又次之，前排靠司机的位置为最小。如轿车是只开右边门的，后排最左为上座，其次中间，再次右边。如驾驶员为主人，司机旁的位置为上座。

（6）先行的礼仪要点。在遇有过门、上下汽车、进出电梯时，应让身份高、年纪大、女士、客人先行。与尊者共行，遇到过门时，应急步向前为尊者开门，等其过去后自己再过，并急步跟上。与尊者一起乘坐轿车，上车时应先在右边为其开好车门，照顾其上车后关上车门，然后自己再绕到左边上车；下车时，应先下车为尊者开门，然后照顾其下车。与尊者共行，还应把尊位让给对方。一般来说，二人并行，其右为尊；三人并行，中间为尊；三人前后行，前者为尊；上楼梯时，前者为尊；下楼梯时，后者为尊。

（五）谈吐要文雅

使用礼貌语，可以体现出善良、大度、文雅，它能给他人带去尊敬和心理满足，博得他人的好感和谅解。我国传统礼仪语言中有不少尊称，例如：令——"令"有美好之意。令尊、令堂、令郎、令阃、令爱、令兄、令妹等，均是美称他人父亲、母亲、儿子、妻子、女儿、哥哥、妹妹的。还有"您""君""先生""阁下"等。令、贤、尊、贵、高、芳等，它们在用法上，稍有区别，但都可以用于口头交际或书面交际。一般来说，尊称和敬语联用。尊称不少，敬语很多。其中"请"的功能较强。如："请""有请""请进""请教""请用茶""请笑纳""请入席""请就位"等。不过，敬语中的"请"着重向对方表示尊重和敬意，请求语的"请"却侧重在有求于人。

谦称，主要用于自称及向他人称自己的家人。愚——愚师、愚兄、愚见、愚意等；

舍——用于称比自己辈分低和年龄小的亲属，如舍妹、舍弟、舍侄，同"小"的用法有类似之处，如小儿、小婿、小媳、小弟、小侄等；家——家兄、家父、家祖父、家祖母等；鄙——鄙人、鄙职、鄙意等；拙——拙见、拙作、拙刊、拙笔等。谦语，还有以下几种情况：自己言行失误，说"对不起""很抱歉""很惭愧""有失远迎""失礼了""不好意思"等。请求他人谅解，说"请原谅""请多包涵""请别介意"等。对他人的致歉报以友好态度，说"没关系""别客气""您太谦虚了"等。

与人交谈，谈话的态度与谈话的内容一样重要。善于交谈的人总是懂得利用表情、手势和抑扬顿挫的声调来强调自己的思想和见解。谈话时的声音要柔和、悦耳、有节奏。要避免高亢、尖锐、嘶喊、粗声大笑等不悦耳的声音。谈话时，适当的脸部表情和手势可以使谈话富有生气。如笑一笑，竖一竖眉毛，耸耸肩等。但这些要做得自然，否则，不如不做。而且，表情应随谈话内容的改变而有所变化，手势也不能过多，动作幅度不能过大，还要避免一些不良手势。除了要注意正确的坐或站的姿势外，还要注意交谈双方的距离。双方距离一般在50厘米到100厘米之间。太远显得有些冷淡，太近会让人感到窘迫。交谈时的眼神应是自然、温和、亲切的。在交谈过程中，谈话时眼睛一般看着对方，倾听时眼睛可以看着对方，也可以望着别处，但不能左顾右盼。交谈过程中出现四目对视时，不必慌忙移开，可以自然对视1~3秒钟后，再慢慢移开。

任何话题都可以成为良好的谈资。天气、新闻、体育、名胜古迹、个人爱好、小说、电影、电视、畅销书、流行时装，还有政治、经济、社会等均可成为谈话内容。到底选择哪方面的话题，要取决于你判断对方可能对哪些方面感兴趣。一般来说，开始交谈时，选一些简单而稳妥的话题，特别是与刚结识的人交谈，如天气、四周环境、当天新闻等，然后慢慢转入双方都比较感兴趣的话题。选择话题时，应注意以下几点：不要选择他人无法参与的话题；不谈与疾病、死亡等有关的不愉快的事情；不选择容易引起争论的话题；不选择黄色淫秽和荒诞离奇的话题；不提有关别人隐私或对方难以回答的问题。与人交谈时，善于倾听比善于交谈更重要。因为，认真而耐心地听对方讲话，表示是诚心诚意、全神贯注地同对方交谈，表明尊重对方，对方会因此而乐意交往。

（六）表情要自然

表情不仅可以充分展示自己的人格和修养，还可以弥补自身的一些先天不足，人的面部能传递十分丰富的感情。心理学家的研究表明，喜、怒、哀、乐、爱、恶、欲等七情，都可从面部表情中表现出来。在第一次与人交往中，一定要从心理上放松自己，表情自然，运用丰富的面部表情传情达意。

首先，要常微笑，总是把美丽的笑容挂在脸上，就算是再冷漠的人肯定也会被融化。其次，眼神要友善，在与人交往的时候，通常会透过对方的眼睛读到一些信息，因此，记得在与人交往时一定要注意自己的眼神，不要用游移、慌张的目光注视对方，目光应该友善，友善的目光就是盯住对方眉心，这既不会觉得难堪，更不会让别人认为没有给予他（她）足够的注视。

（七）待人要真诚

生活中，谁都愿意和热情、真诚的人交往，而同虚伪、自私的人保持一定距离。因此，要获得良好的第一印象，就要真诚地与别人交往，就要关心别人，爱护别人，让人们觉得因为你的存在，生活又多了一份美好。首先，要讲信用，守时间，准时代表着一个人的修养。不准时的人，还会让人感觉没有责任感。其次，态度要真诚，在人际交往中，人人都讨厌别人对自己的虚伪和不真诚。当人们与一个人打交道时，他总是口是心非，人们就不会对他有什么好感。

（八）气质要优雅

亲切诚恳应是最基本的风度，气质是动与静、外在与内在、有形与无形等各种美的形象的复合体，是仪表美、语言美的综合表现。做个漂亮导游，并不难；但做个气质优雅的导游就有一定的难度了。因为优雅需要文化、需要品位、需要审美，甚至需要长时间的磨炼。公关人员要做到气质优雅，要注意以下几点：①客户是公关人员的服务对象，是雇主，不是一般意义上的朋友，所以公关人员与之不可太随便和亲热，为客户服务要有幽默感，但绝不流于低级趣味；②公关人员的仪表应清新、高雅、保持端庄优美的风度，精神饱满、乐观自信、热情友好，努力使相关公众感到你是一位可信赖的公关人员；③不卑不亢，恭而有礼，保持民族的尊严和荣誉，遵守五守（守时、守分、守法、守纪、守密）；④说话不模棱两可，办事既要沉着冷静，又要果断利索，出现紧急问题时要知道如何控制局面，要敢于承担责任，使客户有一种安全感；⑤随时关心你的服务对象，了解他们的个别需求，并在"合理而可能"的情况下尽量给予满足；⑥实事求是，言行一致。实事求是，就是必须按照"合理而可能"的原则，讲事实，说真话，言行一致，就是说话算数，说得到，做得到，一旦应允，就尽力办好。

总之，公关人员在人们心目中树立良好形象，提高相关公众对公关人员信任度的途径是多方面的，但主要的还是要靠公关人员的实际行动。公关人员要努力使自己具有良好的德才学识，努力追求自我的完善。

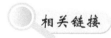

来自信诺传播顾问有限公司的招聘信息

客户总监

职责描述

带领团队为公司客户提供优质高效的专业服务；具备基于客户业务发展的战略高度及工作思路，为客户及团队提供有效的咨询建议；主持制订本部门的业务计划、策划并推进部门业务运营战略流程与工作计划，并进行有效实施。

任职标准

5年以上公关公司及跨国公司公关工作经验，至少3年以上团队管理经验。

对IT、汽车、奢侈品、医药行业有着比较深刻的理解和相应的工作经验。

拥有为客户管理层提供战略咨询意见的专业经验。
具有维护和服务外企客户的服务经验。
具有项目管理、商务谈判方面的经验。
具有领导和管理团队的经验,有良好的组织协调能力及项目控制能力。
具有英文书面沟通能力及出色的会议呈现技能。
熟练使用办公软件、办公自动化设备。

客户经理

职责描述

在客户总监的指导下,协助高级客户经理,负责公司长期签约客户的日常沟通和公关传播策划,以及项目执行工作和开拓新业务,具体包括:开发新业务,带领团队完成调研及提案工作;根据客户的要求,领导团队完成客户项目的策划、组织和实施工作。

任职标准

本科以上学历,广告、传媒专业。
至少三年以上在知名公关公司及跨国公司专业公关工作经验。
具有带领团队工作的管理经验。
优秀的英文沟通和撰写能力,能够有效与客户外方人员进行日常和工作沟通。
出色的客户沟通技能和服务经验。
优秀的组织协调能力,项目控制能力和良好的客户沟通能力。
熟练使用办公软件、办公自动化设备。

客户主任

职责描述

准时、高质量地完成项目活动运作的各个方面的工作,包括但不限于接待管理、影音效果管理、会议流程管理等;有效保持与客户的沟通,理解客户意图,合理、有效地实现客户需求。

任职标准

3年以上工作经验。
具备市场推广活动或者团队建设活动的组织、协调、实施能力及客户服务经验。
有服务精神,具有亲和力,工作认真细致,有强烈的责任心和敬业精神。
具备良好的职业形象及职业素质,具备优秀的沟通能力和团队协作精神。
能适应频繁出差。
本科学历以上(全日制四年大学毕业),有海外留学、相关就业经历者或者在影音、设计,以及酒店管理方面有从业经历者优先。
优秀的英语听说读写能力。
熟练使用计算机以及相关的办公软件。

项目经理

职责描述

领导完成大型活动项目运作,包括项目的计划、准备、现场执行以及项目评估;有效领导项目团队，合理安排、监督项目团队的具体工作，指导项目团队成员准时、高质量地完成项目活动运作。

任职标准

6年以上活动策划及管理工作经验，年龄28岁以上。

具备丰富的市场推广活动或者团队建设活动的组织运作经验。

具备一流的客户服务意识、强烈的责任心和敬业精神，工作积极主动。

具备出色的团队建设与管理能力。

思维活跃敏捷，善于团队协作，诚实正直，具有亲和力。

能适应频繁出差。

本科以上学历（全日制四年大学毕业），拥有海外生活经历或者跨国企业工作经历者优先。

优秀的英语听说读写能力。

熟练使用计算机以及相关办公软件。

第二节 公共关系交往礼仪

公关礼仪是在公共关系交往中，表现出的对交往对象尊重、恭敬的行为规则，以通过个人来树立组织的良好形象。它看似简单，却受主、客观因素的影响，并对公关人员的素质与修养提出了较高要求。

一、公共关系交往的影响因素

公关礼仪是在公关交往中进行的，公关交往受到许多因素的制约，能不能正常地进行公关交往，关系到公关礼仪能否实施与实现。影响公关交往的因素有以下几种。

（一）交往目的

公共关系工作是有目的、有计划的工作，公关交往是在这种目的和计划下进行的，如建立某种关系、联络感情、沟通思想、取得支持等。公关目的分为近期目的和长远目的。近期目的是关注于满足眼前的需要，如为了提高一次剪彩仪式的规格，引起新闻媒介的关注，公关人员想方设法邀请知名人士进行剪彩。长期目的则关注于通过交往，建立和深化某种关系，以满足将来的特定需要。如在内部公众关系上，一个聪明的公关人员，会从管理工作的长远目的出发，搞好同上下左右的各种关系，而不因为眼前不需要就放弃一些做法。公关的目的性，决定了公共关系人员，不应以个人好恶、个人兴趣、个人习惯来左右自己的行为，而是要求他们服从公关目的这个大局，全力以赴，在改造客观世界的同时，改造自己，为公关交往做出努力。

（二）教育程度

文化教育程度的较大差别，会影响交往的深入程度。这种文化教育程度，不完全是指学历的高低，而重在实际的文化知识和修养。在实业界，可以看到，有一些担任了企业要职的人并没有正规大学的毕业文凭，但知识面广，社会分析能力强，业务精通，是一般刚刚毕业的大学生所不能比拟。当然，一名大学教授与一名目不识丁的文盲，绝不会有多少共同语言，其交往是极其一般而表层的。教育程度的差别在一般人际交往中，更能表现出其在交往中的障碍，因为"人以群分"，更符合自由交往的一般人际交往的法则。而公关交往的目的性，淡化了这种障碍所引起的个人好恶的情感。

（三）语言文字

语言文字，是人类交往的工具。语言文字互不相通，就会造成交往的极大困难。现在世界上的语言有4 000多种，所到一处，语言文字就成为相互交往的通行证。没有这张"通行证"，就会孤立、寂寞。由于语言文字不通，阻碍了不同国家、不同地区、不同民族之间的交往。即使是同一国家、同一地区、同一民族的人们，也有不同的语言文字或由发音、吐字习惯而形成的交往障碍。

（四）风俗习惯

人们生活在不同地区，属于不同民族，会有自己特定的历史和文化造成的不同风俗习惯。这些风俗习惯往往会通过日常的生活方式反映出来。

（1）**饮食习惯** 如英国人每天四餐，即早餐、午餐、午后茶点和晚餐，而许多国家一日三餐。日本人爱吃鱼，而德国人不爱吃鱼。

（2）**宗教习惯** 如伊斯兰教徒不吃猪肉，也忌谈猪；在斋月里，日出之后、日落之前不能吃喝。

（3）**节日习俗** 如西方愚人节，这一天人们可以任意开玩笑；巴西的狂欢节，这一天男女老幼倾城而出，尽情狂欢，等等。此外，还有不同的花俗、礼俗。如果不了解各民族的风俗习惯，在交往中就会乱分寸，把握不住在交往中应该做什么、怎么做，不理解对方言行举止的含义，就会出现交往困难。

（五）个性心理

一些不良的个性心理倾向，会妨碍公关交往。

1. 自卑心理

在公关交往中，身材矮小、容貌丑陋、性格内向、不善言谈等，都会引起有关当事人的自卑心理。自卑心理源自心理上的一种消极的自我暗示，常常表现为对自己价值进行否定，因而悲观、缺乏勇气，他们害怕被别人轻视与排斥，不敢表现自己，也不能自如地与他人交往，这样，就会给公关工作带来影响。公关人员一方面要通过礼仪积极改善形象，另一方面要消除自卑心理，自信而坦然地面对公众。

2. 情绪障碍

每个人都有喜怒哀乐等情绪，有时候会高兴，有时候会沉闷不快，有时候会生气。而把这些个人情绪带到公关工作中来，就容易出现这样的情况：高兴时快人快语，不假思索；沉闷不快时一声不吭，把客人晾在一边；生气时遇见客人有求，态度生硬，甚至无理拒绝。这样，都会对公关工作产生不良影响。公关工作要保持稳定的情绪，安详、和蔼、愉快、平等地待人，不能为个人情绪左右，要学会调节、控制自己的情绪。

3. 社交恐惧

公关交往在很多情况下表现为人际直接交往，而如果公关人员缺少社交经历，那么在与人交往，特别是在公众场合下露面时，就会脸红、心慌、冒汗、浑身不自在。正是由于这种体验，使得有社交恐惧心理的人，在行动上竭力避免参加社交活动，回避出头露面的大型场合，因而不利于公共关系的开展。这就要求对社交存有恐惧心理的人，要自觉克服这种心理。在交往中，不必过多地考虑别人会怎么看，解脱心理上的束缚，并注意学习各种接人待物的技巧，加强自信心。在交往前，对需要自己做的事情，做好充分准备，包括仪表、言谈、实务等，这样才能有把握地进行交往。

影响公关交往的因素有很多，这里择要而论。公关交往能否正常进行，直接关系到公关礼仪的实施和功能的发挥。如果语言不通，风俗习惯不懂，再礼貌可能也难以使信息传达过去；在公关交往中存有个性心理障碍，连正常交往都不能进行，更何况施礼。要成功进行公关交往，就必须针对影响公关交往的主、客观因素，具体情况具体分析，对症下药，加以防范和调整。

二、公共关系交往的日常交往礼仪

组织的日常公共关系活动很多，如接待迎送工作，会见会谈工作等，每天都要与各种类型的公众打交道。组织日常公共关系工作做得好，有益于组织的发展，否则，会影响组织的形象。注意日常交往礼仪，是组织做好公共关系工作的重要组成部分。

（一）握手礼

握手礼是在一切交际场合最常使用、适应范围最广泛的见面致意礼节。它表示致意、亲近、友好、寒暄、道别、祝贺、感谢、慰问等多种含意。有时握手比语言更充满情感。握手礼行使的场合有多种，如迎接客人到来时；当被介绍与人认识时；久别重逢时；社交场合突遇熟人时；拜访告辞时；送别客人时；别人向自己祝贺、赠礼时；拜托别人时；别人帮助自己时；等等。

行握手礼时有先后次序之分。握手的先后次序主要是为了尊重对方的需要。其次序主要根据握手人双方所处的社会地位、身份、性别和各种条件来确定。两人之间握手的次序是：上级在先，长辈在先，女士在先，主人在先，而下级、晚辈、男士、客人应先问候，见对方伸出手后，再伸手与他相握。在上级、长辈面前不可贸然先伸手。若两人之间身份、年龄、职务都相仿，则先伸手为礼貌。如男女初次见面，女方可以不与男方握手，互致点头礼即可；若接待来宾，不论男女，女主人都要主动伸手表示欢迎，男主人也可对女宾先伸手表示欢迎。如一人与多人握手时，应是先上级、后下级，先长辈、后晚辈，先主人、后客人，先女士、后男士。若一方忽略了握手的先后次序，先伸出了手，对方应立即回握，以免发生尴尬。握手礼行使的正确姿势是：握手时，两人相距约一步，上身稍前侧，伸出右手，四指并拢拇指张开，两人的手掌与地面垂直相握，上下轻摇，一般2~3秒为宜，握手时注视对方，微笑致意或简单地用言语致意、寒暄。

（二）鞠躬礼

鞠躬礼是一种人们用来表示对别人的恭敬而普遍使用的致意礼节。

一鞠躬礼：适用于社交场合、演讲、谢幕等。行礼时身体上部向前倾斜约15°~20°，随即恢复原态，只做一次。三鞠躬礼：又称最敬礼。行礼时身体上部向前下弯约90°，然后恢复原样，如此连续三次。

鞠躬礼的正确姿势是行礼者和受礼者互相注目，不得斜视和环视；行礼时不可戴帽，如需脱帽，脱帽所用之手应与行礼之边相反，即向左边的人行礼时应用右手脱帽，向右边的人行礼时应用左手脱帽；行礼者在距受礼者两米左右进行；行礼时，以腰部为轴，头、肩、上身顺势向前倾约30°~90°，具体的前倾幅度还可视行礼者对受礼者的尊重程度而定；双手应在上身前倾时自然下垂放两侧，也可两手交叉相握放在体前，面带微笑，目光下垂，嘴里还可附带问候语，如"你好""早上好"等。施完礼后恢复立正姿势。通常，受礼者应以与行礼者的上身前倾幅度大致相同的鞠躬还礼，但是，上级或长者还礼时，可以欠身点头或在欠身点头的同时伸出右手答之，不必以鞠躬还礼。

（三）抱拳礼

抱拳礼又称拱手作揖。中国人创造的抱拳礼的动作与西方人握手动作的原始含义基本上是一致的。不同的是，抱拳拱手还有同对方"保持距离"的意义，因而这一礼仪形式在社会意义上具有封闭性的内涵。抱拳礼至今常常在武术界、长者之间和一些民族风格浓郁的场合使用。有时也在一些非正式场合或气氛比较融洽的场合，如春节团拜、宴会、晚会之时使用。抱拳礼主要适合于个人面对集体之时施行，意为自己握住自己的手，代替了握住别人的手。

抱拳礼的基本动作要领是右手半握拳，然后用左手掌包握在右拳上，两臂屈肘抬至胸前，目视对方，面带微笑，轻摇几下。

（四）介绍礼

介绍是指从中沟通，使双方建立关系的意思。介绍是社交场合中相互了解的基本方法。通过介绍，可以缩短人们之间的距离，以便更好地交谈、更多地沟通和更深入地了解。在日常生活与工作中，常用的介绍有以下几种类型，即自我介绍、为他人介绍和集体介绍。

自我介绍主体内容的三大要素包括姓名的全称、供职的单位、负责的具体工作等。具体而言，依据自我介绍的内容方面的差异，可以分为四种形式。第一种为应酬型，它适用于一般性的人际接触，只是简单地介绍一下自己。如"您好！我的名字叫×××。"第二种为沟通型，它也适用于普通的人际交往，但是意在寻求与对方交流或沟通的机会。内容上可以包括本人姓名、单位、籍贯、兴趣等。如："您好！我叫×××，浙江人。现在在一家银行工作，您喜欢看足球吧，嗨，我也是一个足球迷。"第三种为工作型，它以工作为介绍的中心，以工作而会友。其内容应重点集中于本人的姓名、单位以及工作的具体性质。如："女士们，先生们，各位好！很高兴有机会把我介绍给大家。我叫×××，是海风公关公司的业务经理，我随时都愿意为在场的各位效劳。"第四种为礼仪型，它适用于正式而隆重的场合，属于一种出于礼貌而不得不作的自我介绍。其内容除了必不可少的三大要素以外，还应附加一些友好、谦恭的语句。如："大家好！在今天这样一个难得的机会中，请允许我作一下自我介绍。我叫×××，来自海风公关公司，担任公关部经理，今天，是我第一次来到美丽的西双版纳，这美丽的风光一下子深深地吸引了我，我很愿意在这多待几天，很愿意结识在座的各位朋友，谢谢！"

为他人介绍，首先要了解双方是否有结识的愿望；其次要遵循介绍的规则；再次是在介绍彼此的姓名、工作单位时，要为双方找一些共同的谈话材料，如双方的共同爱好、共同经历或相互感兴趣的话题。为他人介绍的规则有：①将男士先介绍给女士。如："张小姐，我给你介绍一下，这位是李先生。"②将年轻者先介绍给年长者。在同性别的两人中，将年轻者先介绍给年长者，以示对前辈、长者的尊敬。③将地位低者先介绍给地位高者。遵从社会地位高者有了解对方的优先权的原则，除了在社交场合，其余任何场合，都是将社会地位低者介绍给社会地位高者。④将未婚的先介绍给已婚的。如两个女子之间，未婚的女子明显年长，则又是将已婚的介绍给未婚的。⑤将客人介绍给主人。⑥将后到者先介绍给先到者。

介绍的礼节要点主要有：介绍人介绍时要有开场白，如："请让我给你们介绍一下，张小姐，这位是×××""请允许我介绍一下，李先生，这位是×××"。为他人做介绍时，手势动作要文雅，无论介绍哪一方，都应手心朝上，手背朝下，四指并拢，拇指张开，指向被介绍的一方，并向另一方点头微笑。必要时，可以说明被介绍的一方与自己的关系，以便新结识的朋友之间相互了解和信任。介绍人在介绍时要弄清先后顺序，语言要清晰明了，不含糊其词，以使双方记清对方姓名。在介绍某人优点时，要恰到好处，不宜过分称颂而导致难堪的局面。另外，作为被介绍的双方，都应当表现出结识对方的热情。双方都要正面对着对方，介绍时除了女士和长者外，一般都应该站起来，但是若在会谈进行中，或在宴会等场合，就不必起身，只略微欠身致意就可以了。如方便的话，等介绍人介绍完毕后，被介绍人双方应握手致意，面带微笑并寒暄。如"你好""见到你很高兴""认识你很荣幸""请多指教""请多关照"等，如有需要还可互换名片。

如果被介绍的双方，其中一方是个人，一方是集体时，应根据具体情况采取不同的办法。

（五）递名片的礼节

在人际交往中，名片不但能推销自己，也能很快地帮助你与对方熟悉，它就像持有着的颜面，不但要很好地珍惜，而且要懂得怎样去使用它。现代名片是一种经过设计、能表示自己身份、便于交往和开展工作的卡片，名片不仅可以用作自我介绍，而且还可用作祝贺、答谢、拜访、慰问、赠礼附言、备忘、访客留话等。

名片的基本内容一般有姓名、工作单位、职务、职称、地址等，也有把爱好、特长等情况写在上面的，选择哪些内容，由需要而定，但无论繁、简，都要求信息新颖，形象定位独树一帜，一般情况下，名片可分两类——交际类名片与公关类名片。交际类名片除基本内容之外，还可以印上组织的徽标，或可在中文下面用英文写，或在背面用英文写，便于与外国人交往。公关类名片可在正面介绍自己，背面介绍组织，或宣传经营范围，公关类的名片有广告效应，使组织收到更大的社会效益和经济效益。

　　一般来说，要把自己的名片放于容易拿出的地方，不要将它与杂物混在一起，以免要用时手忙脚乱，甚至拿不出来；若穿西装，宜将名片置于左上方口袋；若有手提包，可放于包内伸手可得的部位。不要把名片放在皮夹内，工作证内，甚至裤袋内，这是一种很失礼雅的行为。另外，不要把别人的名片与自己的名片放在一起，否则，一旦慌乱中误将他人的名片当作自己的名片送给对方，这是非常糟糕的。

　　名片的递送先后虽说没有太严格的礼仪讲究，但是，也是有一定的顺序的。一般是地位低的人先向地位高的人递名片，男性先向女性递名片。当对方不止一人时，应先将名片递给职务较高或年龄较大者；或者由近处至远处递，依次进行，切勿跳跃式地进行，以免对方误认为有厚此薄彼之感。

　　向对方递送名片时，应面带微笑，稍欠身，注视对方，将名片正对着对方，用双手的拇指和食指分别持握名片上端的两角送给对方，如果是坐着的，则应当起立或欠身递送，递送时可以说"我是××，这是我的名片，请笑纳。""我的名片，请你收下。""这是我的名片，请多关照。"之类的客气话。在递名片时，切忌目光游移或漫不经心。出示名片时还应把握好时机。当初次相识，自我介绍或别人为你介绍时可出示名片；当双方谈得较融洽，表示愿意建立联系时就应出示名片；当双方告辞时，可顺手取出自己的名片递给对方，以示愿结识对方并希望能再次相见，这样可加深对方对你的印象。

　　接受他人递过来的名片时，应尽快起身或欠身，面带微笑，用双手的拇指和食指接住名片的下方两角，态度也要毕恭毕敬，使对方感到你对名片很感兴趣，接到名片时要认真地看一下，可以说"谢谢！""能得到您的名片，真是十分荣幸。"等等。然后郑重地将名片放入自己的口袋、名片夹或其他稳妥的地方。切忌接过对方的名片一眼不看就随手放在一边，也不要在手中随意玩弄，不要随便拎在手上，更不要拿在手中搓来搓去，否则会伤害对方的自尊，影响彼此的交往。

第三节　公共关系仪式礼仪

　　公共关系仪式礼仪，是现代社会的重要社交方式，也是组织方对内营造和谐氛围、沟通情感、传达意愿、增进友情、鼓舞员工的士气、激发员工对本组织的热爱、培育组织员工的价值观念、增强组织的凝聚力；对外协调关系、扩大宣传、提高组织的知名度和美誉度，塑造形象的有效手段。另外，它也是传递组织的信息，使组织赢得更多的成功机会和合作伙伴的有效手段。仪式礼仪活动包括开业、剪彩、签字、庆典、升旗、宴请，舞会等。不论哪种仪式，都是非常郑重的社交活动，气氛要么隆重、要么庄严、要么神圣、要么肃穆。无论是主办方还是参加者，都必须遵守一定的流程、礼仪惯例、举止和言行，这就是仪式礼仪。仪式礼仪是仪式活动取得成功的重要保障。无论是组织方还是参加者，在仪式上的形象、举止言行（包括书面语言），都是个人基本素质、阅历和修养的试金石，往往会影响他人对个人、组织的印象或评价，甚至是一场仪式成败的重要因素。

要举办好仪式要遵守三项礼仪原则。首先，典礼要适度。典礼要适度，具有双重含义。一方面，它要求仪式宁缺毋滥，不到必要时不要轻易搞典礼，更不可以使其经常化、庸俗化；另一方面，它又要求典礼的具体形式与规模应与本单位的具体情况相符合，切不可脱离现状，一味地贪大求洋。其次，典礼要隆重。典礼最重要的作用，如上所言，在于它既可以唤起本单位全体员工的自信心和自豪感，又能够吸引外界对于本单位的重视。所以典礼通常不办则已，办就要办得郑重其事，有模有样，并且富于新意。只有这样做，组织才有可能借此机会令本组织处于社会各界所关注的焦点。最后，典礼要节俭。商界举行有关仪式时，不仅要尽可能地使之热烈而隆重，而且同时还要精打细算。组织必须充分认识到，这是一个事关本单位整体形象的重大问题。因此，在操办仪式时，应当节约为本，节俭为要，量力而行，切勿肆意挥霍，铺张浪费，动辄兴师动众，大把花钱。具体而言，典礼也要务实不务虚。有些可有可无的项目、活动，可以不搞。有些无关宏旨的程序，可以省去。有些关系不大的人士，则完全不必邀请到场。

一、签约礼仪

案例 9-1

"临场变卦"

通过长期洽谈，南方某市的一家公司终于同美国的一家跨国公司谈妥了一笔大生意。双方在达成合约之后，决定正式为此举行一次签字仪式。因为当时双方的洽谈在我国举行，故签字仪式便由中方负责。在仪式正式举行的那一天，让中方出乎意料的是，美方差一点要在正式签字之前"临场变卦"。原来，中方的工作人员在签字桌上摆放中美两国国旗时，误以中国的传统做法"以左为上"代替了目前所通行的国际惯例"以右为上"，将中方国旗摆到了签字桌的右侧，而将美方国旗摆到了签字桌的左侧。结果让美方人员恼火不已，他们甚至因此而拒绝进入签字厅。这场风波经过调解虽然平息了，但它却给了人们一个教训：在商务交往中，对于签约的礼仪不可不知。

签约，即合同的签署。它在商务交往中，被视为一项标志着有关各方相互关系取得重大进展，以及为消除彼此之间的误会或抵触而达成了一致性见解的重大的成果。因此，它极受商界人士的重视。

在公关活动中，人们在签署合同之前，通常会竭力做好以下几个步骤的准备工作。

第一，要布置好签字厅。签字厅有常设专用的，也有临时以会议厅、会客室来代替的。布置它的总原则，是要庄重、整洁、清静。一间标准的签字厅，应当室内铺满地毯，除了必要的签字用桌椅外，其他一切的陈设都不需要。正规的签字桌应为长桌，其上最好铺设深绿色的台布。

按照仪式礼仪的规范，签字桌应当横放于室内。在其后，可摆放适量的座椅。签署双边性合同时，可放置两张座椅，供签字人就座。签署多边性合同时，可以仅放一张座椅，供各方签字人签字时轮流就座；也可以为每位签字人都各自提供一张座椅。签字人在就座时，一般应当面对正门。在签字桌上，循例应事先安放好待签的合同文本以及签字笔、吸墨器等等签字时所用的文具。与外商签署涉外商务合同时，还需在签字桌上插放有关各方的国旗。插放国旗时，在其位置与顺序上，必须按照礼宾序列而行。例如，签署双边性涉外商务合同时，有关各方的国旗须插放在该方签字人座椅的正前方。

第二，要安排好签字时的座次。在正式签署合同时，各方代表对于礼遇均非常在意，因而商务人员对于在签字仪式上最能体现礼遇高低的座次问题，应当认真对待。签字时各方代表的座次，是由主方代为先期排定的。合乎礼仪的做法是：在签署双边性合同时，应请客方签字人在签字桌右侧就座，主方签字人则应同时就座于签字桌左侧。双方各自的助签人，应分别站立于各自一方签字人的外侧，以便随时对签字人提供帮助。双方其他的随员，可以按照一定的顺序在己方签字人的正对面就座。也可以依照职位的高低，依次自左至右（客方）或是自右至左（主方）地列成一行，站立于己方签字人的身后。当一行站不完时，可以按照以上顺序并遵照"前高后低"的惯例，排成两行、三行或四行。原则上，双方随员人数，应大体上相近。

在签署多边性合同时，一般仅设一个签字椅。各方签字人签字时，须依照有关各方事先同意的先后顺序，依次上前签字。他们的助签人，应随之一同行动。在助签时，依"右高左低"的规矩，助签人应站立于签字人的左侧。与此同时，有关各方的随员，应按照一定的序列，面对签字桌就座或站立。

第三，要预备好待签的合同文本。依照商界的习惯，在正式签署合同之前，应由举行签字仪式的主方负责准备待签合同的正式文本。

举行签字仪式，是一桩严肃而庄重的大事，因此不能将"了犹未了"的"半成品"交付其使用；或是临近签字时，有关各方还在为某些细节而纠缠不休。在决定正式签署合同时，就应当拟定合同的最终文本。它应当是正式的，不再进行任何更改的标准文本。负责为签字仪式提供待签的合同文本的主方，应会同有关各方一同指定专人，共同负责合同的定稿、校对、印刷与装订。按常规，应为在合同上正式签字的有关各方，均提供一份待签的合同文本。必要时，还可再向各方提供一份副本。

签署涉外商务合同时，比照国际惯例，待签的合同文本，应同时使用有关各方法定的官方语言，或是使用国际上通行的英文、法文。此外，亦可同时并用有关各方法定的官方语言与英文或法文。使用外文撰写合同时，应反复推敲，字斟句酌，不要望文生义或不解其意而乱用词汇。待签的合同文本，应以精美的白纸印制而成，按大八开的规格装订成册，并以高档质料，如真皮、金属、软木等，作为其封面。

第四，要规范好签字人员的服饰。按照规定，签字人、助签人以及随员，在出席签字仪式时，应当穿着具有礼服性质的深色西装套装、中山装套装或西装套裙，并且配以白色衬衫与深色皮鞋。男士还必须系上单色领带，以示正规。

在签字仪式上露面的礼仪人员、接待人员，可以穿自己的工作制服，或是旗袍一类的礼仪性服装。

签字仪式是签署合同的高潮，它的时间不长，但程序规范、庄重而热烈。签字仪式的正式程序一共分为三项。

(1) 签字仪式正式开始。有关各方人员进入签字厅，在既定的位次上各就各位。

(2) 签字人正式签署合同文本。通常的做法是首先签署已方保存的合同文本，再接着签署他方保存的合同文本。商务礼仪规定，每个签字人在由己方保留的合同文本上签字时，按惯例应当名列首位。因此，每个签字人均应首先签署己方保存的合同文本，然后再交由他方签字人签字。这一做法，在礼仪上称为"轮换制"。它的含义是，在位次排列上，轮流使有关各方均有机会居于首位一次，以显示机会均等，各方平等。

(3) 签字人正式交换已经有关各方正式签署的合同文本。此时，各方签字人应热烈握手，互致祝贺，并相互交换各自一方刚才使用过的签字笔，以志纪念。全场人员应鼓掌，表示祝贺。

第五，共饮香槟酒互相道贺。交换已签的合同文本后，有关人员，尤其是签字人当场干上一杯香槟酒，是国际上通行的用以增添喜庆色彩的做法。在一般情况下，商务合同在正式签署后，应提交有关方面进行公证，此后才正式生效。应该说明的是，签字仪式不一定非搞不可，尽管它可以制造声势，增添影响。但是，对于签字本身却必须郑重对待，不可草草收场，商界人士对此必须切切注意。

二、开业礼仪

开业仪式，是指在单位创建、开业、项目完工、落成，某一建筑物正式启用，或是某项工程正式开始之际，为了表示庆贺或纪念，而按照一定的程序所隆重举行的专门的仪式。有时，开业仪式亦称作开业典礼。

开幕仪式的主要程序共有六项。第一项，仪式宣布开始，全体肃立，介绍来宾。第二项，邀请专人揭幕或剪彩。揭幕的具体做法是：揭幕人行至彩幕前恭立，礼仪小姐双手将开启彩幕的彩索递交给对方。揭幕人随之目视彩幕，双手拉启彩索，令其展开彩幕。全场目视彩幕，鼓掌并奏乐。第三项，在主人的亲自引导下，全体到场者依次进入幕门。第四项，主人致辞答谢。第五项，来宾代表发言祝贺。第六项，主人陪同来宾进行参观。开始正式接待宾客或观众，对外营业或对外展览宣告开始。

案例 9-2

"特殊"的开业典礼

8月8日，是北方某市新建云海大酒店隆重开业的日子。这一天，酒店上空彩球高悬，四周彩旗飘扬，身着鲜艳旗袍的礼仪小姐站立在店门两侧，她们的身后是摆放整齐的鲜花、花篮，所有员工服饰一新，面目清洁，精神焕发，整个酒店沉浸在喜庆的气氛中。

开业典礼在店前广场举行。

上午11时许，应邀前来参加庆典的有关领导、各界友人、新闻记者陆续到齐。正在举行剪彩之际，天空突然下起了倾盆大雨，典礼只好移至厅内，一时间，大厅内聚满了参加庆典人员和避雨的行人。典礼仪式在音乐和雨声中隆重举行，整个厅内灯光齐亮，使得庆典别具一番特色。

典礼完毕，雨仍在下着，厅内避雨的行人，短时间内根本无法离去，许多人焦急地盯着厅外。于是，酒店经理当众宣布："今天能聚集到我们酒店的都是我们的嘉宾，这是天意，希望大家能同我店共享今天的喜庆，我代表酒店真诚邀请诸位到餐厅共进午餐，全部免费。"霎时间，大厅内响起雷鸣般的掌声。

虽然，酒店开业额外多花了一笔午餐费，但酒店的名字在新闻媒体及众多顾客的渲染下却迅速传播开来，接下来酒店的生意格外红火。

三、剪彩礼仪

20世纪初叶，在美国的一个乡间小镇上，有家商店的商主独具慧眼，从一次偶然发生的事故中得到启迪，以它为模式开一代风气之先，为商家创立了一种崭新的庆贺仪式——剪彩仪式。事情的原委是这样的：当时，这家商店即将开业，店主为了阻止闻讯之后蜂拥而至的顾客在正式营业前耐不住性子，争先恐后地闯入店内，将用以优惠顾客的便宜货争购一空，而使守时而来的人们得不到公平的待遇，便随便找来一条布带子拴在门框上。谁曾料到这项临时性的措施竟然更加激发起了挤在店门之外的人们的好奇心，促使他们更想早一点进入店内，对行将出售的商品先睹为快。事也凑巧，正当店门之外的人们的好奇心上升到极点，显得有些迫不及待的时候，店主的小女儿牵着一条小狗突然从店里跑了出来，那条"不谙世事"的可爱的小狗若无其事地将拴在店门上的布带子碰落在地。店外不明真相的人们误以为这是该店为了开张志喜所搞的"新把戏"，于是立即一拥而入，大肆抢购。让店主转怒为喜的是，他的这家小店在开业之日的生意居然红火得令人难以想象。向来有些迷信的他便追根溯源地对此进行了一番"反思"，最后他认定，自己的好运气全是由那条被小女儿的小狗碰落在地的布带子所带来的。因此，此后在他旗下的几家"连锁店"陆续开业时，他便将错就错地如法加以炮制。久而久之，他的小女儿和小狗无意之中的"发明创造"，经过他和后人不断地"提炼升华"，逐渐成为一整套的仪式。它先是在全美，后是在全世界广为流传开来。在流传的过程中，它自己也被人们赋予了一个极其响亮的名字——剪彩。

从操作的角度进行探讨，目前所通行的剪彩礼仪主要包括，剪彩的准备、剪彩的人员、剪彩的程序三个方面的内容。以下，就分别择其要点进行介绍。

首先，剪彩的准备必须一丝不苟。

与举行其他仪式相同，剪彩仪式也有大量的准备工作需要做好。其中主要涉及场地的布置、环境的卫生、灯光与音响的准备、媒体的邀请、人员的培训，等等。在准备这些方面时，必须认真细致，精益求精，这自不待言。除此之外，尤须对剪彩仪式上所需使用的某些特殊用具，诸如红色缎带、新剪刀、白色薄纱手套、托盘以及红色地毯等，仔细地进行选择与准备。

其次，剪彩的人员必须审慎选定。

在剪彩仪式上，最为活跃的，当然是人而不是物。因此，对剪彩人员必须认真进行选择，并于事先进行必要的培训。

再次，剪彩的程序必须有条不紊。

按照惯例，剪彩既可以是开业仪式中的一项具体程序，也可以独立出来，由其自身一系列的程序所组成。独立而行的剪彩仪式，通常应包含如下六项基本的程序。

第一项，请来宾就位。在剪彩仪式上，通常只为剪彩者、来宾和本单位的负责人安排座席。在剪彩仪式开始时，即应敬请大家在已排好顺序的座位上就座。在一般情况下，剪彩者应坐于前排。若其不止一人时，则应使之按照剪彩时的具体顺序就座。

第二项，宣布仪式正式开始。在主持人宣布仪式开始后，乐队应演奏音乐，现场可燃放鞭炮，全体到场者应热烈鼓掌。此后，主持人应向全体到场者介绍到场的重要来宾。

第三项，奏国歌。此刻须全场起立。必要时，亦可随之演奏本单位标志性歌曲。

第四项，进行发言。发言者依次应为东道主单位的代表、上级主管部门的代表、地方政府的代表、合作单位的代表，等等。其内容应言简意赅，每人不超过3分钟，重点分别应为介绍、道谢与致贺。

第五项，进行剪彩。此刻，全体应热烈鼓掌，必要时还可奏乐或燃放鞭炮。在剪彩前，须向全体到场者介绍剪彩者。进行正式剪彩时，剪彩者与助剪者的具体做法必须合乎规范，否则就会使其效果大受影响。当主持人宣布进行剪彩之后，礼仪小姐即应登场，礼仪小姐应排成一行行进。从两侧同时登台，或是从右侧登台均可。在剪彩者登台时，引导者应在其左前方进行引导，使之各就各位。剪彩者登台时，宜从右侧出场。当剪彩者均已到达既定位置之后，托盘者应前行一步，到达前者的右后侧，以便为其递上剪刀、手套。剪彩者若不止一人，则其登台时亦应列成一行，并且使主剪者行进在前。在主持人向全体到场者介绍剪彩者时，后者应面含微笑向大家欠身或点头致意。剪彩者行至既定位置之后，应向拉彩者、捧花者含笑致意。当托盘者递上剪刀、手套时，亦应微笑着向对方道谢。

在正式剪彩前，剪彩者应首先向拉彩者、捧花者示意，待其有所准备后，集中精力，右手手持剪刀，表情庄重地将红色缎带一刀剪断。若多名剪彩者同时剪彩时，其他剪彩者应注意主剪者的动作，与其主动协调一致，力争大家同时将红色缎带剪断。

按照惯例，剪彩以后，红色花团应准确无误地落入托盘者手中的托盘里，而切勿使之坠地。为此，需要捧花者与托盘者的合作。剪彩者在剪彩成功后，举手鼓掌。退场时，一般宜从右侧下台。

第六项，进行参观。剪彩之后，主人应陪同来宾参观被剪彩之物。仪式至此宣告结束。随后，东道主单位可向来宾赠送纪念性礼品，并以自助餐款待全体来宾。

四、庆典礼仪

庆典，是各种庆祝仪式的统称。在商务活动中，商务人员参加庆祝仪式的机会是很多的，既有可能奉命为本单位组织一次庆祝仪式，也有可能应邀去出席外单位的某一次庆祝仪式。

庆典所具有的热烈、欢快、隆重的特色，应当在其具体内容的安排上，得到全面的体现。庆典的内容安排，至少要注意出席者的确定、来宾的接待、现场的布置以及庆典的程序等四大问题。

一是要精心确定好庆典的出席人员名单。庆典的出席者不应当滥竽充数，或是让对方勉为其难。确定庆典的出席者名单时，始终应当以庆典的宗旨为指导思想。

二是要精心安排好来宾的接待工作。与一般的商务交往中来宾的接待相比，对出席庆祝仪式的来宾的接待，更应突出礼仪性的特点。组织不但应当热心细致地照顾好全体来宾，而且还应当通过主办方的接待工作，使来宾感受到主人真挚的尊重与敬意，并且想方设法使每位来宾都能心情舒畅。在庆典的筹备组之内，应根据具体的需要，下设若干专项小组，在公关、礼宾、财务、会务等各方面"分兵把守"，各管一段。其中，负责礼宾工作的接待小组，大都不可缺少。

三是要精心布置好举行庆祝仪式的现场。举行庆祝仪式的现场，是庆典活动的中心地点。对它的安排、布置是否恰如其分，往往会直接地关系到庆典留给全体出席者印象的好坏。

要准备好音响。在举行庆典之前，务必要把音响准备好。尤其是供来宾们讲话时使用的麦克风和传声设备，在关键时刻，绝不允许临阵"罢工"，让主持人手忙脚乱、大出洋相。在庆典举行前后，播放一些喜庆、欢快的乐曲，只要不抢占"主角"的位置，通常是可以的。但是，对于播放的乐曲，应先进行审查。切勿届时让工作人员自由选择，随意播放背离庆典主题的乐曲，甚至是那些凄惨、哀怨、让人心酸和伤心落泪的乐曲，或是那些不够庄重的诙谐曲和爱情歌曲。

四是，要精心拟定好庆典的具体程序。一次庆典举行的成功与否，与其具体的程序不无关系。仪式礼仪规定，拟定庆典的程序时，依照常规，一次庆典大致上应包括下述几项程序。

预备期间，请来宾就座，出席者安静，介绍嘉宾。

第一项，宣布庆典正式开始，全体起立，奏国歌，唱本单位之歌。

第二项，本单位主要负责人致辞。其内容是，对来宾表示感谢，介绍此次庆典的缘由，等等。其重点应是报捷以及庆典的可"庆"之处。

第三项，邀请嘉宾讲话。大体上介绍出席此次的上级主要领导、协作单位及社区关系单位，均应有代表讲话或致贺词。不过应当提前约定好，不要当场当众推来推去。对外来的贺电、贺信等等，可不必一一宣读，但对其署名单位或个人应当公布。在进行公布时，可以其"先来后到"为序，或是按照其具体名称的汉字笔画的多少进行排列。

第四项，安排文艺演出。这项程序可有可无，如果准备安排，应当慎选内容，注意不要有悖于庆典的主旨。

第五项，邀请来宾进行参观。如有可能，可安排来宾参观本单位的有关展览或车间等等。当然，此项程序有时亦可省略。在以上几项程序中，前三项必不可少，后两项则可以酌情省去。

五、宴请与赴宴礼仪

（一）宴请礼仪

宴请作为一种向对方表示友谊、表达敬意的基本方式，是最受人欢迎、最为常见的交际活动方式之一，也是卓有成效的公关活动方式之一。宴请活动是一项具有严格程序的活动。

第一，要确定宴请的目的、名义、对象、形式、时间、地点。宴请的目的即这次活动的公关目的或公关任务，只有明确了此次活动的目的才能使宴请达到预期的目的。确定邀请对象时，要根据宴请的目的和规格来判断。如果为某人而设宴请，就要考虑请什么人作陪客；如果为某事而宴请，就要考虑应请哪些方面的人士，应请到哪一层次，请多少人。对于邀请对象，必须清楚他（她）的姓名、职务、称呼。宴请的形式一般有宴会、酒会、冷餐会、茶会、工作餐等。宴请采取何种形式，很大程度上取决于习惯做法。一般来说，正式的、规格高的、人数少的以宴会为宜，人数多的则以冷餐会或酒会更合适。宴请的时间，关键要考虑公关活动的实际效果。一般不能安排在节假日。如果宴请外宾，要考虑对方的禁忌日。宴请地点要根据宴请的规格、人数和具体形式来确定。

第二，发出邀请。所有宴请活动，除了工作餐，一般均应发请柬。这是一种礼貌，亦可以对客人起备忘作用。请柬一般应提前几天发，以便让对方及早安排。请柬有固定格式，不能随意更改。请柬发出后，应及时落实出席情况，以便安排和调整席位。

第三，订菜。菜肴的数量、花色要根据活动的形式、规模、经费来确定。一般来说，菜谱的安排可依据以下几条原则，选菜主要考虑来宾的喜好与禁忌；荤素搭配平衡，菜肴品种多样化；量力而行、追求特色；菜单开出后，应印制若干份，在宴请前，每张餐桌上放置三五份菜单或每人一份。

第四，席位安排。正式宴会，一般应排席位。排席位首先应搞清席位的高低。中餐宴请，一般以正对门、离门最远为首席，离门最近、背对门的，也即首席的对面是末席。离首席越近，位置越高。离末席越近，位置越低，距离相等的右高左低。

第五，宴请的程序及现场工作。宴请当时，工作人员应提前到现场做准备、检查工作。将座位卡和菜单放在每一张餐桌上。一般座位卡应放在餐具上方，菜单放在餐具右侧。检查餐具与宴请人数是否一致。

当宴请时间将至，主人与相关工作人员应在门口排成迎宾线迎接客人。客人到后，宾主双方握手寒暄，然后由工作人员引进休息厅。如没有休息厅则可直接进入宴会厅，但不入座。在休息厅内，应有相当身份的人照应客人，并由招待员送饮料。主宾到达后，由主人陪同进入休息厅与其他客人见面。如其他客人未到齐，迎宾线上的其他成员仍需在门口迎接客人。

等客人到齐后，主人或礼宾员就应邀请宾客进入宴会厅。宴会厅门口应有服务员迎客，并引导客人入座。为了避免混乱，工作人员可事先将宴会的桌次排列图制好挂于宴会厅门口，或向每一位宾客发送一份桌次简图。

宴会开始以后，主人应站起来向宾客致祝酒词。然后主宾站起来致答谢辞。致完祝酒词后,主人先与主宾与贵宾席人员碰杯,然后再去其他各桌敬酒,宾客之间也可以互相敬酒。宴会结束后,一般由主宾先告辞。主人送主宾到门口。其间,原迎宾线成员又排成送宾线,与客人一一握别。

(二) 赴宴礼仪

接到宴会邀请后,应做的第一件事是尽快给对方以答复,以便主人做出安排。出席宴请活动,最好要准时,一般早到5~10分钟不算失礼,迟到几分钟也可。但如迟到超过15分钟,应及时通知主人,请他们按时开幕。到达后,应主动向迎宾员问候,致贺或道谢。入席时要依次入席,找到自己的座位后,应先站在椅子左边,等主人或主宾坐下时再坐下。主人与主宾致祝酒词时要停止交谈,停止进餐,注意倾听。祝酒时要起立举杯。宴会结束后,应向主人告辞并表达谢意。一般来说,不应在宴会没有结束时中途退席。如有特殊情况,应事先向主人打招呼,告辞时应悄悄地向主人告辞,不惊动其他客人。

餐桌的礼仪主要体现在以下几方面。

第一,要有良好的姿态。在餐桌上,保持优雅的姿态很重要。正确的姿态应是轻松而不懒散,腰背挺直,身子与餐桌之间保持一拳距离,手臂贴近自己的身子。不吃时或一只手空时,应将手靠于桌沿上,或放在铺有餐巾的大腿上。

第二,用餐前,应把餐巾打开放在大腿上。餐巾的用途主要有两个:一是避免把菜汁滴在裤子上,二是用来抹掉嘴上的油和擦去手指上的油污。已经启用的餐巾应一直放在大腿上,中途离席时,可把餐巾放在椅子上,用餐完毕应把餐巾大致叠一下再放在桌子上。毛巾是由服务员在用餐前或用餐中间送上来给宾客擦手和嘴的。因此,不能用毛巾擦汗或擦桌子。

第三,开始进餐时,应等主人或主宾先拿起筷子,其他客人才能动筷。不能抢先于主宾动筷。

第四,要有良好的吃相。吃饭、喝酒的速度应与大家保持一致。取菜时,不要把手伸到别人的前面去取,也不要在盘里挑选翻动。而且最好用公用的筷子或匙子。吃菜、喝汤时,不要发出很响的声音。用餐时的残渣,应放在中碟里,而且最好用手或筷子放,不要用嘴直接吐在盘子里。

第五,去参加宴请,要准备几个话题。无论是宾还是主,都有义务使宴会气氛轻松愉快。谈话时,应注意:不要挥舞手中的餐具;当嘴里满含食物时不宜向别人讲话;凡是可能影响心情和胃口的话题要避免。

第六,退席时,应将餐巾稍微折一折放在桌上,然后从椅子的左边走出,并把椅子推回原处。另外,餐桌上总会发生一些意外。发生意外时,应付的原则是不要惊动别人,惹人注意。

2015年金旗奖杰出奖:我们都爱笑——微笑传递型动

一、项目背景

1955年,王府井百货大楼正式开门迎客,转眼间,60年过去了,时光荏苒,王府井却依然以其海纳百川的胸怀迎接四方宾客。"60年甲子,微笑相伴",在这个主题下,2015年

8~9月间,王府井集团打造了"我们都爱笑——微笑传递型动"。

活动集合王府井集团旗下45家实体门店,依托门店电子互动屏及官方微信平台与公众进行互动。利用人脸识别技术,如何让双屏技术应用及技术串联得更稳定准确,更具娱乐性?由于线上游戏爆发量大,但持续时间短暂,如何在这一特性下,在短时间内,获得最大参与度?如何帮助顾客在参与过程中,操作更简洁,达到传递微笑正能量的社会作用?这些,成为王府井团队的重大课题。王府井围绕该命题,给出了相关的创意、策略以及执行方法。

二、项目调研

王府井在总结以往线上游戏开展经验的基础上,进一步与容易网技术团队在游戏设计开发方面展开研究。研究包括,人脸识别技术应用、表情下载应用、店内互动屏幕与手机微信屏幕双屏互动等技术串联、航拍等传播方式研究。通过两周的深入分析,王府井确定了相关问题的解决实施方案。

(1) 人脸识别技术应用,引入国外先进人脸技术,通过反复多次,在不同手机版本上的系统测试,保证人脸识别技术稳定,同时,通过外层文案包装,娱乐化系统显示结果。

(2) 针对时下微信、QQ表情等较大需求量,通过自制表情包,辅助参与人制作自身表情,加大娱乐性。

(3) 打通店内电子屏幕与手机微信屏幕数据接口,通过微信端获取更多参与人群,通过店内活动屏幕创造更多活动中的展示空间,使双屏互动紧密结合。

(4) 在传播方面,在时间、场地及传播形式的选择上,王府井团队做了大量创意设想,引入航拍,将一般线上游戏打造成为兼具创意性和影响力的创意设计活动。

三、项目策划

(1) 技术方面 通过两周的深入分析,基本确定了技术开发步骤与娱乐互动串联结构,图9-1为技术串联图。

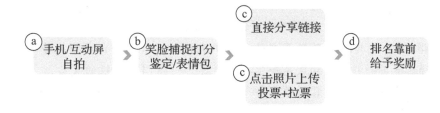

图9-1 技术串联图

1) 手机/商场内互动屏幕自拍:顾客进入活动主页面后,在手机屏幕或互动屏幕上点击拍照按钮,拍摄照片,而后点击照片鉴定(或者点击重新拍摄),等待系统对笑容进行评分鉴定。

2) 笑脸捕捉打分鉴定/表情包下载:系统根据用户拍摄的笑脸,对微笑动感值(微笑)进行打分,同时对其进行角色判定,按照不同角色对应不同照片场景。角色判定完成后,系统会把用户拍摄好的照片与判定角色场景结合,给出用户鉴定语,如:笑容动感值90分……鉴定结束后,出现下载表情包的按钮或二维码,用户可以将由自己拍摄的照片做成的表情包下载到手机中。

3) 直接分享链接/点击照片上传投票+拉票：顾客点击上传投票按钮，弹出关于排行榜的说明，用户阅读说明后点击确认，将自己的链接分享至朋友圈，且将分数上传排行榜，其他用户通过链接进入主页，除了可以看到鉴定语、图片、分数外，也可以为其点赞加分，其他用户还可以点击"我要玩"，同样可以参与活动。

4) 所有参与活动的顾客，在分享活动链接后将获得王府井百货 9.25 PARTY 入场券及电商优惠券一张；活动结束后，打榜前 60 名的顾客，将获得"王府井微笑天使"称号，并获得相应奖品。

(2) 宣传传播方面　引入航拍，采用创新参与顾客笑脸展现及宣传方式，同时，配合航拍内容体现，进一步策划视频脚本内容，寻找不同年龄、不同阶层的消费者，通过采访，展现消费者与王府井的故事，进一步宣传王府井集团 60 周年，烘托 60 周年节日氛围。

四、项目执行

为保证最好的活动效果和最大化活动影响力，该项目在如何充分利用旗下实体店宣传优势方面进行了深入挖掘：王府井百货集团作为当代中国商业发展进程中最具代表性的企业，自 1955 年至今，其零售网络覆盖华南、西南、华中、西北、华北、东北、华东七大经济区域，在 28 个城市开设 45 家，日均客流数十万的实体店。此次活动充分利用这一天然传播优势，45 家商场及王府井网上商城同时开展活动，制造全国宣传效应，充分调动实体顾客的参与热情，进一步利用顾客自媒体资源，扩大传播。

五、项目评估

7 天时间，28 个城市，45 家王府井门店，16 万张微笑留影，共祝王府井集团 60 周年生日快乐。此次周年庆活动，之所以可以获得那么多顾客的支持，除了王府井集团本身的影响力以外，可谓有三大核心传播利器。

1. 微笑型动，人脸识别揭示快乐程度

活动期间，顾客走进全国的 45 家王府井门店或关注王府井微信公众号，便可以在店内电子互动屏和微信公众号上发现"微笑型动"的活动页面，轻触屏幕，完成自拍，就可以得到"快乐指数"。这其中用到了最新的人脸识别技术，系统会自动捕捉每个人的脸部特征，来判定顾客微笑的程度。到底是一张扑克脸还是一张阳光灿烂的笑脸，会获得 0~100 分的评分。为了赢取更高的笑容指数，每一个顾客都把最真挚的笑容留在了王府井。活动还特别设立了鼓励参与者分享的机制，让更多的人可以分享快乐。

2. 表情下载，社交媒体助推快乐分享

拍完照片，顾客还可以通过活动平台上传照片，拼上自己喜爱的卡通形象相框，将自己变身为皮卡丘、奥特曼、超人等不同的角色。充满童趣的元素促使玩家们纷纷发挥天马行空的想象力，扮演属于自己的形象，制作自己的专属表情。参与者亦不忘将照片上传打榜，邀请微信朋友圈好友帮忙扩展传递，请大家来点赞加分，争相赢取"微笑天使称号"。而每一个在屏幕上制作的表情，都可以通过手机下载到微信中，持续使用。这就是第二大传播利器——表情传递。

活动期间，通过微信平台以及全国多地王府井门店中的商场电子互动屏双屏交互的友好

体验,更好地涵盖了前来购物的,不同年龄层次的消费者。口口相传之下,前来商场拍摄的人流逐日增多,形形色色的迷人笑脸令商场内的购物氛围都有了巨大变化,就连商场各大店铺的营业员,在下班后也都不忘到电子互动屏上拍摄一张微笑的脸,将自己的笑容上传分享。

3. 航拍视频,内容传播留存快乐记忆

短短7天的活动,这份独特的"微笑"创意收集到共16万张照片。如何更好地让更多人分享这份快乐?如何让这一难得的甲子纪念更具纪念价值?王府井团队将这些充满正能量的"微笑"图片一一打印出来,让这些微笑的图片在占地400平方的草坪上展示出"60WFJ"字样,更通过航拍来记录这特别的一刻:当飞行器掠过草坪,16万个形形色色的微笑通过镜头拍摄的画面出现在所有人面前,每一张照片都透露出幸福的感染力。这些来自天南地北的微笑,都成为王府井一甲子生日的重要拼图,凝聚为陪伴王府井成长的点滴,向王府井集团60周年庆表达最美好的祝福。

企业名称:王府井集团

代理公司:O2O营销技术服务商容易网

复习思考题

一、概念题

公关礼仪　仪式礼仪　仪表风度　签字仪式

二、问答题

1. 仪式礼仪有何主要作用?
2. 签字仪式的座位安排有何讲究?
3. 开业仪式要做好哪些准备?
4. 剪彩仪式有哪些程序?
5. 在宴会上彼此敬酒致意,可以活跃气氛、融洽感情,请问如果你参加某次宴会,该如何敬酒呢?
6. 邀请你参加一次正式宴会,请问你该做哪些准备?

参考文献

[1] 纪华强. 公共关系的基本原理与实务 [M]. 北京：高等教育出版社，2006.
[2] 洪瑾，吕建文. 现代公共关系学 [M]. 北京：北京理工大学出版社，2005.
[3] 周朝霞. 公共关系：理论与实务 [M]. 北京：高等教育出版社，2005.
[4] 何伟祥. 公共关系原理与实务 [M]. 大连：东北财经大学出版社，2006.
[5] 邓恩. 完全公关技能 [M]. 熊金才，译. 汕头：汕头大学出版社，2004.
[6] 李磊. 公共关系实务 [M]. 北京：中国广播电视出版社，2004.
[7] 杨家陆. 公共关系教程 [M]. 上海：复旦大学出版社，2005.
[8] 陈观瑜. 公共关系教程新编 [M]. 广州：中山大学出版社，2005.
[9] 王培才. 公共关系理论与实务 [M]. 北京：电子工业出版社，2005.
[10] 麦希斯. 媒介公关12法则 [M]. 吴友富，王英等译. 广州：广东经济出版社，2004.
[11] 熊卫平. 公共关系学——理论、实务、案例 [M]. 北京：高等教育出版社，2006.
[12] 马纯，等. 公共关系学 [M]. 合肥：合肥工业大学出版社，2007.
[13] 陈先红. 公共关系学原理 [M]. 武汉：武汉大学出版社，2007.
[14] 张勋宗. 公共关系理论与实务 [M]. 成都：电子科技大学出版社，2006.
[15] 布莱克. 公共关系学新论 [M]. 陈志云，郭惠民等译. 上海：复旦大学出版社，2000.
[16] 卡特里普，等. 公共关系教程 [M]. 明安香，译. 北京：华夏出版社，2001.
[17] 许成钦. 公共关系实务 [M]. 武汉：华中科技大学出版社，2004.
[18] 吴勤堂. 公共管理学 [M]. 武汉：武汉大学出版社，2004.
[19] 林祖华. 公共关系学 [M]. 北京：中国时代经济出版社，2005.
[20] 杨光，张力威. 实用公共关系 [M]. 大连：大连理工大学出版社，2005.
[21] 黑贝尔斯，威沃尔. 有效沟通 [M]. 李业易，译. 7版. 北京：华夏出版社，2005.
[22] 拉铁摩尔，等. 公共关系：职业与实践 [M]. 朱启文，冯启华译. 北京：北京大学出版社，2006.
[23] 西泰尔. 公共关系实务 [M]. 潘艳丽，等译. 10版. 北京：清华大学出版社，2008.
[24] 布雷肯里奇，托马斯·J 德洛夫瑞. 新公共关系手册：成功的传媒关系 [M]. 王日出，译. 北京：中国人民大学出版社，2004.
[25] 张岩松. 公共关系案例精选精析 [M]. 北京：经济管理出版社，2006.
[26] 董明. 公共关系实务实践教程 [M]. 北京：中国商业出版社，2004.
[27] 曾琳智. 新编公关案例教程 [M]. 上海：复旦大学出版社，2006.
[28] 薛澜，张强，钟开斌. 危机管理 [M]. 北京：清华大学出版社，2003.
[29] 希斯. 危机管理 [M]. 王成，等译. 北京：中信出版社，2001.
[30] 高敬. 哈佛模式公司危机管理 [M]. 北京：中央民族大学出版社，2003.
[31] 卡波尼格罗. 危机顾问 [M]. 杭建平，译. 北京：中国三峡出版社，2001.
[32] 巴顿. 组织危机管理 [M]. 符彩霞，译. 北京：清华大学出版社，2002.
[33] 卡特李普，森特. 有效公共关系 [M]. 汤滨，等译. 北京：中国财政经济出版社，1988.
[34] 陈敏. 现代公共关系实务 [M]. 上海：上海中医大学出版社，2004.
[35] 汪秀英. 公共关系学 [M]. 北京：中国商业出版社，1994.

[36] 蒋楠. 公共关系四步工作法［M］. 北京：中国工商出版社，2004.
[37] 金鸣. 成功公关语言训练［M］. 北京：海潮出版社，2003.
[38] 林崇德. 人际关系心理学［M］. 北京：人民教育出版社，1999.
[39] 白玉，王基健. 企业形象策划［M］. 武汉：武汉理工大学出版社，2003.
[40] 张德，吴剑平. 企业文化与CI策划［M］. 北京：清华大学出版社，2003.
[41] 朱健强. 企业CI战略［M］. 厦门：厦门大学出版社，1999.
[42] 吴柏林. 公司文化管理［M］. 广州：广东经济出版社，2004.
[43] 万力. 名牌CI策划［M］. 北京：中国人民大学出版社，1997.
[44] 张百章，何伟祥. 公共关系原理与实务［M］. 大连：东北财经大学出版社，2002.
[45] 黄希庭，秦启文. 公共关系心理学［M］. 上海：华东师范大学出版社，2002.
[46] 马国柱. 公关素质训练［M］. 北京：中国社会出版社，2003.
[47] 居延安. 公共关系学［M］. 上海：复旦大学出版社，2001.
[48] 享德里克斯. 公共关系案例［M］. 董险峰，译. 5版. 北京：机械工业出版社，2003.
[49] 何春晖. 中外公关案例宝典［M］. 杭州：浙江大学出版社，2003.
[50] 许芳. 如何进行危机管理［M］. 北京：北京大学出版社，2004.
[51] 纽瑟姆，卡雷尔. 实用公共关系写作［M］. 牛宇闳，译. 6版. 北京：机械工业出版社，2003.
[52] 彭彦琴，江波. 公关心理与实务［M］. 广州：暨南大学出版社，2002.
[53] 邱伟光. 公共关系［M］. 北京：中国财政经济出版社，2000.
[54] 李健荣，邱伟光. 现代公共关系［M］. 北京：东方出版社，2002.
[55] 熊超群，潘其俊. 公关策划实务［M］. 广州：广东经济出版社，2003.
[56] 米德伯格. 成功的公共关系［M］. 牛宇闳，译. 北京：机械工业出版社，2002.
[57] 陈先红. 公共关系生态论［M］. 武汉：华中科技大学出版社，2006.
[58] 张依依. 公共关系理论的发展与变迁［M］. 合肥：安徽人民出版社，2007.